REIHE: NEUE PHILOSOPHIE
BAND 2: ANIL K. JAIN: MEDIEN DER ANSCHAUUNG – THEORIE UND PRAXIS DER METAPHER

edition fatal

Für Ketevan

Anil K. Jain

Medien der Anschauung

Theorie und Praxis der Metapher

edition fatal

»edition fatal« Verlagsgesellschaft bR, München
Gesellschafter: Mario R. M. Beilhack, Anil K. Jain
www.edition-fatal.de, kontakt@edition-fatal.de

Reihe: Neue Philosophie, Band 2
Herausgeber: Mario R. M. Beilhack

Anil K. Jain: Medien der Anschauung – Theorie und Praxis der Metapher

Originalausgabe, München 2002

Titelabbildung: Herrenhäuser Gärten – Großer Garten, Hannover

Abbildung auf der Cover-Rückseite: Statue des »Harmlos« von Jakob Schwanthaler (Englischer Garten, München)

Die Deutsche Bibliothek – CIP-Einheitsaufnahme:

Jain, Anil K.: Medien der Anschauung : Theorie und Praxis der Metapher / Anil K. Jain. – München : Ed. Fatal, 2002 (Neue Philosophie ; Bd. 2)

ISBN 3-935147-06-6

Herstellung: Books on Demand GmbH

Inhaltsverzeichnis

Inhaltsverzeichnis

Einleitende Vorbemerkung des Verfassers

Zur Methodik metaphorischer Theoriebildung und ihre praktische Anwendung am Beispiel der Metapher der sozialen Landschaft

Die Entstehung dieses Textes verdankt sich, mehr oder minder, einem Zufall: Im Rahmen meiner Arbeit in einem sozialpsychologischen Forschungsprojekt wurde ich auf die Metapher der sozialen Landschaft »gestoßen«. Diese erwies sich für die Illustration unserer theoretischen Gedanken als äußerst hilfreich. Und doch schien es mir, als sei das Potential dieser Metapher noch nicht annähernd erschlossen. Zudem stellte ich mir die Frage, was Metaphern im Kontext (sozial)wissenschaftlicher Theorie generell zu leisten vermögen. Und schließlich wollte ich wissen: Wie gelingt es dem metaphorischen Denken über die Grenzen der »ursprünglichen«, metaphorisch ersetzten Vorstellung hinauszuwachsen?

Ich beschäftigte mich also im folgenden eingehender mit der Theorie der Metapher. Vor allem vom philosophischen Diskurs erhoffte ich mir Aufhellung. Denn schließlich interessierte mich die Metapher weniger als eine spezifische rhetorische Stilfigur, sondern als allgemeines Prinzip der Sinn-Übertragung und Konstruktion. Als (metaphorischer) Ausgangsgedanke und (historischer) Ankerpunkt meiner – suchenden – Überlegungen diente mir die (von der Ideenlehre Platons abgeleitete) Vorstellung, daß jede Theorie eine (ideell-bildliche) »Anschauung« darstellt. Wenn aber Theorie ohnehin eine ideell-bildliche »Fundierung« hat, warum sollte dann das metaphorische Bild nicht für die Theorie-Bildung dienen? Allerdings setzte bereits mit Aristoteles eine Bewegung weg von dieser Anschauung der Theorie ein. In der Neuzeit geriet das sinnlich-bildliche Moment vor allem im Zuge des Positivismus in den Hintergrund und mußte mit der sprachphilosophischen Wende des 20. Jahrhunderts neu entdeckt werden – freilich nunmehr im Bewußtsein, daß jeder Metaphorik eine Dialektik innewohnt, daß die Metapher zwischen der kreativen Öffnung von Denkräumen und ihrer bildlichen Fixierung schwankt.

Trotzdem: Die Metapher wird hier primär als kreatives Medium und Instrument der Erkenntnis*bildung* verstanden – wenn man sie und ihre Deutungen kritisch reflektiert. Das ist selbstverständlich keine radikal neue Auffassung der Metapher, sie baut auf vielen Gedanken-Bausteinen anderer Denker auf. Allerdings: Kaum einer der vielen Betrachter der Metapher vermag konkret zu sagen, worin ihr angenommenes kreatives Element liegt. Das hat vermutlich damit zu tun, daß – obwohl die Metapher zwangsläufig eine Abweichung

von der Kontextlogik *darstellt* – als »gute« Metaphern in der Regel jene gelten, die in größtmöglicher Analogie zu den von ihnen substituierten Begriffen/-Gedanken stehen. Es scheint mir nun jedoch vielmehr so zu sein, daß die Metapher nur dort ein kreativer Deutungsanstoß ist, wo ihre Bildlichkeit die Analogie sprengt. In der Rückübertragung dieser *Differenz* auf den Ausgangsgedanken kann erst »neue« Erkenntnis hervortreten.
Dieser Umstand ist die Basis für die hier vorgeschlagene metaphorisch-imaginative heuristische »Methode«, die aus einem Dreischritt besteht: Eine *initiale Metapher* dient als Ausgangspunkt, sie überträgt einen »abstrakten« Gedanken in eine bildliche Vorstellung *(imaginative Übertragung)*. Diese initiale Metapher wird sodann immer weiter detailliert und verdichtet *(Verdichtung)* und schließlich – nach der parallelen kritischen Reflexion über ihr assoziatives Bedeutungsnetz – zurückgespiegelt auf die zugrunde liegende Vorstellung *(überschreitender Retransfer/Rückübertragung)*. Denn genau dort, wo die Metapher und ihre rückübertragen(d)e Interpretation auf Abwege führt, kann sie die ursprünglichen Gedanken auch »sinnvoll« überschreiten.
Gerade eine metaphorische heuristische Methodik kann freilich nicht abstrakt bleiben. Was lag folglich näher als zum Ausgangspunkt meiner Beschäftigung mit der Metapher zurückzukehren? Ich versuchte also, dieses Verfahren auf die Metapher der sozialen Landschaft anzuwenden. Dabei hielt ich es allerdings für ratsam, die Metapher der sozialen Landschaft in Beziehung zu setzen zu anderen gängigen »Gesellschafts-Bildern«: der Metapher des (sozialen) Körpers, der Maschine, des Systems und des Netzwerks. Denn erst vor diesem Hintergrund wird das spezifische Potential der Metapher der sozialen Landschaft deutlich, die die Durchdringung von Natur und Gesellschaft, von Zeit und Raum zum Ausdruck bringt. Und genau das ist es, was wir aus der Rückübertragung dieses (morphologischen) Bilds lernen können: daß Fragen des Raumes für die Betrachtung der (globalisierten) Gesellschaft zwar zentral sind, daß Zeit und Geschichte aber darüber nicht vergessen werden dürfen, daß sich die sozialen Strukturen nicht gänzlich in virtuelle »Flows« auflösen, sondern bestimmte Strukturen »verharren«, daß »materielle« Grenzen (je)der Transformation bestehen und daß genau dieses Bewußtsein notwendig ist, um Veränderung aktiv zu bewirken, den Raum der Utopie zu erschließen.

Theoretische Ver-Dichtungen

Zur »imaginativen« Methode einer reflexiven Hermeneutik und metaphorischen Heuristik

1. DIE INITIALE METAPHER: THEORIE ALS ANSCHAUUNG

Jedes (bewußte) Sein ist theoretisch: weil kein (anderes) Sein seinem (eigenem) Sein gemäß erfahren werden kann und so immer nur »hypothetisch« existiert – als Vorstellung, in der imaginierenden Annäherung; und weil das handelnde In-der-Welt-Sein eines jeden gerade deshalb zwingend der theoretischen »Begründung«, also basaler Vorstellungen vom Sein der Dinge/der Welt/des Anderen, bedarf. Wir sehen folglich: Selbst jeder auch noch so banalen Alltagshandlung liegen zwingend theoretische Konzepte zugrunde, welche die Basis für die (wechselseitigen) Handlungsinterpretationen bilden (vgl. auch Schütz: *Der sinnhafte Aufbau der sozialen Welt* sowie ders./Luckmann: *Strukturen der Lebenswelt*). Wie aber entstehen diese Alltagstheorien? Und wie können im Rahmen der Geistes- und Kulturwissenschaften Theorien gebildet werden, die ein höheres Maß an »Dichte«, an heuristischem und hermeneutischem Potential, aufweisen als unsere Alltagstheorien?
In den empirischen Wissenschaften wird hierzu auf das Instrument der (systematischen) Beobachtung zurückgegriffen – mit all den Problemen (der Operationalisierung, Validierung etc.), die diese Methode des Erkenntnisgewinns beinhaltet. Vor allem bleibt aber, im Fall eines empirisch-induktiven Vorgehens, der Schritt, wie es von der konkreten Beobachtung zur theoretischen Übersetzung bzw. Theoriebildung kommt, (methodisch) unklar. Im Fall einer deduktiven Vorgehensweise beruht jede empirische Untersuchung sogar bereits auf einer lediglich zu überprüfenden theoretischen Vorannahme. Eine befriedigende Lösung des angesprochenen Problems erfolgt somit nicht.
Die andere – »trickreichere«, wenngleich überkommene – Variante, verfolgt eine abweichende Strategie: Im Rahmen der idealistischen »Wesenschau« oder »Theoria«, von der sich also der Begriff der Theorie selbst ableitet, erfolgt streng genommen nur eine »Erinnerung« *(anamnesis)*. Diese – »dialektisch«, d.h. in dialogischer Reflexion, vorangetriebene – »Erinnerung« ist möglich, da die (erkennende) »Seele« *a priori* eine Einheit mit dem Reich der Ideen, also der Sphäre des eigentlichen Seins, bildet (vgl. Platon: *Phaidon* und siehe auch unten).
Es handelt sich hier offensichtlich um einen zwar durchaus originellen, wenngleich in der Konsequenz heute wenig überzeugenden Gedanken: Denn wir müßten schließlich annehmen, daß nicht wir selbst (als Einzelne oder Kollektive) der Ursprung bzw. die Konstrukteure unserer theoretischen Vorstellungen wären, die somit eben immer nur kontingente und interpretativ offene Deutungsmuster darstellen, sondern daß diese »objektive« Wahrheiten

(identitär) abbilden – eine vor dem Erkenntnis-Hintergrund der »postmodernen« Relativierung des Wissens (vgl. z.B. Feyerabend: *Irrwege der Vernunft)* mehr als fragwürdige Auffassung.

Und doch können wir gerade hier für unsere »Betrachtung« ansetzten. Denn der (idealistische) Begriff der Theorie beinhaltet ein Bild, das den Ausgangspunkt für die folgenden Überlegungen bilden soll: als eine *initiale Metapher*. Es ist nämlich »bezeichnend«, daß der Begriff der Theorie bzw. »Theoria« sich von den (alt-)griechischen Wörtern »horos«: sehen bzw. »theorein«: zuschauen ableitet. Man kann Theorien, die wir gemeinhin als eher abstrakte Gedankengebilde begreifen, folglich metaphorisch als »Anschauungen« klassifizieren.

Damit ist ein doppelter Anfang gemacht: Zum einen kann diesem konkreten Bild, dem Feld seiner möglichen Bedeutungen, nachgegangen werden. Zum anderen kann das (theoretische) Potential der (bildlichen) Metaphern überhaupt ins Blickfeld rücken. Denn im Bild, in der Metapher, stellt sich eine, sonst weitgehend mangelnde, Verbindung von Idee und Körperlichem her. Man kann aber meines Erachtens sogar weiter gehen und behaupten: Alle Ideen müssen sich erst – metaphorisch-bildlich – verkörpern, um wirksam werden zu können, um sich gedanklich zu »manifestieren« wie um »praktisch« zu werden.[1] Darin liegt freilich potentiell ebenso eine Gefahr der Fixierung im Konkreten des Bildlichen (siehe auch unten). Trotzdem bleibt jede Theorie, gerade eine »kritische«, auf solche »Verkörperungen« angewiesen, wenn sie nicht hohl und leer, d.h. für die »wirkliche« Welt bedeutungslos bleiben soll. Man denke diesbezüglich nur an die eindringliche, aufrufende Wort- und »Bildgewalt« des *»Kommunistischen Manifests«*, das auch ein »Fest der Metaphern« ist.[2]

Bilder, Metaphern zeigen ihre theoretische Qualität folglich auf zweifache Weise: Im bildhaften Ausdruck erfolgt gerade durch die Konkretion eine *semantische Verdichtung*. In der Metapher gerinnt der (abstrakte) theoretische Gehalt, er wird faßbar und begreifbar, gewinnt Ausdruck. Hinzu kommt daß durch die *semantische Verschiebung* der Metapher eine Differenz und damit ein Interpretationsraum eröffnet wird.[3] Das Bild – gerade in seiner Verdinglichung (die natürlich, wie schon oben bemerkt wurde, immer auch Fixierung bedeuten kann) – stellt einen konkreten Ansatzpunkt für *anschließende wie abweichende Interpretationen* dar, es ruft zu seiner (detaillierenden) Deutung und (negierenden) Hinterfragung auf. Es ist, im wahrsten Sinn des Wortes, eine »Form« der Differenz. Denn jedes Bild muß ja nicht nur gedeutet, es muß auch »gebildet« werden. Schon dabei schleichen sich häufig Latenzen, unbewußte Inhalte ein: Das Bild sagt vielleicht mehr, als sein Urheber eigentlich sagen wollte. Auch darin liegt ein heuristisches Potential der Metapher, ein Ansatzpunkt für differente (Selbst-)Deutungen. Die möglichen Deutungs(spiel)räume jedenfalls können so leicht nicht abgesperrt werden. Bilder, Metaphern sind niemals »rein« und eindeutig (entworfen und interpretierbar) – sie können bestenfalls, in einem langwierigen Prozeß der narrativen Festschreibung und Mythologisierung, ihres abweichenden Gehalts beraubt werden.

Sie bleiben aber auch dann potentiell aufgeladen mit Latenzen und Ambivalenzen und widersprechen so von vorne herein jeder binären Codierung (von wahr oder falsch). Das ist der Grund für ihre langewährende Mißachtung – was freilich nicht bedeutete, daß die Metapher nicht festschreibend instrumentalisiert wurde. In der metaphorischen Ambivalenz liegt jedoch zugleich auch ihr neu zu entdeckendes Potential für die theoretische Deutung einer Welt, die – nach allem, wie wir diese Welt erfahren – ebensowenig eindeutig und binären codiert, sondern geprägt ist durch Ambivalenzen und Kontingenz.

Theorie, so verstanden, bedeutet mehr als alles andere eine *»imaginative« hermeneutische Praxis auf der Basis einer metaphorischen Heuristik* – freilich nicht im Sinn einer »objektiven« Hermeneutik, die die Einheit mit der »Wahrheit« des Seins anstrebt, sondern als *reflexive und differenzbewußte »negative Hermeneutik«* (Schönherr-Mann), die sich der interpretativen Unabgeschlossenheit und Subjektivität ihrer Deutungen bewußt ist und deshalb den Raum der Interpretation bewußt für abweichende Deutungen offen hält. Zu ihren »Anschauungen« gelangt sie, indem sie von einer initialen Metapher ausgehend versucht, den theoretischen Gedankenspielen einen konkreten Anhaltspunkt zu geben; indem sie durch deren ständiges Erweitern und Verfeinern ein »verdichtetes« Bild schafft; und indem sie dabei nicht stehenbleibt, sondern die entworfenen Bilder zudem ständig kritisch hinterfragt und zurückspiegelt. Die so entstandene theoretische Anschauung wäre keine fixierende Metaerzählung, sondern ein Theorie-Bild, das – auf der Grundlage der in es eingegossenen Ambivalenz – zu seiner weiteren Aus- und Umgestaltung, zu seiner Negation und Überschreitung aufruft. Doch machen wir uns im folgenden zunächst ein Bild des philosophisch-wissenschaftlichen Diskurses über das Symbolisch-Bildliche.

2. ERSTE THEORETISCHE ANNÄHERUNGEN: DER PHILOSOPHISCH-WISSENSCHAFTLICHE DISKURS ÜBER DAS SYMBOLISCH-BILDLICHE

Die Metapher, das veranschaulichende Bild, sagt viel.[4] Obwohl ihrem Wesen nach ikonisch und damit eigentlich »wortlos« (wenn auch in Worte umgeformt), bleibt die Metapher nicht »stumm«. Denn erst im (metaphorischen) Bild wird die abstrakte Idee, der Begriff, konkret und damit begreifbar und aussagekräftig, be-deutend und deutbar, weist also auch gegebenenfalls (utopisch) über sich hinaus. Um allerdings dahin zu gelangen, die »topische« Realität – als (symbolisch) Bedeutetes – metaphorisch-imaginierend zu überschreiten, muß den »ideellen« Ursprüngen des Symbolisch-Bildlichen nachgegangen werden:
In der antiken idealistischen Philosophie nahm man an, daß die Welt nach den Ideen geschaffen war. Die antike »Idee« *(eidos)* ist jedoch »wesentlich« Bild: jenes »Urbild«, das der konkreten Gestalt der Dinge zugrunde liegt. Das Offensichtliche ist nämlich, wie Platon im Linien- und im Höhlengleichnis aufzeigt, nur ein Schatten der übergeordneten »Realität« und »Wahrheit« der Ideen (vgl. *Politeia;* Buch VI).[5] Aristoteles schließlich erkennt zwar einen Dualismus von Stoff *(hyle/materia)* und Form *(eidos/forma)*. Aber auch im Rahmen dieses – nur vordergründigen, schließlich teleologisch aufgelösten – Dualismus reicht die zugrunde liegende Form/Idee näher an das zu entfaltende substanzielle Wesen als die widerspenstige, sich gegen die (Ver-)Formung sträubende Materie. Die »aktuelle« Erscheinung ist nur zufällig: akzidentiell. Notwendig und damit »objektiv« und »absolut« ist nur das immaterielle und unveränderliche wesenhaft Seiende (vgl. *Metaphysik;* insb. Buch IV–VII).
Diese Objektivierung und Verabsolutierung des Metaphysisch-Ideellen ist die selbst gelegte Falle der antiken idealistischen Philosophie sowie des an ihre Tradition anschließenden theologischen Denkens im Mittelalter. Beide verrieten die konkrete Wirklichkeit an die Idee einer »höheren« (göttlichen) Wahrheit, und die Welt rächte sich für diese Mißachtung: Im Zuge der neuzeitlichen Aufklärung geriet die Theologie und mit ihr die gesamte Metaphysik unter Verdacht. Es trat eine Verschiebung und Umkehrung ein: Die – so glaubte man – greifbare und meßbare Materialität des Dinglichen erschien gegenüber dem in seiner metaphysischen Transzendenz diffus und damit bedrohlich wirkenden Reich der Ideen als »tragfähigere« Grundlage für eine exakte und so zugleich ein neues Fundament bereitstellende Wissenschaft. Die (tradierten) theoretischen Vorstellungen wie ihre bildlichen Veranschauli-

chungen galten nunmehr als bloße »idola«, als Trugbilder, die die Erkenntnis des Wirklichen verschließen (vgl. Bacon: *Novum Organum)*.[6] Die sich im Zählen erschöpfende positivistische Empirie erhielt deshalb den Vorzug vor der er-zählenden Theorie, welche ihren historischen Ursprung, oder wenn man so will: ihr Vor-Bild, in der Narration des Mythos hatte (vgl. auch Horkheimer/Adorno: *Dialektik der Aufklärung*) – und deren semantisch-etymologische Wurzel bezeichnenderweise eben im Sehen/Betrachten liegt.

In der an Bacon (und an Descartes) anschließenden rationalistisch-empiristischen Tradition steht letztlich auch Marx.[7] Es verwundert deshalb kaum, daß eines der Hauptanliegen seiner frühen Schriften die Kritik des neuzeitlichen Idealismus ist (vgl. z.B. *Zur Kritik der Hegelschen Rechtsphilosophie)*. Denn in Deutschland hatte man sich – nach Leibniz – verstärkt wieder idealistischen Konzeptionen zugewandt, und vor allem Kant und Hegel prägten mit ihren Schriften den geistigen Horizont des späten 18. und des frühen 19. Jahrhunderts. Sogar die aus idealistischer Perspektive »häretischen« linkshegelianischen Konzepte verwarf Marx in harscher Kritik, da sie ihm zu »sentimental« (Feuerbach) bzw. zu »individualistisch« (Stirner) erschienen (vgl. *Die deutsche Ideologie)*. Wer die objektiven Gesetze der Geschichte erkennen will, muß nämlich, so Marx, nach den ökonomischen Verhältnissen fragen, denn »es ist nicht das Bewußtsein der Menschen, das ihr Sein, sondern umgekehrt ihr gesellschaftliches Sein, das ihr Bewußtsein bestimmt« *(Zur Kritik der politischen Ökonomie [Vorwort])*.

Aus dieser »materialistischen« Perspektive geriet folglich die Welt des Symbolischen, der Vorstellungen und Ideen, mit ihrem normierenden und prägenden (aber andererseits auch den positivistischen Festschreibungen zuweilen widersprechenden) Potential aus dem Blickfeld. Erst Antonio Gramsci brachte die Bedeutung der kulturell-symbolischen Sphäre wieder ins sozialistische Bewußtsein (vgl. z.B. *Sozialismus und Kultur)*. Und für Louis Althusser schließlich besteht der Kern der Macht des Ideologischen gerade darin, daß es ein *imaginäres* (aber zugleich eben auch »materiell« in den Praxen und gesellschaftlichen »Apparaten« verankertes) Verhältnis zur realen Welt darstellt (vgl. *Ideologie und ideologische Staatsapparate)*.

Diese Wiederentdeckung der Bedeutung des »Imaginären« im (post-)marxistischen Diskurs beruhte einerseits auf der Enttäuschung gegenüber einer historischen Realität, die sich an die Gesetzmäßigkeiten des Historischen Materialismus nicht halten wollte und das »Reich der Freiheit« im stalinistischen Gulag sowie – im Gegenlager – in der totalitär gewordenen ästhetischen Schein-Welt des (fortgeschrittenen) Kapitalismus terminierte. Andererseits wurzelt sie in einem seit Beginn des 20. Jahrhunderts sich immer deutlicher abzeichnenden ganz allgemeinen »Paradigmenwechsel« in der Philosophie und in der Wissenschaft. Hier lassen sich verschiedene Linien ausmachen:

Im Diskurs der Naturwissenschaften und der an ihren Modellen orientierten positivistischen Wissenschaftstheorie erwachte, angestoßen durch die Erkenntnisse der Quantenphysik (auf der Mikroebene) und die Prämissen der Relativitätstheorie (auf der Makroebene), ein selbstkritisches Bewußtsein, so daß zumindest von der Vorstellung einer objektiven Meßbarkeit und Wiederspiegelung der Realität weitgehend abgerückt wurde. Der schließlich auf dieser Grundlage entstandene »Kritische Rationalismus« setzte freilich an die Stelle der Vorstellung einer (empirischen) Verifizierbarkeit von Hypothesen die Fiktion ihrer Falsifizierbarkeit (vgl. Popper: *Logik der Forschung)* – und unterlag damit einem anlogen Fehlschluß (vgl. Lakatos: *Falsifikation und die Methodologie wissenschaftlicher Forschungsprogramme)*.

Schlüssiger, wenn auch »zirkulär«, ist das erkenntnistheoretische Modell in den modernen Kognitionswissenschaften. Hier begreift der »Radikale Konstruktivismus« (als eine ihrer dominanten Strömungen) die Welt unserer Vorstellungen als die Selbst-Hervorbringungen des geschlossenen Bewußtseinssystems (vgl. z.B. Maturana/Varela: *Autopoiesis and Cognition)*.[8] Es handelt sich beim Radikalen Konstruktivismus freilich um eine nicht-dialektische Sichtweise, die das individuelle Bewußtsein (als »black box«) von seiner Umwelt separiert und somit vom gesellschaftlichen Kontext (und seinem prägenden Einfluß) abspaltet.

Schreiten wir deshalb – ganz bewußt – einen Schritt zurück und wenden wir uns Freud und der Psychoanalyse zu: Freud führt uns die (im-)materielle Macht des Unbewußten vor Augen, indem er die individuellen »Pathologien« aus dem *Widerstreit* zwischen dem auf unbewußter Ebene im Selbst verankerten (sozialen) »Über-Ich« und den – ebenfalls unbewußt-latenten – triebhaften Impulsen des »Es« erklärte, die durch das »Ich« nicht mehr vermittelt werden können (vgl. z.B. *Abriß der Psychoanalyse)*. Dieser latente Konflikt im Selbst manifestiert sich aber nicht nur in Neurosen und anderen psychischen »Störungen«, sondern er tritt beispielsweise auch im Traum »zutage«: Beim Träumen wird der Widerstreit zwischen »Über-Ich« und »Es« nämlich auf einer »verschobenen« Ebene bearbeitet; er scheint verschlüsselt in hermetisch-verdichteten Bildern auf, die durch die »assoziative« Methode der Psychoanalyse deutbar und damit bewußt werden (vgl. *Die Traumdeutung)*.[9]

Erst Lacan wagte es freilich, weiter zu schreiten, und zeigte auf, welche zentrale Rolle die Welt des Imaginär-Symbolischen (und also auch der Sprache) nicht nur im Bereich des Traumhaften und Unbewußten spielt, sondern wie es als vorgestellte und vorstellend verinnerlichte »Realität« für die reale Formierung des Subjekts und die Ausformung seines Begehrens geradezu konstitutiv ist. Das Feld der symbolischen Strukturen sowie ihre Erforschung und Deutung ist folglich für Lacan die »eigentliche« Sphäre der Psychoanalyse (vgl. z.B. *Funktion und Feld des Sprechens und der Sprache in der Psychoanalyse)*.

In Lacans Ansatz zeigt sich damit eine Nähe zur hermeneutischen Philosophie: Angeregt durch Husserls Phänomenologie – welche die wahrgenommene »*Krisis der europäischen Wissenschaften*« (1936) durch eine »innengeleitete« transzendentale Erkenntnisweise, basierend auf der Methode der phänomenologischen/eidetischen Reduktion, zu überwinden versucht (vgl. *Die Idee der Phänomenologie)* –, bemüht sich Heidegger die »Seinsvergessenheit« der Philosophie ontologisch-hermeneutisch zu transzendieren.[10] Der Begriff der »Phänomenologie« drückt für ihn nämlich »eine Maxime aus, die also formuliert werden kann: ›zu den Sachen selbst!‹ [...]« *(Sein und Zeit;* § 7 [S. 27]) Allerdings ist der direkte Zugang zu den »Dingen« verbaut: Den Spuren des Phänomenalen, sich Zeigenden – als einzig greifbarerer »Wirklichkeit« – nachfolgend, gilt es, dem Seienden durch eine »entbergende« Auslegung näher zu treten. Das Medium dieser hermeneutisch-existenzphilosophischen Annäherung an das Sein ist die Sprache. Denn: »Der Weg ist ein Weg des Denkens. Alle Denkwege führen, mehr oder weniger vernehmbar, auf eine ungewöhnliche Weise durch die Sprache.« *(Die Technik und die Kehre;* S. 5)[11] Dieser von Heidegger (allerdings eher in dunkel-raunenden als klaren Worten) vorgezeichnete Denkweg wurde von Gadamer weiter beschritten, der die Hermeneutik zu einer »universalen« *geisteswissenschaftlich-philosophischen* »Methode« ausbaute,[12] um – durch (Text-)Interpretation und ein spielerisch-erfahrendes Verstehen – die dem Sein immanente »Wahrheit« zum Sprechen zu bringen (vgl. *Wahrheit und Methode)*.[13]

An die hermeneutisch-phänomenologische Tradition schließen verschiedene Richtungen der neueren Philosophie explizit oder implizit an. Insbesondere in Frankreich ist ihr Einfluß mächtig: Merleau-Ponty stützt sich auf Husserl, und verweist auf die zwischen Subjektivität und Intersubjektivität vermittelnde leibliche Erfahrung, die »lebendige« Verwobenheit von Welt und Bewußtsein (vgl. *Phänomenologie der Wahrnehmung)*. Eher an Heidegger schließt dagegen Sartre mit seinem existentialistischen Versuch einer »phänomenologischen

Ontologie« an (vgl. *Das Sein und das Nichts)*.[14] Mit der Bedeutung speziell des Bildlichen setzte er sich allerdings primär in seinen frühen Schriften auseinander. Dort entwickelte er zum einen die allgemeine These, daß die Imagination ein spezifischer Akt des Bewußtseins ist, in dem ein verbildlichender *Weltbezug* erfolgt. Das heißt: »Das Bild ist [nur denkbar als] Bewußtsein *von* etwas.« (vgl. *Die Imagination;* S. 242)[15] Dem Imaginären und der Imagination kommt aber andererseits insoweit besondere Bedeutung zu, als es – und hier ist eine Nähe zu Lacan gegeben – »grundlegend« für das (subjektive) Bewußtsein ist. Denn nur in der notwendig sich negativ vom Realen absetzenden *Vorstellung* wird es möglich, daß sich das Bewußtsein gegenüber der Welt als eigenständige Realität entwirft: Es *ist* nur in der Imagination (vgl. *Das Imaginäre;* insb. S. 279–292).

Auch Ricœurs Philosophie weist starke Bezüge zur Hermeneutik auf. Bei ihm sind jedoch die Anklänge an die Sprachphilosophie deutlicher als bei Merleau-Ponty oder Sartre. Denn eine wesentliche Strömung in der neueren Philosophie, die eine Abkehr von Rationalismus und Positivismus und eine Hinwendung zum »Symbolischen« bedeutete, war auch die Sprachphilosophie: In Wittgensteins »*Philosophischen Untersuchungen*« (1953) wird mit dem Bild des »Sprachspiels« erstmals ein primär interaktives und »alltagspraktisches« Verständnis der Sprache entwickelt, das sich von der »klassischen« Abbildtheorie (das Wort als Repräsentant des Gegenstandes) absetzt und dagegen auf die soziale Bedingtheit der sprachlichen Regeln und Bedeutungsrahmen verweist. Auch Saussure stellt die rein auf Konvention beruhende Korrelation zwischen Bezeichnendem und Bezeichnetem heraus und betont das Struktur-*bildende* Moment des Sprachlichen, das als soziale Gegebenheit das individuelle Sprechen überformt (vgl. *Grundfragen der allgemeinen Sprachwissenschaft)*.[16] Und so rückte im folgenden die Sprache »logischerweise« ins Zentrum des Erkenntnisinteresses.

Bei Ricœur vollzieht sich dieser »linguistic turn« (Rorty) allerdings explizit in Anschluß an die Hermeneutik – und die Psychoanalyse.[17] Zentraler Topos seines philosophischen Bemühens ist folgerichtig die *Interpretation*, die sich um die Deutung der immer ambivalenten und damit gleichzeitig nach einer Auslegung geradezu *verlangenden* Welt der Symbole und der Sprache bemüht. In der Interpretation treffen sich notwendig die auf Klarheit und Eindeutigkeit bedachte Reflexion sowie die symbolisch geleitete Sinnsetzung und mythologische Wahrheitssuche der Hermeneutik, da eine grundlegende Dialektik von Reflexion und Symbol(ik) besteht, die nur »interpretativ« vermittelt werden kann: Auf der Basis des reflexiven Bewußtseins, daß der zwischen beiden

Erkenntnisweisen ausgetragene »hermeneutische Konflikt« das Ergebnis ihrer analogen immanenten Selbst-Widersprüchlichkeit ist (da selbst die »klassische« Hermeneutik letztlich die gegebene interpretative Vielfalt verneint). Erst wenn beide Methoden sich ergänzen, ist eine Überschreitung ihrer einseitigen Beschränkungen möglich. Und so bemerkt Ricœur: »Zweifellos müssen wir von uns selbst getrennt, aus dem Mittelpunkt vertrieben sein, um endlich zu wissen, was *Ich denke, ich bin* bedeutet. Wir meinten, die Antinomie von Mythos und Philosophie dadurch aufgelöst zu haben, daß wir in der Interpretation selbst die Vermittlung zwischen Mythos und Philosophie oder, in einem weiteren Sinne, zwischen Symbol und Reflexion suchten. Doch diese Vermittlung ist nicht gegeben, sie ist zu konstruieren.« *(Die Interpretation;* S. 68f.)
Die »dezentrierte« Interpretation Ricœurs hat also in erster Linie »konstruktiven« Charakter. Ganz anders das Konzept von Derrida. Seine poststrukturalistische Philosophie kulminiert im Bemühen um radikale Dekonstruktion: Er zeigt auf, wie in der Schrift, die sich von der narrativen Fixierung des Logos zu einem gewissen Grad gelöst hat, ein Raum für Differenzbewußtsein entsteht, wie durch das offensichtlich werdende Auseinanderklaffen von Signifikat und Signifikant eine dezentrierende (Text-)Spur gelegt wird, die als »abbildendes« Zeichen auf die »ursprüngliche«, immer schon gegebene Differenz – also gerade die Abwesenheit jeden Ursprungs – verweist.[18] Und so formuliert er (im Anschluß an Wittgensteins Sprachspiel-Metapher): »Die Heraufkunft der Schrift ist die Heraufkunft des Spiels.« *(Grammatologie;* S. 17) Freilich: In der phonographischen Schrift ist diese spielerische Spur der Differenz weitgehend verwischt, die im Akt der (grammatologischen) Dekonstruktion mühevoll zurückverfolgt werden muß (vgl. ebd.; S. 53ff.). Die Schrift versucht nämlich das Differente durch ihre »bezeichnende« Gewalt zu verbergen. Aber das Symbolische der Schrift ist zugleich der paradoxe Weg des Differenten, der Spalt, durch den es sich in den logozentrischen Diskurs einschleicht (vgl. auch *Die Schrift und die Differenz;* S. 422ff.).
Neben Derrida wiesen in Frankreich vor allem Lyotard und Foucault auf die normierende Macht der (Meta-)Erzählung und die unterdrückerischen Mechanismen des Diskurses hin (vgl. Lyotard: *Der Widerstreit* sowie Foucault: *Die Ordnung des Diskurses).* Allerdings hatten schon Horkheimer und Adorno in ihrer »*Dialektik der Aufklärung*« (1944) eine Kritik am rationalistischen Logos formuliert, die in eine ganz ähnliche Richtung wies: In diesem »Epochemachenden« Werk zeigen sie auf, wie alles Aufklärungsdenken, dessen Programm es war, »die Mythen aufl[zu]ösen und Einbildung durch Wissen

[zu] stürzen« (S. 9), letztlich selbst im Mythos wurzelt, und wie der im modernen Wissenschaftsdiskurs dominante Positivismus mit seiner Fixierung auf Eindeutigkeit und Berechenbarkeit – im Verbund mit der kapitalistischen Verwertungslogik – die Individuen im Identitätszwang gefangen hält. So eliminiert Aufklärung schließlich sich selbst und das (kritische) Subjekt. Erst in seinem Spätwerk entwickelt Adorno eine »*Ästhetische Theorie*« (1970), die auch einen Ausweg aus dieser fatalen Dialektik andeutet. Er sieht ihn im mimetischen – und damit gerade nicht bloß »verdoppelnd« abbildenden, sondern auch an nicht-identitärer Andersheit orientierten – Impuls der Kunst sowie in der bestimmten, konkret angestoßenen Negation des (leidenden) Individuums (vgl. auch ders.: *Negative Dialektik*).
An Adorno (aber auch an Kant und die hermeneutische Tradition) schließt aktuell Scott Lash mit seinem Konzept *ästhetisch-hermeneutischer Reflexivität* an. Diese besteht in einer – für das Differente – offenen Suchbewegung, welche auf subjektiver Erfahrung gegründet und sich auf dieser Basis gegen die Umklammerung durch die zugleich globalisierte und ästhetisierte Ökonomie wendet (vgl. *Another Modernity* sowie ders./Urry: *Economies of Signs and Space*). Auch Fredric Jameson zeigt an Adorno anschließend auf, daß trotz der »Verflachung« der Kultur im globalen Kapitalismus noch immer ein subversiv-transzendierendes Potential im Ästhetischen steckt, das entfaltet werden kann und muß, um gegen die spaltende »Pastichisierung« eine postmoderne utopische (Untergrund-)Bewegung ins Leben zu rufen (vgl. *Zur Logik der Kultur im Spätkapitalismus* sowie *Postmoderne und Utopie*).
Es scheint also, wenn man dieses Bild des philosophisch-theoretischen Diskurs betrachtet, als sei die einst so vehement gegen idealistische Konzeptionen ins Feld geführte »Realität« – und das Bemühen um ihre (positivistische) Abbildung – mit dem Fortschreiten der Bewegung der Moderne selbst in Verdacht geraten, ideologisch zu sein. Auch aktuelle Bemühungen um eine Aufdeckung der »*Ideologie des Ästhetischen*« (Eagleton 1990) sowie die immer vehementer werdende »*Rückforderung der Realität*« (Bhaskar 1989) sind nur vor dem Hintergrund jener postmodernistischen »Delegitimierung« des Realen zu verstehen – denn das Reale ist schließlich aus umgekehrter Sicht nicht nur im Begriff, sich in Virtualität aufzulösen, sondern sich ungehemmt zu reproduzieren, indem es in simulativer Verdoppelung in den Bereich des Imaginären wuchert, die symbolischen (Sinn-)Strukturen kolonisiert (vgl. auch Baudrillard: *Die Simulation* sowie *Die Agonie des Realen*).
In dieser Situation der gleichzeitigen Hinterfragung und Verdoppelung des Realen, der diskursiven Befreiung und materiellen Bedrohung des Imaginären,

besitzt gerade das Metaphorische – als potentiell vermittelnde Instanz – eine besondere »Virulenz«. Es schafft Bilder und definiert damit konkrete »Orte« im Diskurs, die das Denken (real) strukturieren. Die Metasphäre der Metapher überträgt/transportiert aber zugleich »untergründige« Botschaften, die – reflexiv hervorgekehrt – die gegebenen Realitäten herausfordern und subversiv-kreativ (um-)formen können. In dieser Dialektik der Metapher, ihrer »Heterotopie«, die im folgenden näher zu bestimmen ist, liegt folglich die Chance eines Aufbrechens, eines (interpretativen) Erschließens von Differenz-Räumen, aber auch die Gefahr einer neuen Fixierung.

3. VORSTOß: DIE DIALEKTISCHE VIRULENZ DER METAPHER

Das bildliche Denken geriet also, wenn man die historische Entwicklung des philosophisch-wissenschaftlichen Diskurses zurückverfolgt, immer weiter unter Verdacht. Erst in jüngerer Zeit erfährt Bildlichkeit (auch jenseits des Fernsehens und des Computer-Icons) wieder eine vermehrte Wertschätzung, erhält eine besondere »Virulenz«. Offensichtlich betrifft diese Renaissance des Bildlichen und des bildlichen Denkens auch und gerade die Metapher. Es soll deshalb im folgenden zu klären versucht werden, welche Rolle genau die Metapher in diesem Kontext einnimmt, was die Metapher dem philosophisch-wissenschaftlichen Diskurs bedeutet, was überhaupt unter einer Metapher zu verstehen ist und welche »Gefahren« und dialektischen Fallstricke der Rekurs auf die Metapher birgt.

Welches Bild also ist die Metapher? Und welches Bild wird ihr selbst gerecht? – Man kann die Metapher im wörtlichen Sinn als einen »Überträger« begreifen. Die subversive »Macht der Metapher« (Gamm 1992) liegt in der »Infektiosität« dieser Übertragung. Von einem Bereich wird Bedeutung auf den anderen übertragen, transportiert: imaginiert. Der metaphorische Kontext wird dadurch – aus dem Blickwinkel des begrifflichen Denkens – gleichsam infiziert und kontaminiert. Er verändert sich in seinen (Sinn-)Bezügen. Das Reine des Begrifflichen wird gesprengt durch die »Verschmutzung« mit der Sinn-fremden, in gewisser Weise unheimlichen, Angst und Ungewißheit provozierenden, aber auch zugleich Neugierde erweckenden Konkretion des metaphorischen Sprachspiels: In der Trope der Metapher nimmt das Bezeichnete eine abweichende »Gestalt« an. Das Denken wird rück-geführt auf das Anschauliche, Konkrete – und muß sich auf diese »Realität« deutend einlassen, um zu verstehen.[19]

Dieses interpretative Verständnis ist *in einem doppelten Sinn* »kreativ«. Denn um in der Metapher Sinn zu erkennen, muß, wie gesagt, zumindest *eine* Bedeutung – auf der Basis eines suchenden (und damit grundsätzlich offenen) Reflexionsakts – *konstruiert* werden. Die Metapher *zwingt* also zur Interpretation, denn wörtlich genommen entzieht sich der metaphorische Ausdruck dem Verständnis; die entfremdende Abweichung der Metapher »stellt«, um ein Heidegger-Wort zu gebrauchen, den Rezipienten. Sie erfordert eine deutende »Positionierung« im Text-Rahmen und damit im Raum möglicher Bedeutungen.[20] Dieser Rahmen ist aber, und darin liegt ihre eigentliche »Kreativität«, nicht eindeutig, nicht fixierbar. Denn genau durch die Anbindung an das Konkrete wird ein per se niemals eingrenzbarer Interpretationsraum eröffnet – indem jede Konkretion (potentiell) den »sinnlichen« Ausgangspunkt für assoziative, abweichende Denkbewegungen bildet. So initiiert, »erregt« die Konkretion in der (bildhaften) Metaphorik eine Aufsprengung der Sinn-Grenzen. Die Metapher ist die (be-)greifbare, reale, dingliche Differenz im Diskurs. Sie verweist – als »schiefes«, der Kontextlogik widersprechendes Bild – auf die Uneinheit des (jedes) Gesagten. Und diese Differenz, dieser »Spalt« kann – wo er wahr-genommen wird – für imaginative, den vorgegebenen Rahmen auch überschreitende Interpretationen genutzt werden. Das ist (»ansteckende«) Poiesis ihrer Poesie.

Man muß allerdings die Metapher zu lesen wissen, sie sinnlich werden lassen, d.h. sich auf sie einlassen, sich entäußern, ihr ausliefern, um sie solchermaßen, im Sinn einer differenzbewußten »negativen Hermeneutik« (Schönherr-Mann), reflektieren zu können. Ihr sinnlicher Hintergrund führt dann – möglicherweise – zurück zur eigenen »Sinnlichkeit«: den Imaginationen des nicht-identischen Subjekts und seinen (utopischen) Projektionen. Doch dafür muß, wie gesagt, von der gewohnten Lesart abgewichen werden. Denn insbesondere die konventionelle, zum toten Symbol »herabgesunkene« Metapher verführt zu einer Übernahme vorgegebener Deutungen. Diesen entgegengesetzt, muß der bildliche Hintergrund, um konkret und damit für die Erschließung von Differenzräumen wirksam zu werden, auf den eigenen, individuellen Erfahrungshintergrund zurückgespiegelt werden. Nur in kritischer (Selbst-)Reflexion der assoziierten Bedeutungsfelder ist also ein kreatives Lesen der Metapher möglich. In gewisser Weise gleicht die Metapher damit einem Rätsel, einem Orakelspiel. Die Metapher ist wie ein Spiegel, in den man blickt: Es ist immer man selbst, der zurückblickt. Doch vielleicht ist dieses Selbst dann ein anderer. Und dieser andere blickt zurück in einen verspiegelten Raum, im Bewußtsein, daß dieser Raum – ebenso – ein anderer sein könnte.

Damit eine solche *metaphorische Transformation* gelingen kann, muß vor allem eines gegeben sein: das Bewußtsein, daß es sich um eine Metapher, ein Bild und seine Interpretation, nicht um das Wirkliche oder ein Bild des Wirklichen, handelt. Die Bedeutung, die man der Metapher beimißt, muß vor dem Hintergrund dieses Bewußtseins also sowohl »sinnlich« wie aus kritischer Distanz reflektiert werden. Die Metapher erfordert eine intensive Auseinandersetzung, wenn man ihr nicht verfallen, sondern ihr reflexives Potential (im Sinne einer ästhetisch-hermeneutischen Reflexivität) befreien will. Insbesondere im wissenschaftlichen Kontext ist diesbezüglich besondere Sensibilität erforderlich. Denn im Kontext der (Sozial-)Wissenschaft gilt eine »doppelten Hermeneutik« (Giddens), die in der Rückbezüglichkeit der wissenschaftlichen Diskurse mit ihrem sozialen Rahmen, also dem Raum der sozialwissenschaftlichen Interpretationsspiele, besteht. Das aber bedeutet: Wenn man eine Metapher in den sozialen Diskursraum entläßt, so entwickelt diese unter Umständen ein Eigenleben, sie wird aufgenommen und (re-)interpretiert, und man sollte genau bedenken, welche Interpretationen die Semantik der Metapher nahelegt. Das bedeutet kein Plädoyer, die Interpretationsräume zu beschneiden, der Metapher eine zwingende Leseanweisung beizufügen, sondern sich der möglichen Interpretationen bewußt zu werden, die eigenen Metaphern ständig selbst zu hinterfragen, ihre Ambivalenz offenzulegen. Und zweifellos: Auch das hier verwendete Bild der Metapher als »infektiösem Überträger« ist keineswegs eindeutig. Es stellt die Metapher in die Nähe der Krankheit. Diese Nähe soll nicht verneint werden. Aber vielleicht ist die Krankheit der Metapher eine Krisis, die das Potential der »Katharsis« durch eine subversive Infiltrierung mit imaginativen Gehalten in sich birgt und so zur Überschreitung der »Realität« aufruft: Die Chance zur Auseinandersetzung über das Stellende der greifbaren Differenz des metaphorischen Bilds.

Nur bewußt und beständig kritisch reflektiert, ist die Metapher also eine »Belebung« des Diskurses. Die unreflektierte Auslieferung an das Bildliche der Metapher dagegen fixiert und vereinnahmt. Die Metapher ist deshalb in jeder Hinsicht ein machtvoller »Ort« im Diskurs. Nur allzu leicht gerät man in den imaginativen Sog des Bildlichen, das mit seinen »Anschauungen« das Denken strukturiert und damit Denkräume auch absperrt. Das Konkrete, das auf die Differenz verweist, suggeriert also, wenn man es nicht eigen-sinnig deutet, (fiktive) Eindeutigkeit. Oft kommt es langsam und schleichend zu einer Verfestigung der Lesarten der Metapher. Ihre Abweichung wird dann zur Konvention. Das ist die andere Seite der Dialektik der Metapher, ihrer ambivalenten Virulenz. Die Metapher stellt und verstellt, sie schwankt zwischen Reflexion und »Deflexion«.[21] In ihr liegt eine normierende Macht, aber ebenso ein kreatives Subversionspotential. Die Metapher ist das Leben und der Tod des Diskurses.[22]

Im wissenschaftlichen Diskurs blieb die Metapher deshalb über weite Strecken ein ungeliebter (und doch stets präsenter) Gast: Lange schwieg man von der Metapher, und wo man sich über sie ausließ, kam es zumeist einer Diffamierung gleich. Trotzdem bediente man sich ausgiebig ihrer ambivalenten Macht. Das beredte Schweigen über die Metapher – denn man darf die Quellen der eigenen Macht nicht enthüllen – setzte schon dort ein, wo man versuchte, ihre Bedeutung *festzuschreiben*. Denn hier beginnt zugleich die Geschichte der Zuschreibung der Metapher zu einem *eingeschränkten*, peripheren Diskurs: Die »klassische« Definition der Metapher – und somit ihr angestammter Ort – findet sich nämlich in der *»Poetik«* des Aristoteles:

> »Eine Metapher ist die Übertragung eines Wortes (das somit in uneigentlicher Bedeutung verwendet wird), und zwar entweder von der Gattung auf die Art oder von der Art auf die Gattung, oder von einer Art auf eine andere oder nach den Regeln der Analogie.« (S. 67 [1457b])

In ihrem »poetischen« Kontext erfährt die Metapher zwar eine gewisse Anerkennung, indem Aristoteles bemerkt: »Es ist aber bei weitem das Wichtigste, daß man Metaphern zu finden weiß. Denn dies ist das Einzige, das man nicht von einem anderen erlernen kann, und ein Zeichen von Begabung. Denn gute Metaphern zu bilden bedeutet, daß man Ähnlichkeiten zu erkennen vermag.« (Ebd.; S. 76ff. [1459a]) Die besondere Qualität des metaphorischen Ausdrucks im Rahmen der Poetik bedeutet jedoch nicht zwangsläufig ihre allgemeine Wertschätzung. Zwar findet sich eine weitgehend analoge Beurteilung der Metapher für den Bereich der *»Rhetorik«* (vgl. Buch III-2 [1404bff.]).[23] Doch gerade diese doppelte Ein- und Zuordnung zur Poetik und Rhetorik zeigt deutlich die latente Mißachtung der Metapher durch Aristoteles. Denn sie verweist darauf, daß die Metapher im Kontext der »zentralen« Wissenschaften, also der auf die Erkenntnis der Wahrheit gerichteten Metaphysik und der auf das Gute und Richtige im Rahmen der Gemeinschaft gerichteten Ethik/Politik, als ein ungeeignetes »Medium« erscheint. Wie schon Platon (vgl. z.B. *Gorgias*), so sieht auch Aristoteles nämlich insbesondere in der Rhetorik (und der in ihr wiederum einen prominenten Platz einnehmenden Metaphorik) eine potentiell gefährliche, irreleitende Kunst, die von den Sophisten geschickt genutzt wurde, um an die Stelle des Richtigen und der Wahrheit beliebige Meinungen zu setzen. In der *»Nikomachischen Ethik«* drückt Aristoteles diese negative Einschätzung in klaren Worten aus:

> »Die Sophisten [...] sind [...] weit davon entfernt, (wirkliche) Lehrer zu sein. Denn man kann rundheraus sagen: sie wissen gar nicht, welche Art von Ding die Staatskunst ist, noch welcher Art ihre Gegenstände sind. Denn sonst könnten sie sie nicht mit der Rhetorik auf die gleiche Stufe oder noch tiefer stellen [...]« (Buch X-9 [1181a 13f.])

Anders als Platon, der zwar die Sophisten verabscheute, jedoch selbst eine ausgesprochene Vorliebe für metaphorisch-bildliche Veranschaulichungen in seinen Dialogen zeigt (siehe auch zurück zu S. 19), herrscht bei Aristoteles folglich ein sachlich-nüchterner Ton vor. Er meidet Bilder und Metaphern (wenn er sie auch nicht ganz eliminieren kann) und schreibt die Metapher zudem, wie oben erläutert, einem Randbereich zu. Und auch in der Folge wagte es kaum ein Ernst zu nehmender/Ernst genommen werden wollender Denker, sich – offen – zur Metapher zu bekennen. Denn wie bemerkt Max Black so treffend:

> »Auf die Metaphern eines Philosophen aufmerksam machen, heißt ihn herabsetzen – als rühmte man einen Logiker wegen seiner schönen Handschrift. Der Hang zur Metapher gilt als verderblich nach der Maxime, worüber sich nur metaphorisch reden lasse, solle man am besten überhaupt nicht reden.« *(Die Metapher;* S. 55)

In dieser Hinsicht steht übrigens die neuzeitliche Philosophie in völliger Kontinuität zur philosophischen Tradition. Sie ist – bemüht, in einer Zeit der Unsicherheit neue Sicherheiten herzustellen – dominiert vom Streben nach dem »reinen«, eindeutigen Begriff, der ihr den Weg zur »Wahrheit« weist. Das zeigt sich beispielhaft nicht nur an der ablehnenden Haltung, die etwa Bacon und Descartes gegenüber der bildlichen Sprache und dem bildlichen Denken einnehmen (siehe nochmals S. 20 sowie Anmerkung 6 und 7). Eine explizite Ablehnung des Bildlichen und speziell des Metaphorischen läßt sich sehr klar auch bei vielen anderen zentralen Philosophen der Neuzeit aufweisen. Thomas Hobbes etwa läßt sich im Rahmen sowohl seiner Erkenntnistheorie wie seiner politischen Philosophie vom Ideal der geometrischen Methodik leiten und fordert ein mathematisch genaues Operieren mit den Begriffen.[24] Deshalb bemerkt er:

> »Eine deutliche, durch richtige Erklärungen gehörig bestimmte und von allen Zweideutigkeiten gesäuberte Art des Vortrags ist gleichsam das Licht des menschlichen Geistes; die Vernunft macht die *Fortschritte,* Regeln machen den *Weg zur Wissenschaft* aus, und Wissenschaft hat das *Wohl des Menschen zum Ziel.* Metaphern aber und nichtssagende oder zweideutige Worte sind *Irrlichter,* bei deren Schimmer man von einem Unsinn zum anderen übergeht und endlich, zu Streitsucht und Aufruhr verleitet, in Verachtung gerät.« *(Leviathan;* S. 45f. [Kap. 5])

Und auch anhand der Ausführungen von Leibniz, dem bedeutendsten deutschen Vertreter des neuzeitlichen Rationalismus, läßt sich die ausgeprägte Skepsis gegenüber einer am Konkreten des Bildlichen angeleiteten Erkenntnisweise aufzeigen. Leibniz versucht die allgemeine Falschheit der bildlichen Betrachtungsweise und die Gefahren der Metonymie/Metaphorik[25] (selbst metaphorisch) am Beispiel der »Illusion«, die die Betrachtung eines Gemäldes hervorruft, aufzuzeigen:

> »Wenn uns also ein Gemälde täuscht, so irren wir auf zweifache Art in unserem Urteil. Zuerst nämlich setzen wir die Ursache für die Wirkung und glauben das, was die Ursache des Bildes ist, unmittelbar zu sehen, worin wir ein wenig jenem Hunde gleichen, welcher gegen einen Spiegel anbellt [...] Zweitens täuschen wir uns auch, indem wir die eine Ursache für die andere setzen und etwa glauben, daß das, was nur von einem [...] Gemälde kommt, von einem Körper abgeleitet sei, dergestalt, daß in diesem Falle unsere Urteile zugleich eine Metonymie und eine Metapher begehen, denn auch die rhetorischen Figuren werden zu Sophismen, wenn sie uns täuschen. *(Neue Abhandlungen über den menschlichen Verstand;* S. 105f.)

Die Spitze und den Höhepunkt in der erstaunlich uniformen philosophischen Weg-Bewegung von der Metapher und vom Bildlichen kann man freilich bei Hegel ausmachen.[26] Zwar gehört Hegel dem deutschen Idealismus an, der als eine Wiederbelebung der antiken Philosophie, insbesondere des Platonismus angesehen werden kann.[27] Doch Hegel faßt die Idee im Gegensatz zu Platon rein abstrakt (und nicht bildlich). Und das Abstrakte der Idee kann entsprechend wiederum nur über den reinen (eindeutigen) Begriff erfaßt werden, in dem alle Widersprüche (synthetisch) »aufgehoben« sind.[28] Auch die Metapher beinhaltet zwar eine Synthese, indem sie Gegensätze verbindet, zweifaches in eins setzt. Trotzdem betrachtet Hegel die Metapher – wegen ihrer potentiell bedrohlichen Uneindeutigkeit – notwendig kritisch. Denn:

> »Die Metapher [...] ist immer eine Unterbrechung des Vorstellungsganges und eine stete Zerstreuung, da sie Bilder erweckt und zueinanderstellt, welche nicht unmittelbar zur Sache und Bedeutung gehören [...]« *(Vorlesungen über die Ästhetik;* S. 395 [Teil 2, Kap. 3, Abschnitt B, 3a])

Die Metapher bringt also gemäß Hegel von der Spur der Bedeutung ab, und die Philosophie muß darum eine ähnliche Bewegung wie die – lebendige – Sprache vollziehen, in der nach und nach der ursprüngliche metaphorisch-bildliche Gehalt vieler Ausdrücke schwindet und sich durch »Abnutzung« (bzw. in dialektischer Aufhebung) zum eigentlichen Ausdruck/Begriff wandelt (vgl. ebd.; S. 391f.).[29] Der reine Begriff, dem Hegels Philosophie zustrebt, ist freilich selbst eine (substitutive) Metapher: Er steht als Symbol für die metaphysische Transzendenz, d.h. Gott. Denn wie schon das alte Testament offenbart: »Am Anfang war das Wort.« Gott ist also nichts anderes der reine Begriff, die absolute Idee, die den Ausgangspunkt allen (Bewußt-)Seins darstellt. Was aber, wenn das Ende folgt, wenn Gott, wie Nietzsche nicht nur zu denken, sondern auch auszusprechen wagte (vgl. *Die fröhliche Wissenschaft;* Nr. 108), tot ist bzw. nur eine Illusion darstellt? – Dann läßt sich mit einem Mal denken, daß der reine Begriff und seine (metaphysisch-transzendente) Wahrheit ebenso nur eine Illusion ist und in der Folge somit *jede* Wahrheit illusionär und fiktiv wäre. Doch wie entsteht die Fiktion der Wahrheit, worauf gründet die Illusion des reinen Begriffs? – Sie gründet auf einem Vergessen, auf einem langsamen Prozeß der »Entsinnlichung« von Sprache: eben jener schon von Hegel herausgestellten metaphorischen »Abnutzung«, die schließlich zum Absterben des ursprünglichen metaphorisch-bildlichen Gehalts führt. Und genau dies stellt folglich Nietzsche, der große Vernichter und Erneuerer der Philosophie, heraus, indem er bemerkt:

> »Was ist also Wahrheit? Ein bewegliches Heer von Metaphern, Metonymien, Anthropomorphismen, kurz eine Summe von menschlichen Relationen, die, poetisch und rhetorisch gesteigert, übertragen, geschmückt wurden und die nach langem Gebrauch einem Volke fest, kanonisch und verbindlich dünken: die Wahrheiten sind Illusionen, von denen man vergessen hat, daß sie welche sind, Metaphern, die abgenutzt und sinnlich kraftlos geworden sind, Münzen, die ihr Bild verloren haben und nun als Metall, nicht mehr als Münzen, in Betracht kommen.« *(Über Wahrheit und Lüge im außermoralischen Sinn;* S. 314)

Und weiter heißt es:

> »Während jede Anschauungsmetapher individuell und ohne ihresgleichen ist und deshalb allem Rubrizieren immer zu entfliehen weiß, zeigt der große Bau der Begriffe die starre Regelmäßigkeit eines römischen Kolumbariums und atmet in der Logik jene Strenge und Kühle aus, die der Mathematik zu eigen ist. Wer von dieser Kühle angehaucht wird, wird es kaum glauben, daß auch der Begriff, knöchern und achteckig wie ein Würfel und versetzbar wie jener, doch nur als das Residuum einer Metapher übrigbleibt […]« (Ebd.; S. 315)

Nietzsche interpretiert also das philosophische Streben nach dem reinen Begriff als illusorische Flucht, die die sinnliche Ambivalenz des bildhaften

Hintergrunds der Sprache zu tilgen versucht. Ausgehend von dieser Einsicht stellt sich jedoch die Frage, was die Metapher dem philosophisch-wissenschaftlichen Diskurs dann überhaupt bedeuten könnte, und in welcher Beziehung sie zu ihm steht.
Derrida hat sich dieser Frage im teilweise expliziten, teilweise impliziten Anschluß an Nietzsche gestellt: Es geht ihm nämlich um eine Dekonstruktion jener »*Weißen Mythologie*« (1972) der Metaphysik, die die Geschichte der abendländischen Philosophie dominierte und die nach ihm wesentlich auf der untergründigen Macht ihrer (verschleierten) Metaphern beruht – was ihr aber zugleich zum Verhängnis wird. Unter Verweis auf Anatole France[30] sowie Hegel zeigt er dabei zunächst auf, daß jeder Begriff eine anschauliche Grundlage hat, die nur langsam »ausgelöscht« wird.
Dieser historische »Abnutzungseffekt« stellt gemäß Derrida für die metaphysische Philosophie einen erheblichen »Mehrwert« dar, indem die metaphorische Bedeutungsverdoppelung heimliche Bedeutungsübernahmen ermöglicht (vgl. S. 214ff.). Die »Metaphorisierung« gerät jedoch mit der Zeit (und für die Philosophie selbst) in Vergessenheit. Die Metapher wird für den reinen Sinn gehalten, was die metaphysische Philosophie einer progressiven Erosion überantwortet. Das »philosophische Begehren« richtet sich nämlich immer stärker darauf, durch die Metapher eine »Abkürzung« zum Eigentlichen zu erlangen, also den Differenzraum zwischen ihr und dem metaphorisch Bedeuteten aufzuheben (vgl. ebd.; S. 257). Ebendiese (philosophische) »Ökonomie« der Metapher führt allerdings dazu, daß sie generalisiert wird und durch ihre grenzenlose Entfaltung ihre (metaphorische) Bedeutung schließlich verliert. Deshalb bemerkt Derrida:

> »Die Metapher trägt also stets ihren eigenen Tod mit sich. Und dieser Tod ist zweifellos auch der Tod *der* [metaphysischen] Philosophie.« (Ebd.; S. 258)

Gewissermaßen von der Gegenseite aus greift Ricœur die Thematik auf.[31] Er liest und interpretiert die Metapher und ihre Bezüge zur Philosophie aus hermeneutischer Sicht (und schließt somit eher an Heidegger als an Nietzsche an).[32] In einem seiner frühen Aufsätze legt er dabei zunächst dar, daß die Metapher gleichsam ein Werk »en miniature« ist, das seine Bedeutung allerdings erst durch seinen Kontext erfährt. Ricœur begreift die Metapher folglich als eine kontextuelle Bedeutungsverschiebung (vgl. *Die Metapher und das Hauptproblem der Hermeneutik;* S. 361). Nicht der Kontext alleine bestimmt jedoch das Verständnis der Metapher, sondern es handelt sich beim metapho-

rischen Verstehen immer auch um einen Prozeß des Selbstentwurfs und der Selbstdeutung: Die Metapher ist das Zur-Sprache-Kommen einer Welt und die Entschlüsselung dieser Welt ist das Zu-sich-selbst-Kommen im Angesicht dieser Welt (vgl. ebd.; S. 371f.).[33]
Genau aufgrund dieser Eigenschaft stellt die Metapher für Ricœur das »lebendige« und notwendige Bindeglied zwischen poetischem und philosophischem Diskurs dar, die keineswegs als getrennt betrachtet werden sollten. Die interpretative Offenheit der Metapher verleiht ihr das Potential, die Wirklichkeit in neuer Weise zu beschreiben – indem sie zur (kreativen) Deutung zwingt. Eben das macht sie auch für den philosophischen Diskurs fruchtbar. In ihr kommt eine Spannung zwischen Wirklichkeitstreue und Imagination zum Tragen, die eine »metaphorische Wahrheit« – hermeneutisch – offenbart (vgl. *Die lebendige Metapher;* S. 239). In dieser Hinsicht könnte der spekulative philosophische Diskurs also durchaus von der Poetik lernen (vgl. ebd.; Kap. 6, insb. S. 253ff.). Und wie bemerkte schließlich schon Paul de Man:

> »Alle Philosophie ist in dem Maße, wie sie von ›uneigentlicher‹ Sprache abhängt, verurteilt, literarisch zu sein, alle Literatur, als Depositorium genau dieses Problems, in gewissem Umfang philosophisch.« *(Epistemologie der Metapher;* S. 437)

Bei seiner Argumentation stützt Ricœur sich allerdings, wie schon oben angemerkt, weniger auf de Man als vielmehr auf Heidegger. Letzterer setzt sich zwar explizit von der Metapher ab, indem er sie ins Reich der Metaphysik verdammt und bemerkt: »Das Metaphorische gibt es nur innerhalb der Metaphysik.« *(Der Satz vom Grund;* S. 89) Ricœur zeigt jedoch gute Gründe dafür auf, warum er trotzdem in Heidegger einen geeigneten Kronzeugen für die Fruchtbarkeit der (metaphorischen) Verbindung zwischen philosophischem und poetischem Diskurs sieht.
»Das Denken ist ein Erhören, das erblickt.« (Ebd.; S. 86) – Die metaphorische Färbung dieses Heidegger-Satzes ist offensichtlich. Und doch: Heidegger streicht heraus, daß er dies *im eigentlichen Sinn* meint und eben nicht metaphorisch bzw. in einem übertragenen Sinn verstanden wissen will (vgl. ebd.; S. 87). Ricœur verweist nun aber seinerseits – wie ich meine: ganz zurecht – darauf, daß die explizite Vorliebe Heideggers für metaphorische Ausdrücke dieser Art eine »andere Sprache« spricht, daß Heidegger also zwar vielleicht die rein substitutive Metapher, die nicht über sich selbst hinaus weist, ablehnen mag, diese Ablehnung jedoch keinesfalls für die »lebendige«,

po(i)etische Metapher gilt (vgl. *Die lebendige Metapher;* S. 254ff.). So bemerkt Ricœur:

> »Lebendig ist die Metapher nicht nur insofern, als sie eine konstituierte Sprache belebt. Lebendig ist sie auch, indem sie den Schwung der Einbildungskraft auf ein ›mehr denken‹ auf die Ebene des Begriffs überträgt.« (Ebd.; S. 285)

Und daß (metaphorische) Dichtung und (begriffliches) Denken in einem engen Bezug zueinander stehen, selbst wenn die rationalistische Betrachtungsweise sich gegen diese Erkenntnis sträubt, das wußte und bekannte eben nicht zuletzt auch Heidegger:

> »Beide, Dichten und Denken, brauchen einander, wo es ins Äußerste geht, je auf ihre Weise in ihrer Nachbarschaft.« *(Unterwegs zur Sprache;* S. 173)

Wenn wir aber nun dieses Verhältnis (der Nähe) aus der Nähe betrachten, so finden wir – gerade auch vor dem Hintergrund der dargelegten Positionen – die ambivalente Dialektik der Metapher bestätigt: Die Metapher als Absperrung des Diskurses und seine kreative Öffnung; die Metapher als metaphysische Transzendenz (wo sie die abstrakte Idee repräsentiert) und als Differenz (wo ihre »Sinnlichkeit« konkret angestoßene Denkbewegungen initiiert). Vor allem wird jedoch ihre unaufhebbare Verwobenheit mit den Strukturen des »Geistes« deutlich: die – gegenseitige – »Durchsetzung« und Durchdringung von Begriff und metaphorischem Ausdruck. Und so heißt es an einer »bezeichnenden« Stelle in den *»Philosophischen Untersuchungen«* Wittgensteins:

> »Ein *Bild* hielt uns gefangen. Und heraus konnten wir nicht, denn es lag in unserer Sprache [...]« (Nr. 115)

Mit Wittgenstein wurde, wie schon einleitend erwähnt, ein gesteigertes Interesse für die Sprachphilosophie eingeläutet – und damit auch für die Metapher. Das lange Schweigen von der Metapher und die Negation ihrer ambivalenten Macht sowie ihrer philosophischen Potentiale hatte damit – wie man nicht zuletzt an Ricœur sieht – ein Ende. Deshalb sollen im folgenden noch einige weitere zentrale Ansätze zu Wort kommen, die aus sprachphilosophischer Sicht dazu beitragen können, die Virulenz und Dialektik der Metapher im Hinblick auf ihr heuristisches Potential herauszustellen.[34]

So bemerkt beispielsweise der Philosoph Ivor A. Richards zur allgemeinen Bedeutung der Metapher im Kontext von Sprache und Wissenschaft:

> »Daß die Metapher das allgegenwärtige Prinzip der Sprache ist, kann anhand bloßer Beobachtung nachgewiesen werden [...] Selbst in der strengen Sprache der Wissenschaften kann man sie nur mit großen Schwierigkeiten ausschalten oder umgehen [...] Vor allem in der Philosophie ist jeder Schritt riskant, wenn wir uns nicht ständig der von uns [...] verwendeten Metaphern bewußt sind; wir können zwar behaupten, Metaphern zu meiden, doch wird uns das nur gelingen, wenn wir sie zuvor entdeckt haben [...] Die Metaphern, die wir meiden, steuern unser Denken ebensosehr wie jene, die wir akzeptieren.« *(Die Metapher;* S. 33)

Noch weiter gehen Lakoff und Johnson. Diese behaupten nämlich, daß »unser alltägliches Konzeptsystem, nach dem wir sowohl denken als auch handeln, [...] im Kern und grundsätzlich metaphorisch [ist]« *(Leben in Metaphern;* S. 11). Unser *gesamtes* (praktisches) Leben, nicht nur die Sprache, beruht also auf metaphorischen Konzepten.[35] In den Metaphern kondensieren dabei (kulturelle und physische) Erfahrungen, so daß ein kohärentes und mit den sozialen Vorstellungen im Einklang stehendes metaphorisches System entsteht (vgl. ebd.; insb. S. 28–34 und S. 139ff.).[36] Aufgrund der somit ausgeprägten »konventionellen« Natur der metaphorischen Systeme ist es allerdings nach Lakoff und Johnson schwierig (wenngleich jedoch keinesfalls ausgeschlossen) durch die Prägung von neuen metaphorischen Konzepten das Denken und die Welt zu verändern (vgl. ebd.; S. 161ff.).
Die innovative Funktion von Metaphern stellt dagegen Richard Boyd stärker heraus. Metaphorische Ausdrücke sind gemäß ihm insbesondere dort nützlich und erforderlich, wo keine äquivalenten theoretisch-abstrakten Begriffe existieren, die den Gegenstand erfassen könnten. In diesem Fall sind die Metaphern sogar konstitutiv für die Formulierung von Theorien – und sie besitzen darüber hinaus eine produktive »induktive Unabgeschlossenheit« (inductive open-endedness), indem der Rezipient zu einem Fortdenken entlang der aufgemachten Analogien eingeladen wird und so ggf. auf Gedanken stößt, die zuvor noch nicht entdeckt oder (so) verstanden wurden (vgl. *Metaphor and Theory Change;* insb. S. 368). Eine ähnliche Vorstellung entwickelt Hans Blumenberg, wenn er im Rahmen seiner *»Paradigmen zu einer Metaphorologie«* (1960) – wo es ihm ganz generell um eine Reflexion über die mythischen Gründe der Philosophie geht – von der »absoluten Metapher« spricht. Solche »absoluten Metaphern« stellen Grundbestände der philoso-

phischen Sprache dar, die sich nicht rückführen lassen, nicht in Begriffe aufgelöst werden können. Deshalb sucht die Metaphorologie »an die Substruktur des Denkens heranzukommen, an den Untergrund, die Nährlösung der systematischen Kristallisation, aber sie will auch faßbar machen, mit welchem ›Mut‹ sich der Geist in seinen Bildern selbst voraus ist und wie sich im Mut zur Vermutung seine Geschichte entwirft.« (S. 290)

Blumenberg stimmt damit grundsätzlich mit Derrida überein, daß die Philosophie (sich) allzu oft ihre metaphorischen Grundlagen verschleiert. Die Dekonstruktion dieses Verschleierungszusammenhangs führt für Blumenberg jedoch nicht zur Skepsis gegenüber der Metapher (und ihrer Metaphysik) – er sieht, wie Ricœur, in ihr ein kreatives Potential, das freilich erst im Bewußtsein ihrer phantastischen »Unsagbarkeit« voll entfaltet werden kann. Denn, wie Paul Henle bereits aufwies, beinhaltet die Metapher als (vorgestelltes) Bild notwendig immer auch (In-)Differenz: Sie kann unmöglich wörtlich aufgefaßt werden, und »diese Unmöglichkeit treibt dazu, eine übertragene Bedeutung zu suchen« *(Die Metapher;* S. 91).

Die »*Metaphorische Verdrehung*« (Beardsley 1962) erreicht also – durch den »Zwang« zur Deutung und »schöpferische« Interpretationen – (latente oder bewußte) Bedeutungsmetamorphosen wie -verschiebungen. Jede bloße Substitutions- oder Vergleichstheorie der Metapher ist folglich abzulehnen; vielmehr gilt es ein *interaktives Verständnis* der Metapher zu erlangen (vgl. auch Black: *Die Metapher)*. Die Metapher ist demnach nur der Ausgangspunkt wechselseitiger Deutungsprozesse, die Be-Deutung wird erst in jenem Wechselspiel der Interpretationen generiert und liegt nicht – essentialistisch begriffen – in der Metapher selbst beinhaltet. Deshalb läßt sich mit Donald Davidson formulieren: »Metaphern sind die Traumarbeit der Sprache, und ihre Deutung sagt – wie bei der Traumarbeit – durch Spiegelung über den Deutenden genausoviel wie über den Urheber.« *(Was Metaphern bedeuten*; S. 49)

4. METAPHORISCHE VER-DICHTUNG ALS BASIS EINER METAPHORISCHEN HEURISTIK: DIE PSYCHOLOGIE DER METAPHER UND DIE (VERMITTELTE) »INNERLICHKEIT« DER ERKENNTNIS

Begreift und deutet man die Metapher, wie Davidson, – metaphorisch – als »Traumarbeit der Sprache«, die keine absoluten »Wahrheiten« offenbart und offenbaren kann, so stellen sich allerdings eine Reihe von Fragen: Ist die angenommene Bedeutung der Metapher nicht bloße Einbildung, und liegt nicht eventuell sogar eine erhebliche Gefahr darin, ihr (»falsche«) Bedeutung beizumessen? Was könnte die Metapher für die Theorie und den Erkenntnisfortschritt überhaupt bedeuten, wenn all ihre Bedeutung sich nur aus den Deutungen ergibt? Haben wir es in den Metaphern also nicht vielleicht doch tatsächlich nur mit, im wissenschaftlichen Kontext, unnützen oder gar schädlichen Traum- und Trugbildern zu tun, die Bedeutungen suggerieren, welche – jenseits der (subjektiven) Deutung – gar nicht vorhanden sind? Und sind die konkreten, von uns verwendeten Metaphern nicht mehr oder minder zufällig, könnte nicht jedes beliebige Bild der Ausgangspunkt unserer Deutungen sein? Vor allem aber: Wiegt uns nicht die bildliche Plastizität der Metapher in eine eher fragwürdige (Deutungs-)Sicherheit, sitzen wir nicht dem trügerischen Heilsversprechen auf, daß wir – ähnlich wie im Rahmen der Psychoanalyse – durch ihren Anstoß und ihre (vernünftige) Deutung eine verschüttete »Wahrheit« ans Licht zerren könnten?

Zweifellos: Die Metapher spricht in hervorragender Weise die Ebene der Latenzen, des Unbewußten an. Wir meinen in und an der Metapher eine versteckte Bedeutung zu erkennen – und bringen so in assoziativen Deutungen möglicherweise ein (in uns) »schlummerndes« Wissen an den Tag. Aber es ist wichtig, sich zu vergegenwärtigen, daß dieses Verständnis der Metapher selbst schon eine theoretische Anschauung ist, die – in diesem Fall – von psychoanalytischer Metaphorik gespeist ist. Umgekehrt kann man allerdings gleichfalls, wenn man nach dem Verhältnis von Metapher und Psychoanalyse fragt, letztere als eine Art Metaphernanalyse begreifen. Die für die Psychoanalyse so zentrale Kategorie der »Übertragung« ist schließlich geradezu ein Synonym für die dem Begriff der »Metapher« zugrunde liegende ursprüngliche Bedeutung (siehe auch nochmals S. 30 und vgl. Carveth: *Die Metaphern des Analytikers;* S. 17ff.).

Das potentiell schädliche und »gefährliche« Element dieser Übertragung, die mögliche »Pathologie« des (metaphorischen) Übertragungsprozesses,

bedeutet – so gedeutet – nichts anderes, als daß man von einer Metapher gleichsam »besessen« ist, von ihr beherrscht wird (was sich dann als Neurose manifestiert), anstatt ihren Differenzraum, die Abweichung von der Norm des Normalen, für eine Erweiterung des eigenen Vorstellungsbereichs zu nutzen. Deshalb ist die Psychoanalyse auch »alles andere als ein Versuch zur *Eliminierung* des metaphorischen Denkens (oder der Übertragung), vielmehr ermöglicht sie, als ›Metaphernanalyse‹[37] verstanden, sich der Anwendung von Metaphern bewußt zu werden und zu einem selbstkritischen Verhältnis zu den Metaphern (und Gegensätzen) zu gelangen, von denen wir gelebt werden und die wir leben.« (Ebd.; S. 32f.)[38]
Freilich kommt es im deutenden Rahmen der Psychoanalyse häufig auch zu fixierenden Festschreibungen, zu metaphorischen Einengungen, die im Gegenteil zu einer Verdinglichung des Subjekts führen können – etwa wenn vom Modell eines kohärenten, für sich eine *Einheit* bildenden Selbst ausgegangen wird, das (eben da diese metaphorische Sichtweise eingenommen wird) wiederum von der Gefahr des Fragmentierens bedroht ist (vgl. auch ebd.; S. 39ff.). In diesem Zusammenhang erweist sich übrigens die Spiegelmetapher als besonders aufschlußreich und »virulent«, denn sie ist – als Verbildlichung der Reflexivität des Subjekts – zentral für die Hervorbringung und Selbstthematisierung des neuzeitlichen Individuums: Der Spiegel, der das Ich darstellend hervorbringt, steht einerseits in der Tradition der Metaphorik eines identitären Subjekts, für das von (gegenseitiger) Entsprechung geprägte Spiegel(ungs)verhältnis von Ich und Welt; andererseits verweist der Spiegel ebenso auf die »Brüchigkeit« dieses Arrangements (vgl. Konersmann: *Lebendige Spiegel;* speziell S. 32–38).
Insbesondere Lacan hat dieses »Spiegel-Bild« be-schreibend herangezogen, um das Verhältnis des Subjekts zu seinem (sozialen) Kontext theoretisch darzustellen. Er nutzt die Spiegelmetapher dabei jedoch genau für eine Dekonstruktion jenes oben angesprochenen Modells eines kohärenten Selbst. Das Spiegelstadium, bei dem das Kleinkind lernt/erlernen muß, sich im gespiegelten Bild als (zunächst physiologische und dann psychologische) Einheit zu erfahren, wird folglich als basale Stufe in der Ich-Werdung angesehen.[39] Lacan bemerkt: »Man kann das Spiegelstadium *als eine Identifikation* verstehen im vollen Sinn, den die Psychoanalyse diesem Terminus gibt: als eine beim Subjekt durch die Aufnahme eines Bildes ausgelöste Verwandlung.« *(Das Spiegelstadium als Bildner der Ich-Funktion;* S. 64) Die »Spiegelung« ist die primäre symbolische Matrix, auf der alle folgenden Prozesse der Subjektivierung aufsetzen, sie legt den Grundstein für jenen »wahnhaften Identitätspanzer«

(Lacan), der dem Ich eine Einheit suggeriert, die erst seine Umwelt dem Subjekt abverlangt (vgl. auch ebd.; S. 66f.).
Im späteren Verlauf wird dann jedoch die Sprache zu einem immer zentraleren Medium der (durchaus gewaltvollen) Formation des Subjekts – diesem werden nämlich insbesondere durch metaphorische Zuschreibungen bestimmte Eigenschaften »angedichtet«, die es schließlich verinnerlicht (vgl. ders.: *Die Metapher des Subjekts)*.[40] Für Lacan ist natürlich gemäß dieser Sicht die Sprache (und das – metaphorische – Sprechen des Patienten) das bedeutendste Feld der Psychoanalyse, das seit Freud jedoch leider weitgehend brach liegt (vgl. ders.: *Funktion und Feld des Sprechens und der Sprache in der Psychoanalyse;* S. 80ff.). Und um das Subjekt, das in seinen sprachlichen (Über-Ich-)Strukturen verfangen und gefangen ist, zu befreien (was schließlich das Ziel aller psychoanalytischen Bemühung darstellt), muß folglich sein Sprechen befreit werden, d.h. es muß sich der Sprache seines Begehrens öffnen, die in den Symptomen seiner »Pathologien« zutage tritt:

> »Um das Sprechen des Subjekts zu befreien, führen wir es in die Sprache seines Begehrens ein, das heißt in die *erste Sprache* (langage premier), in der es schon jenseits dessen, was es uns von sich sagt, vor allem mit der Symbolik seiner Symptome ohne sein Wissen zu uns spricht.« (Ebd.; S. 136f.)

Das Symptom ist also gewissermaßen eine Metapher für die unbewußten, verdrängten Momente des Begehrens (vgl. auch ders.: *Das Drängen des Buchstabens im Unbewußten;* S. 55). Die Metapher besitzt folglich, neben ihrer festschreibenden Gewalt durch die übertragende Zuschreibung von Eigenschaften, offensichtlich ein latent (oder besser: in der Offenbarung der Latenz) befreiendes Potential – indem sie zu einer deutenden Auseinandersetzen mit ihrer befremdlichen »Symptomatik«, ihrer von der Kontextlogik abweichenden Semantik zwingt.
Es lohnt also vielleicht, dieses Potential, die Dialektik der *Psychologie* der Metapher, (mit Lacan) etwas genauer zu betrachten, um weiterhin zu klären, welche Bedeutung die Metapher allgemein für das wissenschaftliche Erkenntnisstreben haben könnte. Lacans Metaphernbegriff ist im Grunde einfach. Er definiert »lakanisch«: »*Ein Wort für ein anderes* ist die Formel für die Metapher.« (Ebd.; S. 32) Doch wie kann aus dieser scheinbar simplen Substitution, der Ersetzung eines Begriffs durch einen anderen, ein Me(e)hr an Bedeutung(en) entstehen? Derart simpel können die Dinge also wohl doch nicht gestaltet sein. Und so verweist Lacan darauf, daß es sich bei der Metaphern-

bildung eben nicht um eine *bloße* Substitution handelt und daß die metaphorische Sinn(er)setzung deshalb auch *nicht* die einfache Verdoppelung des Sinns bewirkt, sondern daß durch das »Tauschspiel« der Metapher eine Differenz eröffnet wird, ein (interpretativer) Zwischenraum entsteht, der sich gerade aus der *sinnverschiebenden Verknüpfung* des ersetzten und des ersetzenden Bedeutungsträgers ergibt:

> »Der schöpferische Funke der Metapher entspringt nicht der Vergegenwärtigung zweier Bilder, das heißt zweier gleicherweise aktualisierter Signifikanten. Er entspringt zwischen zwei Signifikanten, deren einer sich dem anderen substituiert hat, indem er dessen Stelle in der signifikanten Kette einnahm, wobei der verdeckte Signifikant gegenwärtig bleibt durch seine (metonymische) Verknüpfung mit dem Rest der Kette.« (Ebd.; S. 32)

Auch für Lacan ist dabei jedoch klar, daß es die subjektiven Sinn-Konstruktionen, daß es der metaphorisch angesprochene »Esprit« des Rezipienten ist, der das eigentlich kreative Moment der Metapher ausmacht:

> »[...] die Metapher hat ihren Platz genau da, wo Sinn im Un-sinn entsteht, das heißt an jenem Übergang, der in umgekehrter Richtung genommen, wie Freud entdeckt hat, jenem Wort Raum gibt, das im französischen ›das Wort‹ par excellence ist, das Wort für das kein anderer als der Signifikant des *esprit* die Patenschaft übernimmt [...]« (Ebd.; S. 33)

Wie aber vermag die Metapher den Geist zu inspirieren? Ist es wirklich nur der interpretative Zwischenraum, der durch die metaphorische Verschiebung eröffnet wird, der eine neue Sinnebene entstehen läßt? Wohl kaum. Die Metapher psychologisch gedeutet, als »Traumarbeit der Sprache« verstanden, bedeutet nicht nur eine (Sinn-)Verschiebung und Übertragung (eine fast schon banale Feststellung, da »Übertragung«, wie oben angemerkt, den Begriff der Metapher ausmacht), sondern wie im Traum findet auch in der Metapher eine *Verdichtung* statt. »Verdichtung«, so Lacan, »meint die Überbelastungsstruktur der Signifikanten, in der die Metapher ihr Feld einnimmt« (ebd.; S. 36), bedeutet also, daß die Metapher *in der Verschiebung* zugleich eine Kondensation und Anreicherung bewirkt.

Lacan rekurriert hier offensichtlich auf Freud: Dieser unterscheidet im Rahmen seiner *»Traumdeutung«* (1900) zwischen dem *manifesten*, in den Traumbildern gegebenen Trauminhalt und dem erst durch assoziative Deutungen zu

erschließenden *latenten Trauminhalt* – den hinter den Traumbildern stehenden (unbewußten) *Traumgedanken*. Dazu Freud: »Was in den Traumgedanken offenbar der wesentliche Inhalt ist, braucht im Traum gar nicht vertreten zu sein. Der Traum ist gleichsam *anders zentriert* [...]« (S. 210) Es findet eine Übertragung und Verschiebung statt (vgl. ebd.; S. 212), und »das erste, was dem Untersucher bei der Vergleichung von Trauminhalt und Traumgedanken klar wird, ist, daß hier eine großartige *Verdichtungsarbeit* stattfindet [...] In der Regel unterschätzt man das Maß der stattgefundenen Kompression, indem man die ans Licht gebrachten Traumgedanken für das vollständige Material hält, während weitere Deutungsarbeit neue, hinter dem Traum versteckte Gedanken enthüllen kann.« (Ebd.; S. 192)
Lacan stellt heraus, daß Freud, indem er solchermaßen den Strukturen des Unbewußten auf der Spur ist, – selbst unbewußt – die ganze Struktur der Sprache offenlegt, die Herrschaft des »signifikanten« Über-Ichs, der vorgegebenen und fixierenden Bezeichnungen, über das verdeckte Signifikat beschreibt – also daß wir etwas sagen, um (zwangsläufig) etwas anderes zu meinen (vgl. *Das Drängen des Buchstabens im Unbewußten;* S. 19ff.).[41] Nur: Bei Freud erscheint es so, als könne man, trotz der erfolgten Verschiebung bzw. Übertragung, den verschlüsselten Sinn deutend tatsächlich (objektiv) erschließen, als sei die Differenz, die mit der Verschiebung aufgemacht wurde, zu überbrücken und zu schließen; d.h es besteht bei Freud die Auffassung, daß die »Wahrheit« der Latenzen (vernünftig) erkannt und hervorgekehrt werden kann, wenn man nur die richtige Deutungsmethode (die Psychoanalyse) anwendet.
Ist Freud somit implizit noch am Modell naturwissenschaftlicher Erkenntnis orientiert (indem an die *identifizierende* Macht der *vernunftgeleiteten* Interpretation geglaubt wird), so erhält bei der Fortschreibung der Psychoanalyse durch Jung diese schließlich eine geradezu »metaphysische« Wendung. Denn die Tiefenschichten des Unbewußten sind für Jung »kollektiv«, d.h. nicht individueller, sondern allgemeiner Natur, und seine bildlichen Äußerungen, in Träumen und Visionen, aber auch in den Märchen und Mythen, stellen »Archetypen« dar (vgl. *Über die Archetypen des kollektiven Unbewußten;* S. 11ff.). Der Begriff des Archetypus ist also, wie Jung selbst bemerkt, nichts anderes als eine erklärende Umschreibung für den platonischen »eidos«-Begriff: jenen allgemeinen »Urbildern«, die den gesamten Erscheinungen zugrunde liegen (siehe auch nochmals S. 19) – und die uns untergründig beherrschen, ja sogar in Pathologien ausarten können, gerade wenn wir es nicht schaffen, die archetypischen Bilder des kollektiven Unbewußten ins

Bewußtsein zu integrieren (vgl. ebd; S. 51f.). Allerdings (und zumindest in dieser Erkenntnis überschreitet Jung den »naiven« Glauben Freuds an die Erreichbarkeit von Deutungssicherheit durch das Medium der rationalen Reflexion):

> »Die Grundprinzipien [...] des Unbewußten sind wegen ihres Beziehungsreichtums unbeschreibbar trotz ihrer Erkennbarkeit. Das intellektuelle Urteil sucht natürlich immer ihre Eindeutigkeit festzustellen und gerät damit am Wesentlichen vorbei, denn was vor allem als das einzige ihrer Natur Entsprechende festzustellen ist, das ist ihre Vieldeutigkeit, ihre fast unabsehbare Beziehungsfülle, welche jede eindeutige Formulierung verunmöglicht.« (Ebd.; S. 49)

Jungs Lösungsvorschlag dieses Dilemmas aller rein rationalistischen Deutungsversuche der aus dem kollektiven Unbewußten gespeisten Bilder ist ein *»Erleben im Bild und des Bildes«* (ebd; S. 50), ein Fortschreiten von der Sackgasse der Pathologie (als Zustand des puren Ausgeliefertseins an die archetypischen Muster) zu einem Zustand der »Balance« bzw. Synthese der Ebenen von Reflexion und Imagination. Dieser Zustand wird im Rahmen der Psychoanalyse erreicht, indem das Subjekt (ähnlich wie bei einem »archaischen« Wiederherstellungsritus), angeleitet durch den Analytiker, in einen Dialog mit sich selbst tritt, die Stimmen des Bewußten wie des Unbewußten wahrnimmt und so (wieder) in Einklang mit der in den Archetypen »anklingenden« übergeordneten Ebene des Allgemeinen gelangt (vgl. ebd. S. 50f.).

Auch wenn Jung also im klaren Bewußtsein für die Vieldeutigkeit des Traum-Bildlichen, das sich dem rein rationalen Zugang entzieht, Freud gewissermaßen überschreitet, so hat er mit solchen Vorstellungen doch zugleich die Grenze von der Psychoanalyse zur Esoterik überschritten. Und auch Freud ist sich schließlich (siehe oben) bewußt: Die (psychoanalytische) Interpretation, so gewissenhaft und genau sie auch verfahren mag, ist niemals erschöpfend. Keine Deutung kann je abschließend sein. Denn durch die Verdichtung, die im Traum bzw. in der metaphorischen Übertragung stattfindet, bietet sich immer Raum für weitergehende Gedanken und Deutungen. Die Verdichtung ist folglich sogar vielleicht das wesentlichere Merkmal, wenn man danach fragt, was die Metapher uns (»theoretisch«) zu sagen hätte.

Die Verschiebung, die in der Metapher stattfindet, eröffnet zwar den Raum der Interpretation, indem sie ein »Wörtlich-Nehmen« unmöglich macht, verweist auf die Differenz von Signifikant und Signifikat. Doch erst die Ver-

dichtung bewirkt, daß dieser Differenz-Raum deutend beschritten wird. Denn die Verdichtung gibt Gewicht, verleiht der Metapher ihre eigentliche und eigentümliche Macht, sorgt dafür, daß man sich ihrer Bildlichkeit nicht ohne weiteres entziehen kann, sich angesprochen fühlt, Anklänge an eigene (eventuell verschüttete) Gedanken wahrnimmt. Sie erzeugt eine subtile, latente, aber dadurch nur um so größere Wirksamkeit der metaphorischen Bildlichkeit. Und darüber hinaus bewirkt sie, wie mit Freud festgestellt werden kann, daß das Bemühen um ein Verstehen nie still stehen kann, daß sich immer wieder neue Ansatzpunkte für neue deutende Bewegungen bieten. Die Verschiebung ist also nur das »Zeichen« für den Spalt der Differenz, der sich in der Metapher auftut und zur Deutung aufruft. Es ist die Verdichtung, die dafür sorgt, daß dieser Raum der Differenz niemals abgeschlossen bleibt/wird. Denn die Bewegung des Denkens benötigt »Dichte«, eine sinnliche Masse, von der abstoßend es sich (schwankend) zu neuen Ufern fortbewegt (vgl. auch Nancy: *Das Gewicht eines Denkens;* insb. S. 23f.).
Aber worin besteht das verdichtende Element der Metapher? Im Traum, wenn man der Psychoanalyse Glauben schwenkt, ist es das Unbewußte, das sich in Traumbildern verschlüsselt und komprimiert äußert – und sich nur so äußern kann, da seine Regungen der Strenge des Über-Ichs ansonsten zum Opfer fallen würden.[42] Es bleibt dem Träumenden also keine Wahl: Er muß seine unbewußten Gedanken auf eine symbolische Ebene verschieben und in Bildern verdichten (und tut dies unbewußt, eben träumend), wenn er das Über-Ich, jenen Hort des (sozialen) Außen im Selbst, überlisten will, um seiner Latenz, den Stimmen des Unbewußten, Ausdruck verleihen zu können. Bei der theoretischen Metapher jedoch ist die verschiebende Verdichtung nicht gleichermaßen »zwingend« wie bei den Bildern des Traumes. Denn Theorien lassen sich auch begrifflich formulieren (oder zumindest wird dies versucht), und es liegt nicht notwendigerweise ein latenter, d.h. versteckter und erst hervorzukehrender Gehalt hinter den vor-gestellten Theorie-Bildern, der mit (triebhafter) Macht zur Äußerung drängt (oder gar entschlüsselt werden könnte) – auch wenn theoretische Metaphern natürlich ebenso immer etwas besagen sollen.
Man sollte sich vielmehr eingestehen und bewußt machen, daß es im Kontext der Theorie – heute – weniger darum geht und gehen kann, sich einer latenten »Wahrheit« hermeneutisch anzunähern, als vielmehr immer wieder zu neuen, vielleicht einen selbst überraschenden Erkenntnissen/Sichtweisen deutend vorzustoßen. Es gilt also nicht, zu der einen »wahren« Bedeutung vorzudringen, sondern das Universum der Bedeutungen zu entdecken. Das ist aber nur

möglich, wenn der Glaube an die Möglichkeit der Erlangung von (rationaler) Deutungssicherheit erschüttert wird und an seine Stelle die Anerkennung von Deutungsvielfalt tritt. Deshalb geht es bei der theoretischen Metapher vor allem darum, was ein anderer möglicherweise – an ihr – versteht, um damit einen Impuls für innovative, den Raum der bestehenden Vorstellungen eventuell überschreitende Interpretationsprozesse zu setzen sowie um derart, in Auseinandersetzung mit »fremden« Deutungen, wiederum Impulse für die eigenen (Welt-)Deutungsbemühungen zu erhalten. Und es gilt natürlich ebenso, schon bevor die Metapher in den (Außen)-Raum der Interpretation entlassen wird, an den eigenen Metaphern entlang – in ihrer Verfeinerung und Erweiterung, aber auch in ihrer (Selbst-)Hinterfragung und Negation – zu neuen Deutungen und Vorstellungen weiterzuschreiten.
Der Ansatzpunkt zu solchen, an Metaphorik aufsetzenden Erkenntnisprozessen ist die (bildliche) Konkretion, die in der Metapher erfolgt. Sie stellt das primäre verdichtende Element der Metapher dar, verleiht ihr Gewicht und Gehalt. In der Konkretion wird das semantische Feld zwar scheinbar eingeschränkt, aber genau, indem es das Denken auf eine klar umrissene und vor allem bildlich-sinnliche Vorstellung zurückführt, verleiht sie ihm einen »vitalen« Impuls für assoziative Deutungen – und erreicht so wiederum eine Aufsprengung des Raums möglicher Bedeutungen. Der sinnliche Gehalt des Konkreten macht es nämlich möglich, anhand des vor-gestellten Gegenstands (detaillierend und ergänzend) weiter zu denken, aber sich auch gegen diese (fixierende) Vorstellung gegebenenfalls ablehnend zu stemmen; er ermöglicht Fortführungen ebenso wie radikale Kritik (als »bestimmte Negation«).[43] Die verdichtende »Kon-Kreation« der Metapher bedeutet für die Theorie ganz allgemein also vielleicht etwas Ähnliches, wie die »dichte Beschreibung« nach Clifford Geertz für die deutende Praxis der Kulturwissenschaften: In Anlehnung an Gilbert Ryles Begriff der dichten Beschreibung legt Geertz nämlich ein interpretatives Verständnis von Kultur dar, wobei für ihn der *Ausgangspunkt* zu allen übergreifenden Interpretationsprozessen die *mikroskopischen konkreten Beobachtungen* sind, die die unabdingbare Grundlage der dichten Beschreibung darstellen.[44]
Wie im Fall der dichten Beschreibung muß die Dichte der theoretischen Metapher jedoch – durch ein kondensierendes Denken, durch die vergleichende Erprobung und Verwerfung von Anschauungen – erarbeitet werden, sie ist nicht gegeben. Je »greifbarer« und assoziativer die verwendeten Bilder sind, desto höher ist der Dichte- und Anregungsgrad der Metapher. Dieser ist allerdings wiederum nicht objektiv bestimmbar, sondern notwendig subjek-

tiv: Nicht jede Metapher ist für jeden Deutenden gleichermaßen dicht, sondern das »Gewicht« einer Metapher ist abhängig vom individuellen Lebens- und Deutungshintergrund, vom (sozialen) Kontext und Wissen, aber auch von der emotionalen »Gestimmtheit« des deutenden Subjekts. Doch wenn uns eine Metapher »anspricht«, zur Deutung und zum Weiterdenken aufruft, dann *erfahren* wir, daß in ihr eine Verdichtung *stattgefunden* hat, daß ein in uns schlummerndes Deutungspotential – sei es bewußt oder unbewußt – von ihr bzw. ihrer Bildlichkeit angeregt und entfaltet wurde.[45]

Dieses »stellende«, reflexiv-hermeneutische Potential der Metaphorik, die Herausforderung durch das bildliche Substrat, das die abstrakten Gedanken mit dem Gewicht des Konkreten versieht, kann allerdings auch eine Last darstellen. Das »sinnliche« Element der Metapher lädt nicht nur zur Deutung ein, sondern es führt auch zu einer bedeutsamen »Aufladung«: Vielleicht wollen wir vom dem, was die Metapher uns sagen könnte, wenn wir uns auf sie (selbst-)deutend einließen, gar nichts wissen, vielleicht wollen wir von dem, was die Metapher in uns anspricht, gar nichts hören. Die Verdichtung der Metapher, die das Feld der Interpretation unabschließbar macht, löst also möglicherweise auch Abwehrreflexe und Fluchtreaktionen aus, denn manche Deutungen könnten die mühsam verfestigten Selbstbilder (die »Identität« erzeugen) und die mühsam hergestellten eigenen Gewißheiten bedrohen; sie wirken destabilisierend und müssen darum »deflektiert« werden (d.h. wenn das deutende Subjekt nicht fähig und willens ist, die eigene »Schwäche« und ggf. auch die Schwäche bzw. Uneindeutigkeit der eigenen Deutungen hinzunehmen). Das erzeugt in vielen Fällen die Tendenz, eine oberflächliche Lesart der Metapher zu pflegen, sich an konventionellen Deutungen zu orientieren, die keine Überraschungen offenbaren und deshalb auch nicht *produktiv* verunsichern können. So wird die Bedeutungsvielfalt der Metapher in Eindeutigkeit aufgelöst. Oder aber man verweigert sich dem Deutungsprozeß ganz, entzieht sich dem »Stellungsspiel« der Metapher, indem man ihr »reflexives« Potential verdrängt und negiert.

Aber selbst in diesem Fall besitzt die Metapher eine subtile, vielleicht sogar um so größere Macht. Ihre Bilder setzten sich fest, sie lassen sich – d.h. wenn es für uns treffende, gewichtige, »dichte« Bilder sind – nicht einfach ausblenden und abschütteln, sondern sie wirken im Untergrund des Denkens latent strukturierend: Die Metapher ist ein machtvoller »Ort« im Diskurs. Deshalb müssen wir, wenn wir uns den (untergründigen) Metaphern nicht ausliefern wollen, diese wahr-nehmen und deutend hinterfragen, anstatt sie und ihre Macht zu negieren. Eine solche *hermeneutische Reflexion* hat ihrer Intention nach nichts mit jenem aufklärerischen Bestreben zu tun, alles Untergründige ans Licht zu zerren und alles Uneindeutige in Eindeutigkeit aufzulösen. Hermeneutische Reflexion – als *reflexive Hermeneutik* – bedeutet vielmehr eine Herangehensweise, die die (eigenen) Latenzen ernst nimmt, sie deutend heranzieht und dabei in ihrer Ambivalenz und Uneindeutigkeit bestehen lassen kann. Denn wie im Kontext der Psychoanalyse gilt auch im Rahmen der (reflexiven) Metaphernanalyse: Es ist immer der eigene Lebenshintergrund, vor dem wir (die Metaphern) interpretieren, und so sagt die Metapher bzw. ihre Deutung immer primär etwas über uns selbst. Die Metapher kann in ihrer »sinnlichen« Übertragung nur Erkenntnisse ver-dichten, die als Möglichkeit in uns liegen (und die somit als »kontingente«, nicht absolute »Wahrheiten« immer vielfältig sind).

Die Metapher ist also, so verstanden, im Kontext der Theorie in erster Linie ein heuristisches »Medium«, ein (an uns gerichteter) Mittler und Vermittler, kein abbildender Überträger von Erkenntnis, denn ihre bildliche Übertragung bewirkt die Initiation eines auf den Deutenden gerichteten Deutungsprozesses und kann niemals Bedeutung selbst transferieren (siehe auch oben).[46] Über die bildliche Ansprache der Metapher und das stellende Potential ihrer Abweichung von der Kontextlogik gelangt man aber möglicherweise an die Ebene der eigenen Latenzen und kann eventuell aus ihrer Quelle (subjektive) Bedeutungen schöpfen/hervorkehren. Die Metapher (und ihre Ausdeutung) ist darum ein durchaus vielversprechendes »Instrument« für die Theorie-Bildung – weil letztlich alle Theorien, zumindest jene, die »konstruktiv« zum Verstehen beitragen, auf der be-deutungsgenerierenden Ansprache ihrer Bildlichkeit beruhen, die – durch ihre Sinnlichkeit – neue Sinnebenen erschließt, kreative Denk-Räume eröffnet. Die Sinn-Bilder der Metaphern zeigen Wege auf, Spalte der (Selbst-)Differenz, die uns »sinnlich« unseren latenten Imaginationsmöglichkeiten, aber auch den bildlichen Gegenständen näherbringen. Sie führen von dort aus, entlang der assoziierten Details und dem Netzwerk der so verknüpften Bedeutungen folgend, immer wieder zu hermeneutischen Überschreitungen, die theoretisch überaus produktiv sein können (siehe unten). So »entbirgt« der nach innen gerichtete metaphorische Deutungsprozeß schließlich weitere Sinn-Felder, und so kann die initiale Metapher, als sinnlicher Ausgangspunkt der hermeneutischen Bewegung, neue Denkräume, neue Möglichkeiten für die Anschauungen der Theorie erschließen.

Doch welche Erkenntnis wäre überhaupt jenseits unserer »Innerlichkeit« möglich? Denn jede Erkenntnis ist letztlich an ein erkennendes Subjekt gebunden. Der Ort des Erkennens ist das Subjekt, und Erkenntnis kann folglich auch nicht von Subjekt abgespalten werden. Diese »Innerlichkeit« der Erkenntnis gehört zur Struktur des Erkennens.[47] Aber das Subjekt ist zugleich auch niemals vereinzelt. Der Raum des Erkennens (und des Verstehens) kann darum auch kein vereinzelter Raum sein.[48] Das erkennende Subjekt ist immer in eine soziale und dingliche Umwelt eingebettet, und die subjektive Erkenntnis vermittelt sich nur in der Interaktion/Auseinandersetzung mit dieser Umwelt. So ist die Struktur der Erkenntnis zwar innerlich, aber niemals völlig losgelöst vom Außen – und findet ihren eigentlichen Sinn immer nur im Hin-Blick auf die anderen. Denn was wäre das Erkennen, wenn es – obwohl innerlich und obwohl niemals »objektiv« – nicht auch ein *deutendes* Erkennen der Welt, ein *Bemühen* um ein Verstehen der anderen wäre?[49]

Weil der Raum des Erkennens und des Verstehens also kein vereinzelter Raum ist und sein kann, strebt das Verstandene nach Mitteilung, will sich übertragen. Das Mitteilen kann dabei, wie gesagt, jedoch niemals in der identitären Abbildung des Verstandenen geschehen, denn das wäre unmöglich, sondern Erkenntnis und Verständnis läßt sich viel eher durch »differentielle« Anstöße vermitteln. Auch das leistet die (theoretische) Metapher weit besser als eine rein begriffliche Fassung. Die Metapher verdeckt schließlich Differenz nicht (wie es der Begriff versucht),[50] sondern hält sie in der metaphorischen Einkleidung klar erkennbar offen und bewirkt damit, daß dem Erkennen jener individuelle Differenzraum gegeben wird, in dem alleine es sich entfalten kann. Und ihre Bildlichkeit macht die differente Erkenntnis zudem sinnlich erfahrbar, bietet Ansatzpunkte für ein »konstruktives« nachvollziehen. Jede theoretische Bemühung, als Versuch der sinnhaften Deutung von Welt und der vermittelnden Übertragung von Erkenntnis, sollte sich also das heuristische und »mitteilende« Potential der Metapher zunutze machen, anstatt die Metapher als Medium der Theorie zu diffamieren. Der verschiebende und verdichtende Sinn-Träger der Metapher ist, so betrachtet, sogar ein vielversprechenderer (theoretischer) Überträger als der – immer nur so scheinende – abstrakte Begriff.[51]

5. DIE HERMENEUTISCHE ÜBERSCHREITUNG DURCH DIE »SINNLICHE« HETEROTOPIE DER METAPHER: REFLEXIVE HERMENEUTIK UND THEORETISCHE RÜCK-ÜBERTRAGUNG

Wir erkennen also, wenn wir das Verhältnis von Metapher und – theoretischer – Erkenntnis auf die oben beschriebene Weise interpretieren: Theorie repräsentiert nicht (abbildend), sondern sie imaginiert »Wirklichkeit« (metaphorisch), sie stellt sie in ihren (bildlichen) Anschauungen her. Oder anders formuliert: Die theoretischen Anschauungen bewirken, wo sie durch ihre »Dichte« Ansprache erzeugen, deutende und die »Realität« damit deutend ebenso zugleich formende Erkenntnisprozesse. Weshalb könnten die Bilder der Theorie diese (theoretische) Wirklichkeit also nicht auch, metaphorisch wie »real«, überschreiten?
Das zumindest wäre das Ziel einer *reflexiven Hermeneutik*, die über die Deutung nicht nur zu einer »sinnvollen« Interpretation der Außenwelt gelangen will, sondern dabei auch – sich selbst deutend – die Ebene der Latenzen kritisch befragt, sich der Ambivalenz des Selbst und der Welt öffnet und so eventuell auch zu »neuen« Anschauungen gelangt. Eine metaphorische Theorie, die auf dem Deutungshintergrund einer reflexiver Hermeneutik beruht, ist also zunächst immer eine »konstruktive« Narration: Sie nutzt die imaginative Kraft des Bildlichen für ihre Erzählungen und bringt so Wirklichkeit bzw. be-deutungsmächtige Sichtweisen der Welt hervor. Aber sie kann und darf dabei nicht stehenbleiben: Denn als »reflexives« heuristisches Verfahren muß sie zugleich die selbst erzeugten (wie fremde) Bilder ständig kritisch hinterfragen, sich über abweichende Deutungsmöglichkeiten bewußt werden, sich den eigenen Grund entziehen. Nur so – in der fortschreitenden gleichzeitigen Dekonstruktion der metaphorisch vermittelten Anschauungen – kann eine Fixierung durch die Bildlichkeit der Metapher vermieden und der von ihr (durch ihre abweichende Semantik) eröffnete Differenzraum vorstellend und deutend beschritten werden; nur so ist es möglich, die Verstrickung in der virulenten Dialektik der Metapher, dem Schwanken zwischen bildlicher Festschreibung und »imaginativer« Differenz, zu vermeiden und die erkenntisgenerierenden Potentiale der Metapher für eine *dekonstruktive, Differenzbewußte hermeneutische Überschreitung* zu nutzen.[52]
Die Überschreitung – als eine deutende Bewegung jenseits der Synthese der Widersprüche, wie sie die klassische dialektische Methode impliziert – ist gemäß Foucault nämlich genau dadurch möglich, daß zu einer Sprache gefunden wird, »die uns das Denken als solches entzieht und bis zur Unmög-

lichkeit der Sprache selbst vorstößt, bis zu jener Grenze, wo das Sein der Sprache in Frage gestellt wird« *(Vorrede zur Überschreitung;* S. 36). Und was könnte, in diesem Sinn, ein geeigneteres Medium der Überschreitung sein, als die (semantische) Unmöglichkeit der Metapher?

Denn wie bereits oben dargelegt wurde: Durch die metaphorische Verschiebung/Übertragung erfolgt ein »Zwang« zur Deutung. Die Metapher – als bildlicher und zugleich Sinn-fremder *Gegenstand* im theoretischen Kon-Text – »stellt« den Betrachter, sie erfordert eine deutende Positionierung im Interpretationsraum. Die Metapher bringt uns so zwar an die Grenze des Verstehens, doch sie bewirkt im Bemühen um sinnvolle Interpretation zugleich eine Ausweitung dieser Grenze – indem im »Anklang« an die metaphorischen Bilder und ihres assoziativ eröffneten semantischen Feldes eine Suche nach möglichen (neuen) Be-Deutungen erfolgt. So werden dem Deutenden eventuell auch die, für die Generierung von Erkenntnis so zentralen, *eigenen* Latenzen bewußt, wird ein zuvor verdeckter Sinn hervorgekehrt. Andererseits ist oft erst in der Verschiebung ein (theoretischer) Ausdruck überhaupt möglich. Denn nur verschiebend: metaphorisch können die bei jedem Gedanken mitschwingenden Assoziationen – wenn eben auch niemals vollständig und rein abbildend, sondern immer nur ausschnittweise und in Bilder »verkleidet« – mitgeteilt werden. Und auch erst in der Sinnlichkeit der Metapher entstehen jene »Verdichtungen«, die in ihrer bildlichen »Körperlichkeit« gegebenenfalls transportieren können, was sonst – abstrakt gefaßt – nicht gesagt/mitgeteilt werden kann (und worüber man also, wie Wittgenstein so treffend feststellte, schweigen müßte).

Auf diese Weise holt die metaphorische Darstellung das »Schweigen«, das, was nicht in nüchterne Worte gebracht werden kann, was aus dem begrifflichen Raster fallen würde, (zurück) in den wissenschaftlichen Diskurs. Sie erlaubt, als bildliche (semantische) Abweichung, den Ausdruck von Ambivalenz und von Gegen-Sinn. Der Gegen-Sinn, der der Oberfläche des semantischen »Scheins«, dem Eindeutigen und der Konvention, widerspricht, schleicht sich ein durch den interpretativen Spalt, den die Metapher aufmacht – jenem machtvollen, »imaginativen« (Nicht-)Ort, der sich den Festschreibungen des Diskurses bildlich entzieht und so Überschreitungen, die Transzendierung der Normen des Faktischen, erlaubt. Metaphorische Theorie ist folglich viel eher die bildlich geformte Stimme der Differenz sowie der (überschreitenden) Dekonstruktion/Kritik im wissenschaftlichen Diskurs als deren »metaphysische« Eliminierung, wie Derrida darzulegen versuchte (siehe nochmals S. 34f.). Denn im (»dichten«) metaphorischen Bild herrscht immer – weil es Deutung

verlangt und Deutung niemals eindeutig sein kann – vielsagende Vieldeutigkeit (die deutend erkannt und interpretativ genutzt werden kann).
Doch nicht nur das: Im Bild stellt sich, wie angemerkt, eine (transformative) Verbindung von Idee und Körperlichem her. Und alle Ideen *müssen* sich verkörpern, um »Gewicht« zu erlangen, um theoretisch wie praktisch wirksam werden zu können. Deshalb ist gerade die kritische (hermeneutische) Überschreitung auf dichte, be-deutungsreiche, sich in den Weg stellende (Gegen-)Bilder angewiesen. Nur so können abweichende Anschauungen sich plastischen Ausdruck verschaffen und die diskursiven Festschreibungen, die hinterfragende Bedeutungen absorbieren, überwunden werden. In abstrakte, konventionelle Begriffe gefaßt drohen abweichende Gedanken dagegen blaß und nichtssagend zu bleiben – oder sind gänzlich »unsagbar«. Erst im verdichteten metaphorischen Bild entsteht also jener kritische Reflexions-Raum, der – deutend – abweichendes Denken und das vorstellende Beschreiten von neuen Wegen ermöglicht.
Zumindest macht es die metaphorische Plastizität, das stellende Potential der Bildlichkeit der Metapher, unmöglich, sich der »imaginativ« vorgestellten theoretischen Anschauung ignorierend zu entziehen. Die »Körperlichkeit« der Metapher »bewegt« zur Auseinandersetzung, stellt sich in den Weg, zwingt zur kritischen (an- oder ablehnenden) deutenden Positionierung. In der Auseinandersetzung mit der metaphorisch imaginierten Wirklichkeit wird also eine Aufsprengung der scheinbar feststehenden »Realität« bewirkt – die Metapher ruft nach einer Erweiterung der Sinngrenzen und (sozialen) Deutungsräume. Und so gilt: »Die Metapher antizipiert im Medium rhetorischer Reflexion die Möglichkeit, jegliche Differenz [...] dekonstruktiv-konstruktiv zu übersteigen.« (Gamm: *Die Macht der Metapher;* S. 66) Sie »ist der ausgezeichnete Ort, die um Welten getrennten Sphären von Geistigem und Sinnlichem, Symbolischem und Begrifflichem zu überbrücken« (ebd.; S. 78f.).
Diese »sinnliche« Möglichkeit der (überbrückenden) Differenz »realisiert« die metaphorische Theorie jedoch nur, wenn sie dem »bezeichnenden« Verfestigungsprozeß, der »toten« Metapher (als fixierte bildliche Interpretationsfolie) aktiv – d.h. negierend – begegnet. Metaphorische Theorie im Sinn einer reflexiven Hermeneutik, die ihre Deutungen selbst zum Gegenstand der Deutung macht und zu hermeneutischen Überschreitungen gelangen will, muß also nicht nur immer wieder neue Bilder – spielerisch ver-dichtend – kreieren, sondern die eigenen Bilder ständig kritisch hinterfragen, neu und anders deuten, um die drohende Verfestigung des Denkens zu verhindern/-

aufzubrechen. Reflexive Hermeneutik ist also ihrem Wesen nach ein *negatives Verfahren*. Oder wie es Hans-Martin Schönherr-Mann – in begrifflicher Anlehnung Adornos »*Negative Dialektik*« – formuliert hat:

> »[...] Verstehen gibt etwas als etwas Anderes aus: Ich verstehe meinen Kopfschmerz, wenn ich ihn erklären kann, als Grund [beispielsweise] das Wetter angebe. Der Kopfschmerz erhält seine Repräsentation im Wetter, das angeblich ihn entstehen ließ. Verstehen verbindet hier zwei verschiedene Ereignisse in eine Einheit. Doch diese repräsentierte Einheit beruht nun einmal auf einer Zweiheit. Eine negative Hermeneutik dreht diesen Zusammenhang um. Sie erkennt am Grunde solcher vorgestellter Einheit die Differenz. Sie folgert daraus, *daß die Bedingung jeglichen Verstehens das Nichtverstehen ist,* d.h. die Differenz und nicht die Repräsentation [...]« *(Das Mosaik des Verstehens;* S. 17)

Aus dem negativen Bewußtseins des Nichtverstehens (bzw. des Nichtverstehen-Könnens) wird deutend eine Möglichkeit für ein differentes Verstehen erschlossen – das alleine (subjektiven) Überschreitungen ihren notwendigen Raum läßt. Und so ist es auch kein Mangel der Metapher, daß ein absolutes Verstehen, eine objektive Deutung ihrer der Kontextlogik widersprechenden Symbolik unmöglich ist – im Gegenteil: Sie offenbart »anschaulich« die *Perspektivität* jeder theoretischen Anschauung, d.h. die Unmöglichkeit abschließender Erkenntnis und allumfassender Deutungen. Die hier imaginierte reflexive (negative) Hermeneutik und ihre metaphorische Theorie entspricht also durchaus, als alternative heuristische Methode, dem von Scott Lash (antizipierend) ausgemachten aktuellen Wandel von der identifizierenden, nach abschließender Erkenntnis strebenden Vernunft hin zur offenen Suchbewegung einer ästhetisch-hermeneutischen Reflexivität, die ihre Basis im (konkreten) Sein hat: dem »grundlosen Grund« der subjektiven Erfahrung (vgl. *Another Modernity – A Different Rationality).*[53]
Die Erfahrung (an) der Metapher ist zwar nur vorgestellt, doch – wo sie Ansprache erzeugt, den (subjektiven) Eindruck der Verdichtung hinterläßt – erscheint sie in ähnlicher Weise sinnlich und erfahrbar wie die »realen« Körper und wirkt damit »anstößig«. Sie ist – ganz im Sinne Foucaults (vgl. *Andere Räume;* S. 68) – die *heterotope Realität* eines interpretativen Spalts, sie ist die (be-)greifbare, gegenwärtige Abweichung, die bildliche Manifestation des anderen Denkens (als Denken des Anderen) im theoretischen Reflexions-Rahmen: In der metaphorischen Übertragung wird ein Imaginationsraum erschlossen, ist der ambivalente Gegen-Sinn präsent, anstatt daß – wie im

begrifflichen Denken – eine suggerierte Eindeutigkeit des Sinns durch klar definierte Bedeutungsträger re-präsentiert wird. Wie aber gelingt es konkret, die Metapher für die Generierung von Erkenntnis zu nutzen, ihr heterotopes Potential zu entfesseln und zu (immer weiteren) Überschreitungen zu gelangen?

Den (hier vorgestellten) *Ausgangspunkt* der reflexiv-hermeneutische Bewegung einer metaphorischen Theorie und Heuristik bildet die *initiale Metapher: d.h. ein spontan assoziiertes Bild, das zur Veranschaulichung des Gegenstands geeignet erscheint und durch seine »Sinnlichkeit« unmittelbare Ansprache erzeugt.* Von dieser initialen Metapher aus läßt man sich treiben, man *verfeinert und verdichtet* die metaphorische Vorstellung, fügt Details und neue Assoziationen hinzu und versieht so den theoretischen Gedanken mit dem be-deutungsvollen Gewicht des Konkreten. Die semantische Dichte nimmt durch diese *ver-dichtende »Imaginationsarbeit«* zu, neue (ambivalente) Bedeutungsebenen entstehen in der assoziativen Verkettung der Bilder und ihrer vorgestellten Bedeutungen, die wiederum bewirken, daß der »reale« Interpretationsraum vergrößert wird, und die ebenso dafür sorgen, daß – durch konkretisierende Momente – die *Anschaulichkeit* des Bilds zunimmt.

So wird durch die *verdichtete metaphorische Darstellung* ein anschauliches wie gleichzeitig auf die »Imaginativität« allen Wissens verweisendes Mitteilen möglich: Die Metapher ist ein *anschaulicher Überträger*, ein durch Sinnlichkeit anstoßendes *Medium* der theoretischen Ver-Mittlung von (immer nur deutender) Erkenntnis. Noch wichtiger jedoch ist: Die (abstrakte) theoretische Ausgangsvorstellung erhält, durch die erfolgte imaginative Konkretion und ihre assoziativ-verdichtenden Erweiterungen/Detaillierungen, Ansatzpunkte für neue – rein ergänzende, aber auch widersprechende und überschreitende – Anschauungen. Um jedoch dahin zu gelangen, um die angestrebte Überschreitung zu erreichen, die *notwendig* jenseits dessen liegt, was der ursprünglichen Vorstellung entspricht, müssen diese anschließenden Bilder reflektiert, in einem *hermeneutischen Zirkel* auf den Ausgangsgedanken zurückgespiegelt werden.

Im Rahmen dieser überschreitenden hermeneutischen Zirkel-Bewegung erfolgt also eine der Erkenntnis dienende *semantische Rückspiegelung* in der Form eines *Mikro-Makro-Retransfers:* Die Übertragung, die das konkrete Bild der Metapher darstellt, wird – nach seiner ausweitenden Verdichtung – auf die übergreifende theoretische Anschauung »gegenübertragen«, retransferiert. Die Metapher erfüllt dabei faktisch die Funktion eines *»anschaulichen«, explorativ-induktiven »Gedankenexperiments«*. Gedankenexperimente haben im Kontext philosophischer Theorie für gewöhnlich den Zweck der bloßen, »beispielhaften« Hypothesenprüfung, indem sie, analog zum naturwissenschaftlichen Experiment, die gezielte Beantwortung einer theoretischen Ausgangsfrage erlauben sollen (vgl. so z.B. Barth et al.: *Gedankenexperimente* sowie Sorensen: *Thought Experiments).* Der auf der Hand liegende metaphorische Charakter eines jeden Gedankenexperiments (denn was ist ein Gedankenexperiment anderes, als eine konkretisierende, veranschaulichende *Übertragung)* wird in solchen Ansätzen in der Regel ebenso negiert, wie das »experimentelle«, die konventionellen Vorstellungswelten überschreitende Potential der Metapher in der empiristischen Verengung des Denkens ausgeblendet wurde und wird.[54] Im Gegenteil exponieren sich die meisten aktuellen Verfechter des philosophischen Gedankenexperiments gerade mit der behaupteten *Äquivalenz* zwischen Experiment und Gedankenexperiment – sofern bestimmte Bedingungen, wie etwa die gelungene »Operationalisierung«, d.h. eine adäquate modellhafte Übertragung des vorstellend zu testenden Gegenstands, gegeben sind. Es ist somit deutlich, daß diese »positivistische«, rein auf Hypothesenprüfung gerichtete Anschauung (obwohl sie das naturwissenschaftliche empirische Verständnis offensichtlich herausfordert) das Gedankenexperiment nicht als innovative Ressource der Theoriebildung oder gar als Medium der Überschreitung nutzen kann.

Hier soll die theoretische Metapher, und ihr gedankliches Experiment, folglich nicht in ähnlicher Weise als konkreter »Testfall« einer theoretischen Vorstellung aufgefaßt werden – obwohl sich natürlich in der verdichtenden Metaphorisierung auch das hermeneutische »Gewicht«, die »Tragfähigkeit« eines Gedankens erweist. Das »experimentelle«, das bedeutet hier: spielerisch-kreative Element der Metapher liegt vielmehr in ihrer bildlichen Exploration, der imaginierenden Aufschließung der Deutungsräume; und die hermeneutische Überschreitung gelingt gerade dort, wo das verdichtete Bild der Metapher die Grenzen der vor-gestellten Analogie sprengt, wo das metaphorische »Imago« rückübertragen auf den Ausgangsgedanken die zugrunde liegenden Anschauung transzendiert: Die zurückgespiegelte bildliche Abweichung der (theoretischen) Metapher ist potentiell ein *transformativer, die (eigenen Vor-Stellungen) transzendierender Überträger.*

Als ihrem Selbstverständnis gemäß explizit »kritische« *Sichtweise*, muß eine metaphorische Theorie im Rahmen einer reflexiven Hermeneutik sich freilich darüber bewußt werden, welche Deutungsräume naheliegenderweise durch die von ihr konkret verwendeten Metaphern assoziativ erschlossen werden und ob diese (naheliegenden) Bedeutungen den eigenen »Imaginationen«

entsprechen. Denn auch theoretische Vorstellungen sind praktisch wirkungsmächtig – und darin liegt eine *praktische Verantwortung*. Die (mögliche) »doppelte Hermeneutik« der Theorie (siehe auch S. 28) – also der Umstand, daß theoretische Konzepte, welche die (Außen-)Welt interpretieren, von ihrer (sozialen) Umwelt deutend aufgegriffen werden können, und daß diese Reinterpretationen wiederum in ihren, auf den Deutungsgegenstand rückwirkenden, Auswirkungen gedeutet werden müssen – bewirkt nämlich eine spezifische *kritische »Reflexivitätsanforderung«* an die theoretische Imagination und Deutung: Jede »sinnvolle« und verantwortliche theoretische Vorstellung muß sich über dieses Spiegelungsverhältnis bewußt werden und es aktiv reflektieren.
Die mögliche Rückspiegelung der theoretischen Deutungen durch Prozesse hermeneutischer »Doppelung« ist aber nicht nur ein Nachteil, sondern insbesondere eine metaphorische Theorie, die durch ihre Bildlichkeit sinnliche Ansprache in ihrem Deutungsumfeld erzeugt, kann – derart »verdoppelt« – die Denkweisen und somit auch die (gedachte) »Realität« einer Gesellschaft umformen und gegebenenfalls dadurch überschreiten. Die (abweichende) theoretische Metapher ist das eruptive »Magma« eines imaginativen Selbstschöpfungsprozesses, der auf Andersheit gerichtet ist (vgl. auch Castoriadis: *Gesellschaft als imaginäre Institution* und siehe auch S. 132). Solche (selbstschöpfende) Überschreitung ist die hier imaginierte Utopie der heterotopen (theoretischen) Metapher, die aber immer auch in der Gefahr schwebt, sich in ihrer Dialektik zu verstricken: jener potentiell transzendierenden Kraft des Metaphorischen und der zugleich immer gegebenen Gefahr der bildlichen Fixierung durch den »virulenten« Überträger der Metapher.

Dieses hermeneutische Potential der Metapher soll im folgenden – in all seiner Dialektik – anhand der Metapher der »sozialen Landschaft« exemplarisch aufgezeigt werden.

ANMERKUNGEN

1. Alfred Biese bemerkt hierzu im Rahmen seiner »*Philosophie des Metaphorischen*« (1893): »Das Metaphorische ist eben nicht bloße Täuschung, ist nicht bloß willkürliche Übertragung des Erkannten auf das Unerkennbare, nicht bloß Gleichsetzung der Analogie, des Bildes und der Sache, sondern es kennzeichnet die notwendige Schranke unseres Denkens. So, wie wir nun einmal organisiert sind als geistig-leibliche Wesen, vermögen wir aus keiner anderen Quelle als eben aus diesem unseren Sein die Erklärung der Außendinge und ihrer Zusammenhänge zu schöpfen; wir können nicht umhin, dem Äußeren ein Inneres, der Welt unser seelisches Sein metaphorisch zu leihen.« (S. 222) Die Vorzüge des metaphorischen Denkens lassen sich – heute – ansatzweise sogar naturwissenschaftlich-empirisch erfassen und begründen. So stellt beispielsweise der Kognitionspsychologe Allan Paivio heraus, daß metaphorische Ausdrücke Verstehen sehr wirkungsvoll organisieren, weil eine Verbindung zwischen Bild und Wort geschaffen wird, so daß beide Ebenen sich gegenseitig ergänzen und verstärken (vgl. *Psychological Process in the Comprehension of Metaphor)*.

2. Dies zeigt sich an Formulierungen wie: »Gespenst des Kommunismus«, »heilige Hetzjagd«, »buntscheckige Feudalbande«, »eiskaltes Wasser egoistischer Berechnung«, »Alles Ständische und Stehende verdampft« etc.

3. Dies ist eine Position, die der empiristischen Anschauung völlig zuwider läuft (siehe auch unten). So bemerkt etwa Locke in seinem »*Versuch über den menschlichen Verstand*« (1690): »Ein weiterer Mißbrauch der Sprache [der die Erkenntnis behindert] ist eine *erkünstelte Dunkelheit*, die dadurch hervorgerufen wird, daß man alte Wörter in neuer, ungebräuchlicher Bedeutung verwendet, oder neue, mehrdeutige Ausdrücke einführt, [...] oder endlich dadurch, daß man die Wörter so zusammenstellt, daß ihr gewöhnlicher Sinn sich verschiebt.« (Band 2, S. 120 [Buch III, Kap. 10, Nr. 6])

4. Unter einer »Metapher« bzw. Metaphorik wird ganz allgemein die Übertragung eines Ausdrucks auf einen »fremden« Bereich verstanden. Einerseits kann die Metapher dabei rein substitutiv aufgefaßt werden. Sie repräsentiert dann lediglich den ersetzten Begriff und weist nicht über diesen hinaus. Andererseits kann sie, als »innovative« Metapher verstanden, auch (übertragend) neue Sinnzusammenhänge stiften. Die Metapher ist in diesem Fall nicht statisch, sondern führt – vermittelt über ihre Deutung – ein (kreatives) »Eigenleben« (siehe auch unten). Ähnliches gilt für das Symbol, und so gebrauche ich die Begriffe Metapher, Symbol (und Bild) im folgenden weitgehend synonym. Allerdings gilt für das Symbol meines Erachtens ein stärker ausgeprägter »repräsentativer« Charakter, indem es (definitionsgemäß) als Zeichen für etwas anderes steht. Das Symbol kann in seiner Substitutionsfunktion mehr oder weniger »ikonischen« Charakter haben, kann also bildlich oder abstrakt sein. Es gilt aber auch hier, daß Symbolisierung durchaus bedeutungsschaffend sein kann, und zwar wenn eine »Versinnlichung« – durch (Versinn-)Bildlichung – erreicht wird, also der ikonische Charakter dominiert.

5. Insofern ist Platon der Sprache als Medium der Erkenntnis gegenüber (und damit auch nominalistischen Vorstellungen, die von einer Einheit von Signifikant und Signifikat ausgehen) kritisch eingestellt. Nur wo das Wort bzw. der Begriff »kunstgerecht« gebildet wird und so den Ideen

Ausdruck verleiht, leitet Sprache nicht fehl (vgl. *Kratylos)*. Andererseits ist es für ihn gerade im Dialog möglich, die im Scheinwissen verdeckte Wahrheit der Ideen dialektisch hervorzukehren (vgl. auch *Politeia;* 533c,d). Aristoteles (siehe unten) widmet den (kategorialen) Begriffen und ihren Unterscheidungen sogar ein ganzes Kapitel in seinem *»Organon«*, wo er ferner darlegt, wie man durch ihre »logische« Verknüpfung zu richtigen Schlüssen gelangt.

6. Entgegen älteren nominalistischen Vorstellungen ist für Bacon die Sprache folglich weniger ein Schlüssel zur Erkenntnis (siehe auch Anmerkung 5), als vielmehr ein Feld, das häufig (durch falsche Beilegung von Bedeutungen) in die Irre führt. U.a. deshalb sei ein *»Novum Organum«*, eine neue, empiristisch-deduktive Methodenlehre, die mit dem aristotelischen (auf Induktion gegründeten) Modell bricht, unbedingt erforderlich.

7. Anders als Bacon geht Descartes freilich von einem Leib-Seele-Dualismus aus und erkennt damit die eigene »Realität« einer immateriellen Sphäre an. Auch er betont allerdings, daß die bildliche Vorstellungsgabe nicht zum wesenhaften Kern des (denkenden) Menschen gehört (vgl. *Meditationes;* insb. Abschnitt 6) und daß bildliche Vorstellungen leicht in die Irre führen können, wenn sie nicht rational hinterfragt werden (vgl. *Discours de la méthode;* Abschnitt 4).

8. Der Radikale Konstruktivismus steht damit einerseits antiken indischen Konzepten wie andererseits der Phänomenologie (siehe auch unten) nahe (vgl. Varela/Thompson: *Der Mittlere Weg der Erkenntnis)*.

9. Freud spricht in diesem Zusammenhang, ganz Kind der damals zur Blüte gekommenen bürgerlichen Arbeitsgesellschaft, von »Traumarbeit« – nicht einmal im Schlaf ist uns Muße vergönnt.

10. Mit »eidetischer Variation und Reduktion« ist ein Verfahren gemeint, das versucht, mittels verschiedener beispielhafter Veranschaulichungen abstrahierend zur Wesensstruktur des betrachteten Phänomens vorzudringen.

11. Analog bemerkt Heidegger andernorts: »Die Sprache ist das Haus des Seins.« *(Unterwegs zur Sprache;* S. 166)

12. Gadamer bemerkt allerdings: »Die Hermeneutik, die hier entwickelt wird, ist [...] nicht etwa eine Methodenlehre der Geisteswissenschaften, sondern der Versuch einer Verständigung über das, was die Geisteswissenschaften über ihr methodisches Selbstbewußtsein hinaus in Wahrheit sind und was sie mit dem Ganzen unserer Welterfahrung verbindet.« *(Wahrheit und Methode;* S. XV)

13. Die Wahrheit und Methode der Hermeneutik gleicht damit gewissermaßen der sinnlich »erfahrbaren«, überzeitlichen und zugleich immer geschichtlichen Wahrheit der Kunst (vgl. *Wahrheit und Methode;* Erster Teil, I).

14. Er gibt der Phänomenologie in seinem Spätwerk allerdings eine eigentümliche Wendung, indem er sie mit marxistischen Konzepten verbindet (vgl. *Kritik der dialektischen Vernunft).* Von einem ähnlichen Bemühen ist übrigens auch Bernhard Waldenfels getragen (vgl. *In den Netzen der Lebenswelt;* insb. S. 171ff.).

15. In dieser umgearbeiteten Diplomarbeit bezieht Sartre sich allerdings noch überwiegend auf Husserl.

16. Dort heißt es beispielsweise zum Zusammenhang zwischen Sprache und Denken: »Das Denken, für sich genommen, ist wie eine Nebelwolke, in der nichts notwendigerweise begrenzt ist. Es gibt keine von vorneherein feststehenden Vorstellungen, und nichts ist bestimmt, ehe die Sprache in Erscheinung tritt [...] Das Denken, das seiner Natur nach chaotisch ist, wird [durch die Sprache] gezwungen, durch Gliederung sich zu präzisieren [...]« *(Grundfragen der allgemeinen Sprachwissenschaft;* Kap. IV, § 1, S. 133f.)

17. Eine wichtige Rolle spielt bei Ricœur neben den oben genannten Strömungen der Sprachphilosophie die Sprechakttheorie, die im Rahmen der analytischen Philosophie entwickelt wurde (vgl. v.a. Austin: *How to Do Things With Words* sowie Searle: *Speach Acts).*

18. Obwohl gegen die Metaphysik und die Mytho-Logie gewendet, steht Derrida hiermit in der jüdischen Tradition, die in der (Heiligen) Schrift, eine (Auf-)Forderung und Notwendigkeit zur Exegese erblickt, da das Wort Gottes sich nicht fixieren lasse – woraus Lévinas wiederum eine Ethik der Differenz ableitet (vgl. *Jenseits des Seins).*

19. Selbst Foucault, der die Bedeutung der Imagination herausstreicht, bemerkt: »Unrein und unsicher ist also das Bild. Unrein, weil es immer der Ordnung des ›als ob‹ angehört. Zwar schreibt es sich in die Bewegung des Imaginierens ein, welche die Richtung der Existenz darstellt. Aber es wird jene Richtungen mit den Dimensionen des wahrgenommenen Raumes und jene Bewegung mit der Beweglichkeit des wahrgenommenen Gegenstandes identifizieren wollen [...] Eben damit ist das Bild [auch] unsicher, prekär. Es erschöpft sich in seiner Widersprüchlichkeit: Es besetzt den Platz der Imagination und jener Bewegung, die mich zum Ursprung der konstituierten Welt zurückträgt; und gleichzeitig verweist es mich auf dem Weg der Wahrnehmung auf diese Welt als meine Erfüllung [...] Das Bild ist eine List des Bewußtseins, das nicht mehr imaginieren = bilden mag.« *(Einleitung;* S. 86f. in Binswanger: *Traum und Existenz)*

20. Die Deutungsaufforderung, die die Metapher darstellt, kann also als »erzwungene Stellungnahme« (forced positioning) im Sinn der »Positioning Theory« aufgefaßt werden (vgl. Harré/-Langenhove: *Positioning Theory;* S. 27f.).

21. Benjamin bemerkt im Rahmen seiner *»Geschichtsphilosophischen Thesen«* zur Funktion des »dialektischen Bilds«: »Zum Denken gehört nicht nur die Bewegung der Gedanken, sondern ebenso ihre Stillstellung. Wo das Denken in einer von Spannung gesättigten Konstellation plötzlich einhält, da erteilt es derselben einen Chok, durch den es sich als Monade kristallisiert. Der historische Materialismus geht an einen geschichtlichen Gegenstand einzig und allein da heran, wo er ihm als Monade entgegentritt. In dieser Struktur erkennt er das Zeichen einer messianischen

Stillstellung des Geschehens, anders gesagt, einer revolutionären Chance im Kampfe für die unterdrückte Vergangenheit.« (S. 504f.) Benjamin begreift also die Stillstellung – unter bestimmten Umständen – als durchaus positives, potentiell »aufsprengendes« Moment, wohingegen hier das Moment der Verfestigung in der Metapher genau als »deflexives«, von kritischer Reflexion »ablenkendes« Moment gelesen wird (vgl. zum Konzept der Deflexion auch Jain: *Politik in der (Post-)Moderne;* S. 375ff.).

22. Es ist interessant, in diesem Zusammenhang die (widersprüchliche) Thematisierung des Bildlichen und der Metapher bei Bachelard zu betrachten: Für *»Die Bildung des wissenschaftlichen Geistes«* (1938) stellt der (latente) Rückgriff auf Metaphern primär ein »epistemologisches Hemmnis« dar (vgl. Kapitel IV). Im Bereich der Dichtung kommt im Bildlichen allerdings die schöpferische Kraft der Imagination, der Einbildungskraft, zum Ausdruck, die »als ein erstrangiges Vermögen der menschlichen Natur zu betrachten« ist *(Poetik des Raumes;* S. 28). Vielleicht aber entfaltet das Bildliche, die Imagination der Metapher ihre schöpferische Kraft nur dann, wenn ihre Deutung sich der Konvention entzieht – so wie sich auch die neue Erkenntnis im Bereich der Wissenschaften zwangsläufig den alten Erkenntnissen verneinend entgegenstellen muß (vgl. *Die Philosophie des Nein).*

23. Aristoteles bemerkt hier allerdings, daß man in der Prosarede stärkeres Gewicht auf einen »passenden« Ausdruck legen muß, die gebrauchten Metaphern also nicht weit her geholt sein sollen und man sich deshalb am besten auf die Bildung von Analogien beschränkt.

24. Daß dieses Bestreben nach Eindeutigkeit in erster Linie der Angst vor dem Uneindeutigen entspringt, habe ich ausführlich an anderer Stelle aufgezeigt (vgl. *Politik in der (Post-)Moderne;* S. 328ff.).

25. In den Literaturwissenschaften wird zwar zwischen Metonymie und Metaphorik unterschieden und manchmal sogar eine Polarität aufgebaut (vgl. z.B. Jakobson: *Der Doppelcharakter der Sprache und die Polarität zwischen Metaphorik und Metonymik),* doch zeigt schon die klassische Definition durch Aristoteles, daß die Metonymie (also die Vertauschung/Ersetzung zweier in enger semantischer Beziehung zueinander stehender Nomen) zum »ursprünglichen« Bereich des Metaphorischen gehört. Hier wird also ein weiter Metaphernbegriff zugrunde gelegt (siehe auch nochmals Anmerkung 4), der zudem – selbst metaphorisch – in der Metapher nicht eine bloße Stilfigur erblick, sondern sie als Medium der Erkenntnisbildung begreift/deutet.

26. Die einzige bedeutende Ausnahme stellt hier Vico dar, der Metaphern (und andere poetische Stilmittel) als basales Element der Sprache und des *schöpferischem* Ausdrucks betrachtete, die also keineswegs philosophischer Erkenntnis entgegenstehen, sondern diese erleichtern bzw. ihr vorausgehen (vgl. *Prinzipien einer neuen Wissenschaft;* §§ 494ff.).

27. Kant gesteht, anders als Hegel, immerhin zumindest dem Symbolischen eine gewisse Bedeutung zu, indem er bemerkt: »Die Realität unserer Begriffe darzutun werden immer Anschauungen benötigt« *(Kritik der Urteilskraft;* § 59), und eine solche »Versinnlichung« ist immer entweder schematisch oder eben symbolisch. Ernst Cassierer schließt später an dieses Konzept Kants im Rahmen seiner *»Philosophie der symbolischen Formen«* transzendierend

an. Aus seiner Sicht betrachtet nämlich der (Kantische) Idealismus, im Gegensatz zum »realistischem« Weltverständnis, das Sein als *grundsätzlich* problematisch. Mit dem Fortgang der wissenschaftlichen Entwicklung zeigt sich schließlich die »Problematik« des Seins auch in den modernen Naturwissenschaften, so daß der Abbildtheorie zunehmend der Boden entzogen wird: »Der starre Seinsbegriff scheint damit gleichsam in Fluß, in eine allgemeine Bewegung zu geraten – und nur als Ziel, nicht als Anfang dieser Bewegung läßt sich die Einheit des Seins überhaupt noch denken.« (S. 5) In den Naturwissenschaften erfolgte als Konsequenz eine Aufsplittung in verschiedene Disziplinen mit getrennten Erkenntnisweisen. Die Einheit des Wissens geht damit jedoch eben auch als Ziel verloren, und die neue Aufgabe der Philosophie muß so der Versuch sein, diese Einheit zu (re)konstruieren (vgl. ebd; S. 8f.). Cassierer greift dazu auf das Symbolische zurück, denn das Symbolische ist ans Sinnliche gebunden und weist doch darüber hinaus: »In jedem sprachlichen ›Zeichen‹, in jedem mythischen oder künstlerischen ›Bild‹ erscheint ein geistiger Gehalt, der an und für sich über alles Sinnliche hinausweist [...]« (Ebd.; S. 42) Doch warum ist das so? – Cassierer meint, die Trennung zwischen Intelligiblem und Sinnlichem, zwischen Idee und Erscheinung, sei eine Illusion. Und im Symbolischen sei diese Trennung transzendental und zugleich schöpferisch aufgehoben: »Durch sie [die Symbole] allein erblicken wir und in ihnen besitzen wir das, was wir die ›Wirklichkeit‹ nennen: denn die höchste objektive Wahrheit, die sich dem Geist erschließt, ist zuletzt die Form seines eigenen Tuns.« (Ebd., S. 48) Man kann Cassierers Ansatz also – metaphorisch gesprochen – als ein letztes »Aufbäumen« des Idealismus durch die Metapher des Symbols betrachten.

28. Hegel bemerkt dazu: »Die Philosophie hat es mit Ideen, und darum nicht mit dem, was man *bloße Begriffe* zu heißen pflegt, zu tun, sie zeigt vielmehr deren Einseitigkeit und Unwahrheit auf, sowie, daß der *Begriff* (nicht das, was man oft so nennen hört [...]) allein es ist, was *Wirklichkeit* hat und zwar so, daß er sich diese selbst gibt.« *(Grundlinien der Philosophie des Rechts;* § 1)

29. Es ist in diesem Zusammenhang »bezeichnend«, daß Hegel auf die besondere Vorliebe für die Metapher in der orientalischen Dichtung und Denkweise verweist (vgl. ebd.; S. 397) – die er wohl kaum umfassend gekannt haben dürfte. Die Bemerkung mag somit eher als Versuch eines Indizienbeweises für die angebliche »Zweitrangigkeit« des östlichen Denkens gelesen werden.

30. Anatole France ist ein französischer Denker, dessen Schaffenschwerpunkt an der Schwelle des 19. zum 20. Jahrhunderts lag.

31. Auch Ricœur selbst stellt den Gegensatz seiner Betrachtungsweise zum Ansatz von Derrida heraus, verweist darauf, daß jener die Todesseite der Metapher betone, während er ihre Lebendigkeit herausstelle (siehe unten). Dieser Einschätzung widerspricht Derrida in einem Aufsatz allerdings explizit und stellt klar, daß er viele von Ricœurs Ansichten teile, dieser ihn mißinterpretiere und die dekonstruktive Absicht seines Textes nicht durchschaue. Er habe nicht sagen wollen, daß die Metapher an sich metaphysisch und tot sei, sondern wollte nur darauf hinweisen, daß die Metapher sich im Diskurs der Metaphysik verstrickt habe – wie sich die Metaphysik umgekehrt in der Metapher verstrickt habe. Deshalb sei ein »Entzug der Metapher« erforderlich, der zum Aufreißen der »ontologischen Differenz« führe (vgl. *Der Entzug der Metapher;* insb. S. 233f.).

32. Wie unten deutlich werden wird, sieht Heidegger selbst die Metapher, anderes als sein Interpret Ricœur, allerdings negativ und begreift sie ausdrücklich als Element der »Metaphysik«, von der er sich – ontologisch-phänomenologisch – absetzen will. Gadamer, der Heideggers hermeneutischen Ansatz weiterführte (siehe auch S. 22), bemerkt jedoch: »Übertragung von einem Bereich in einen anderen hat nicht nur eine logische Funktion, sondern ihr entspricht die grundsätzliche Metaphorik der Sprache selbst. Die bekannte Stilfigur der Metapher ist nur die rhetorische Wendung dieses allgemeinen, zugleich sprachlichen und logischen Bildungsprinzips.« *(Wahrheit und Methode;* Teil III, 2c, S. 434 [S. 406f.])

33. Im Kontext des metaphorischen Verstehens gilt freilich immer die Voraussetzung, daß die Metapher auch als solche erkannt werden muß, um ihr be-deutendes Potential zu entfalten. Man muß also wissen, daß ein nicht-wörtliches Verständnis anzunehmen ist, und dies stellt gewissermaßen die Lebensbedingung der Metapher dar. (Vgl. Keller-Bauer: *Metaphorisches Verstehen;* S. 94)

34. Viele der im folgenden zitierten Texte wurden dem Sammelband *»Theorie der Metapher«* (1983), herausgegeben von Anselm Haverkamp, entnommen. In seiner Einleitung unterscheidet Haverkamp drei zentrale sprachphilosophische Paradigmen: das sprachanalytische, das strukturalistische und das hermeneutische Paradigma (vgl. S. 1–27). Dieser Grenzziehung möchte ich mich jedoch in dieser Form nicht anschließen, sondern ich stelle vielmehr das gemeinsame Anliegen der unterschiedlichen Autoren heraus – der Metapher zu ihrem »Recht« im Rahmen von Philosophie und Wissenschaft zu verhelfen.

35. Lakoff und Johnson unterscheiden dabei im wesentlichen drei Arten von Metaphern: 1. Orientierungsmetaphern, die auf räumlichen Konzepten beruhen (vgl. *Leben in Metaphern;* S. 22ff.); 2. ontologische Metaphern, die auf (körperlichen) Erfahrungen beruhen (vgl. ebd.; S. 35ff.); 3. Strukturmetaphern, die auf kollektiven Erfahrungen beruhen und diese strukturieren (vgl. ebd.; S. 75ff.).

36. Diese »empirische« Auffassung einer *zwangsläufig gegebenen* (Rück-)Bindung der metaphorischen Konzepte an die *»Erfahrungswirklichkeit«* bedeutet meines Erachtens eine Naturalisierung von Metaphern, die dem eigentlichen Ansinnen von Lakoff und Johnson, nämlich zwischen Objektivismus und Subjektivismus zu vermitteln und die Angst vor Emotionen und Imagination zu überwinden (vgl. *Leben in Metaphern;* S. 212ff.), entgegensteht.

37. Die Bedeutung von Metaphern wird sogar in der empirischen psychologischen Forschung immer stärker gewürdigt. Als Beispiel können die metaphernanalytischen Arbeiten von Rudolf Schmitt dienen, der in seinen qualitativen Untersuchungen einen Dreischritt (»methodologische Triangulation«) unternimmt: 1. Herausfiltern und Interpretation der von den Interviewten verwendeten Metaphern; 2. Folgeinterview über die herausgearbeiteten Metaphern und ihre Deutung; 3. Reinterpretation auf dieser Basis (vgl. z.B. *Metaphern des Helfens).*

38. In sehr ähnlicher Weise begreift auch Roy Schafer die Psychoanalyse als selbstreflexiven Dialog, als Dekonstruktionsprozeß der Selbsterzählungen zur Ermöglichung angemessenerer, erfüllenderer individueller Konstruktionen/Erzählungen (vgl. *Erzähltes Leben;* insb. S. 227ff.).

Und John Soyland betrachtet gar auch eher »hart« an empirischen Fakten ausgerichtete psychologische (Teil-)Disziplinen, wie z.B. die Neuropsychologie, als »metaphorisch«: denn ohne Metaphern kann Bedeutung nicht hergestellt werden (vgl. *Psychology as Metaphor;* insb. Kap. 3 u. 9).

39. Hier zeigt sich übrigens eine deutliche Nähe zu Mead (vgl. *Geist, Identität und Gesellschaft).*

40. Einen weiteren zentralen Mechanismus – neben der metaphorischen Zuschreibung von Eigenschaften –, über den diese sprachliche Formierung des Subjekts erfolgt, ist der sprachliche Dialog, der zur »Objektivierung« zwingt: »Was ich im Sprechen suche, ist die Antwort des anderen. Was mich als Subjekt konstituiert, ist meine Frage [...] Ich identifiziere mich in der Sprache, aber nur indem ich mich dabei in ihr wie ein Objekt verliere.« (*Funktion und Feld des Sprechens und der Sprache in der Psychoanalyse;* S. 143)

41. Und wie ich hinzufügen möchte: Die Struktur der Sprache ist zugleich die Struktur des Wissen – zumindest jenes Wissens, das sich (wenn auch vielleicht nicht ohne Übersetzungsverluste) mitteilen läßt.

42. Auf eine prägnante Formel gebracht könnte man also formulieren: Erst in der Verschiebung wird der Ausdruck möglich. Oder wie Foucault in seiner berühmten Einleitung zu der französischen Übersetzung von Ludwig Binswangers Schrift »*Traum und Existenz*« bemerkt: »Die bildhaften Formen des Traums bergen die Bedeutungen des Unbewußten [...] Aber diese Anwesenheit des Sinnes im Traum ist keine vollständige Evidenz des Sinnes: Das Träumen verrät den Sinn ebenso, wie es ihn erfüllt, es vergegenwärtigt ihn, indem es ihn verflüchtigt.« (S. 14)

43. Auch Mac Cormac stellt heraus, daß es dieses »sinnliche«, zwischen der biologischen Existenz und den sprachlichen Vorstellungswelten vermittelnde Moment ist, das die Metapher zum »idealen« heuristischen Medium in einem »evolutionär« fortschreitenden Erkenntnisprozeß macht (vgl. *A Cognitive Theory of Metaphor;* S. 149ff.).

44. Dazu Geertz: »So, there are three characteristics of ethnographic description: it is interpretive; what it is interpretive of is the flow of social discourse; and the interpreting involved consists in trying to rescue the ›said‹ of such discourse from its perishing occasions and fix it in perusable terms [...] But there is, in addition, a fourth characteristic of such description: it is microscopic.« *(Thick Description;* S. 20f.) Dabei gilt für Geertz jedoch: »This is not to say that there are no large-scale anthropological interpretations of whole societies, civilisations, world events, and so on [...] It is merely to say that the anthropologist characteristically approaches such broader interpretations [...] from the direction of exceedingly extended acquaintances with extremely small matters.« (Ebd.; S. 21)

45. Nach Ernesto Grassi ist es speziell dieses sinnliche, *Anklänge* erzeugende Element, das für die aussagende Kraft der Metapher verantwortlich ist: »Nur ausgehend von der Erfahrung des leidenschaftlichen Charakters der Töne, erkennen wir eine Möglichkeit, den Faden der Ariadne zu finden, der uns im Labyrinth der Deutungen unserer Welt leiten könnte [...] Die ursprüngliche Erschütterung wird durch die weisenden Zeichen der Sinne innerhalb der Grenzen

von Lust und Schmerz erfahren. Wir leben also, agierend in einer Welt, einer sittlichen Ordnung, die uns weisende und mahnende Zeichen gibt. Im Erscheinen dieser Zeichen, an die wir gebunden sind, beginnt das Spiel, das unsere Möglichkeiten aufdeckt.« *(Die unerhörte Metapher;* S. 218)

46. Es ist fraglich, ob Bedeutungen, so wie sie gemeint sind, überhaupt mitgeteilt werden können, doch bei der Metapher ist immerhin, durch ihre Form der »sinnlichen« Verschiebung, in die versuchte übertragende »Abbildung« des Bedeuteten immer schon eine Differenz eingeschlossen, die nicht so einfach überdeckt werden kann.

47. Deshalb wahrscheinlich: Weil Erkenntnis nicht über das erkennende Subjekt – sehr wohl jedoch über die Aktualität seines Wissenshorizonts – hinaus kann und so immer schon latent, als (kontingente) Möglichkeit, in das Subjekt eingeschlossen ist, betrachtet Bernhard Debatin die (lebendige) Metapher als hermeneutischen Vorgriff auf »Wahrheit« (vgl. *Die Rationalität der Metapher;* S 133ff.). Ähnlich spricht Georg Schöffel vom »kleinen Apriori«, das die Metapher darstellt (vgl. *Denken in Metaphern;* S. 215ff.). Stärker das bewegende Moment, die interpretative Auseinandersetzung mit dem Sein, betont dabei Villwock, der die Metaphernbildung (als Versuch der bildlichen Fassung von Erkenntnis) als eine Doppelbewegung interpretiert, »in der eine von der Welt herkommende Bewegung durch eine vom Dasein ausgehende Bewegung produktiv gewendet und verwandelt wird [...] Es geht um eine Leistung, bei deren Vollzug sich der Leistende getragen findet und die er deshalb nicht ausschließlich auf die Selbstmächtigkeit der Subjektivität zurückbeziehen vermag.« (*Metapher und Bewegung;* S. 301) Auch ich bestreite dieses interaktive Moment (siehe auch S. 38) keineswegs: Die im Innen als Möglichkeit schlummernde und deshalb immer subjektive Erkenntnis bedarf des äußeren Anstoßes, um sich zu vermitteln.

48. Der Begriff der Erkenntnis bezieht sich, so wie ich ihn hier gebrauche, eher auf die dingliche Umwelt, während der Begriff der Verstehens auf »die anderen«, die soziale Umwelt zielt.

49. Ganz ähnlich lauten übrigens die diesbezüglichen Vorstellungen des kognitionswissenschaftlichen Ansatzes des »Radikalen Konstruktivismus« (vgl. z.B. Maturana: *Neurophysiology of Cognition* sowie Maturana/Varela: *Autopoiesis and Cognition)*. Und folgt man der Darstellung von Friedrich Wallner, so stellt der »Radikale Konstruktivismus« – trotz seiner Zirkularität – sogar einen überaus »eleganten« Versuch dar, den (naiven) metaphysischen Realismus durch eine Radikalisierung der Erkenntnistheorie Kants zu überwinden, indem nicht mehr eine transzendentale Einheit von Subjekt und Objekt gedacht, sondern das neuronale Netzwerk des (subjektiven) Bewußtseins von vorne herein als *in sich geschlossenes System* begriffen wird, das sein Verständnis der Welt aus sich heraus (doch immer eingebettet in eine Umwelt) hervorbringt.

50. Um es allerdings nochmals zu betonen: Es gibt keine »reinen«, abstrakten Begriffe, sondern jeder Begriff hat – auch wenn er möglicherweise im Verborgenen liegt – einen metaphorischen Hintergrund.

51. Als schärfster aktueller Kontrapunkt zu einer metaphorischen Theorie erscheint mir übrigens die Vorstellung vom binären Code im Kontext der Luhmannschen Systemtheorie (vgl. z.B. *Die Wissenschaft der Gesellschaft)*. Der binäre Code als (vor-gestellte) Grundlage der Systemdiffe-

renzierung eliminiert alle (»imaginative«) Abweichung in einer konstruierten polaren Begriffs-Differenz (z.B. zwischen »wahr« und »falsch« im Kontext des »Wissenschaftssystems«) – und greift, um zu dieser theoretischen Ansicht zu gelangen, doch auf ein bestimmtes Gesellschafts-Bild zurück, das von biologischen Modellen, insbesondere jenen des »Radikalen Konstruktivismus« (siehe auch oben) inspiriert ist (wenngleich übrigens die radikalen Konstruktivisten selbst sich gegen die übertragende Luhmannsche Vereinnahmung wehren).

52. Dekonstruktion ist dabei, ganz im Sinn von Derrida, jedoch niemals Selbstzweck, denn sie erhebt den Anspruch, »die Dinge zu *ändern* und auf eine Weise einzugreifen, die wirksam und verantwortlich ist« *(Gesetzeskraft;* S. 18). Dabei hat die Dekonstruktion »notwendigerweise von innen her zu operieren, sich aller subversiven, strategischen und ökonomischen Mittel der alten Strukturen zu bedienen [...]« (Ders.: *Grammatologie;* S. 45) Erst in dieser aus dem Innen (der Dinge wie des Selbst) heraus erfolgenden Dekonstruktion wird nämlich die immanente Differenz freigelegt.

53. In einem älteren Aufsatz zum Thema bemerkt Lash zu seinem Konzept der ästhetischen bzw. hermeneutischen Reflexivität (in Abgrenzung zu kognitiver Reflexivität bzw. der identifizierenden epistemologischen Vernunft): »Kognitiv interpretative Reflexivität geht, wie *Kants* moralisches und Verstandesurteil, von der Unterordnung des Objekts unter die Herrschaft des Subjekts, von der Beherrschung der Kontingenz durch die Ordnung aus. Ein ästhetisches Verständnis von Reflexivität stellt diese Unterordnung hermeneutisch in Frage. Aus Kontrolle und Beobachtung wird Interpretation durch ein Subjekt, das sich die Objekte nur zum Teil und auch nur vielleicht unterordnen kann [...] Hermeneutische Reflexivität ähnelt [damit] dem *Kantischen* ästhetischen Urteil.« *(Ästhetische Dimension Reflexiver Modernisierung;* S. 266f.)

54. Der Ausdruck »Gedankenexperiment« ist natürlich selbst metaphorisch.

Gesellschafts-Bilder

Zur Metaphorik und »Topologie der sozialen Landschaften

1. Metaphorische Genealogie des Topos »Gesellschaft«

Man kann sich Gesellschaft als einen »Topos«, einen – ebenso imaginären wie realen – Ort vorstellen, der durch das Geflecht der sozialen Beziehungen gebildet wird. Dieser »Figurations-Raum«[1] ist nicht statisch: Er unterliegt einem ständigen Wandel, variiert je nach sozialem Standpunkt und eingenommener Sichtweise, unterscheidet sich in seinen Strukturen und Darstellungen je nach historischer Zeit und kulturellem Rahmen. So haben sich die verschiedenen Menschen, Epochen und Kulturen nicht nur schon immer verschiedene Bilder vom Raum ganz allgemein gemacht, sondern auch ihren sozialen Raum verschieden gestaltet und metaphorisch gefaßt/symbolisiert (vgl. auch Ingersoll/-Bronitsky: *Mirror and Metaphor* sowie Gilbert: *The Metaphorical Structuring of Social Perceptions)*.
Im (hermeneutischen) Rahmen dieses Textes dient das Raum-Bild der (sozialen) »Landschaft« als *initiale Metapher:* Sie ist der veranschaulichende Ausgangspunkt, ein Bild, das uns begleiten wird, während wir den historischen Veränderungen der Oberflächen- und Tiefenstrukturen des sozialen Raumes – sowie seiner Verbildlichungen – suchend und deutend nachgehen. Ein wesentliches Ziel dieses Textes ist folglich eine *Genealogie* der Gesellschafts-Bilder (vgl. auch Foucault: *Nietzsche, die Genealogie, die Historie)*,[2] d.h. eine *kritische hermeneutische Reflexion* des (diskursiven) Topos der »Gesellschaft«: die Unter-Suchung, wie sich die sozialen (Selbst-)Bilder über den Raum der Zeit hinweg verändert haben, und welche Bilder/Metaphern vor dem Hintergrund dieser kritischen historischen Bestandsaufnahme geeignet erscheinen, um den aktuellen sozialen Raum theoretisch darzustellen.[3]
Man kann schließlich, auch wenn man sich um eine exakte begriffliche Fassung bemüht, »Gesellschaft« nie rein abstrakt denken und beschreiben. Jeder theoretische Gegenstand muß, um überhaupt vorstellbar zu sein, sinnlich, bildlich, sinn-bildlich werden. Und so gilt: Alle, auch scheinbar noch so abstrakte, von jeder Gegenständlichkeit »gereinigte« Begriffe implizieren einen – häufig allerdings verdeckten und vergessenen – metaphorischen Gehalt (vgl. hierzu auch nochmals Derrida: *Die weiße Mythologie)*. Genau dieser (verdeckte) metaphorische Gehalt ist dafür verantwortlich, daß wir die theoretischen Aus-Sagen »begreifen« können. Auch der begrifflich gefaßte Sinn wird also – ob latent oder offen – über ein »eingeschlossenes« Bild, eine Metapher transportiert.[4] Diese übertragenden Bilder gilt es folglich zu »reflektieren«, um uns auch über die durch sie latent transportierten Gehalte bewußt zu werden.

Was den »Topos« der Gesellschaft anbelangt, so sind eine ganze Reihe von Metaphern im Diskurs offen greifbar.[5] Sehr bewußt zielte und zielt man offenbar im Kontext der Darstellung sozialer und vor allem politischer Zusammenhänge, die sich nicht von der gesellschaftlichen Betrachtung ablösen lassen, auf die Ansprache durch die Metapher – um über ihre bildliche Macht, die kollektive Verinnerlichung der entworfenen Gesellschafts-Bilder, eine »Schließung« des sozialen wie politischen Raumes zu erreichen.[6] Die Metapher hat speziell im Rahmen der Politik und der politischen Sprache nämlich eine weit über die ornamentale Funktion hinausreichende konstitutive Funktion für die Generierung von politischer »Gemeinschaft« (vgl. Rigotti: *Die Macht und ihre Metaphern)* – weshalb Benedikt Anderson auch von der immer nur »vorgestellten« Gemeinschaft der Nation spricht (vgl. *Die Erfindung der Nation)*. Die soziale Einheit, als (fiktive) Grundlage des Politischen, kann nur imaginierend, d.h. symbolisch: in Metaphern gefaßt werden (vgl. auch Waltzer: *On the Role of Symbolism in Political Thought)*.
Darüber hinaus dienen Metaphern und politische Symbole häufig als Rationalitätsersatz im politischen Diskurs (vgl. v.a. Edelman: *Politik als Ritual)*. Man könnte also behaupten, daß jegliche Politik, als auf »Gemeinschaft« bezogene Praxis, die diese Gemeinschaft herstellen und aufrecht erhalten muß, in irgendeiner Form auf Metaphorik aufbaut (vgl. so z.B. Thompson: *Politics Without Metaphors is Like a Fish Without Water)* – die es zu spiegeln gilt. Andernfalls besteht, insbesondere im Kontext der Betrachtung von Gesellschafts-Bildern, mit ihren starken politischen Implikationen, eine hohe Gefahr, sich in der Dialektik der Metapher zu verstricken, ihr differentes Potential nicht zu entfesseln, sondern an gegebenen Vorstellungen haften zu bleiben; und wer ein bestimmtes Gesellschafts-Bild entwirft/propagiert, hat deshalb nicht nur über die theoretischen, sondern auch über die politischen Konsequenzen nachzudenken. Derart wäre sodann aber sogar eine kritische Überschreitung der – vor-gestellten – Grenzen des sozialen Raumes (utopisch-imaginierend) »denkbar«.

A) DIE GESELLSCHAFT ALS NATÜRLICHER »KÖRPER«

Die gängigsten Gesellschaftsmetaphern sind die organizistischen bzw. Körpermetaphern.[7] Der Körper ist das, was uns am nächsten steht, er ist unsere leibliche »Behausung«, und kaum können wir uns in Differenz zu ihm denken. Er bietet uns, obwohl er auch verletzlich ist, Schutz vor der Außenwelt, und

alle Teile arbeiten – sofern er »gesund« ist – zusammen, um das Überleben des Ganzen zu sichern. Was lag also näher als Gesellschaft, die schließlich primär als – gegebene – Einheit vorgestellt wird, in Analogie zum menschlichen Körper und seinen Gliedern zu denken?[8] Körpermetaphern verweisen auf die natürliche Gewachsenheit der sozialen Ordnung und die Einheit des »Sozialwesens«. Gleichzeitig – und dies kann wohl als ihre primäre politisch-legitimatorische Funktion angesehen werden – schreiben sie dadurch die sozialen/politischen (Herrschafts-)Verhältnisse fest, entheben sie der freien Gestaltbarkeit durch die Subjekte. Diese sind schließlich, gemäß der metaphorisch entworfenen Vorstellung, nur *inkorporierte* Glieder eines Ganzen, das es nicht in Frage zu stellen gilt, weil man (selbst) auf sein »organisches« Funktionieren angewiesen ist, um zu überleben. Vor allem aber drücken Körpermetaphern, wie gesagt, Natürlichkeit wie auch Wachstumsfähigkeit aus und erfreuen sich – vor allem in Anbetracht der »Renaissance« des Natürlichem im Rahmen des ökologischen Denkens –[9] selbst heute noch großer Beliebtheit; sie sind zum selbstverständlichen Bestandteil der politischen Sprache geworden.
Als Indikatoren hierfür können so alltägliche politische Begriffe wie »Staatsoberhaupt« oder »Verfassungsorgan« etc. dienen. Diese aktuellen organizistischen Metaphern haben ihre weit zurückreichenden Wurzeln allerdings in alten Mythen[10] und in der Staatsphilosophie der Antike. Insbesondere bei Platon finden sich hier Anknüpfungspunkte,[11] denn er entwirft den idealen Staat, den er als umfassendes, unteilbares soziales Ganzes konzipiert, in Analogie zur Ordnung der menschlichen Seele und begreift ihn in diesem Kontext als einen ins Große gesteigerten Menschen, als »Makroanthropos« (vgl. *Politeia;* Buch II [insb. 368a–369b] sowie Buch IV [insb. 434d–435b]). Aristoteles betont zwar im Gegensatz zu Platon eher die plurale Verfassung des Staates (vgl. *Politik;* Buch II), doch auch er verweist in Körperbildern auf die nach ihm, trotz aller Vielheit, ebenso natürliche wie notwendige Einheit des politischen »Gemeinwesens«:

> »Und der Natur nach früher ist der Staat als das Haus und jeder einzelne von uns; denn das Ganze muß früher sein als der Teil. Wenn man nämlich das Ganze beseitigt, wird es keinen Fuß geben und keine Hand, es sei denn nur dem Namen nach, wie wenn etwa jemand von einer steinernen Hand spricht.« (Buch 1, S. 78f. [1253a])

Auch während der römischen Antike war eine an die Körpermetaphorik angelehnte politische Denkweise und Sprache weit verbreitet. Polybios etwa

charakterisierte das *Imperium Romanum* als einen einzigen, die zuvor nur getrennt existierenden Staatsgebilde organisch verbindenden Körper; Seneca nannte Nero in seinen Schriften affirmierend das Haupt und die Seele des Reiches; und der römische Herrscher Marc Aurel ermahnte sich selbst, die gesamte (ihm unterworfene) Menschheit als einen einzigen »Körper« zu begreifen sowie bei der Verwaltung seines Reichs danach zu streben, daß alle »Glieder« harmonisch zusammenarbeiteten – um nur einige »Zeugen« zu nennen (vgl. hierzu detaillierter Demandt: *Metaphern für Geschichte;* S. 21ff.).
Man kann anhand dieser Beispiele deutlich sehen, daß Körpermetaphern im alten Rom offenbar gängige Verbildlichungsversuche für die soziale und politische Sphäre waren. Eine Besonderheit im Vergleich zum politischen Denken des antiken Griechenland stellte allerdings die herausgehobene Stellung des Rechts dar.[12] Insbesondere während der Republik bildete es die zentrale Bezugskategorie, es ist nach Cicero, dem bedeutendsten Staatsdenker der römischen Antike, geradezu die »Verkörperung«[13] des gesamten »Staatswesens«, denn:

> »Es ist [...] der Staat [...] die Sache des Volkes; ein Volk aber ist nicht jede [...] Ansammlung von Menschen, sondern die Ansammlung einer Menge, die sich auf Grund der Anerkennung einer Rechtsordnung [...] zusammengeschlossen hat.« (Cicero: *Über den Staat;* S. 65 [I,39])

Auch die Obrigkeit hat sich deshalb an Recht und Gesetz zu halten, sie ist dessen »Stimme«:

> »Ihr seht also, die Bedeutung der Obrigkeit besteht darin, vorzustehen und das Rechte, das Nützliche, das mit den Gesetzen in Einklang stehende vorzuschreiben. Wie nämlich über den Obrigkeiten die Gesetze, so stehen über dem Volk die Obrigkeiten, und man kann wahrheitsgemäß sagen, daß die Obrigkeit das redende Gesetz, das Gesetz aber die stumme Obrigkeit ist.« *(Vom Gesetz;* S. 299 [III,2])

Was dem antiken Rom der »Rechtskorpus« war, bedeutete dem christlichen Mittelalter die *ecclesia*, die (katholische) Kirche, die mit dem *corpus Christi* metaphorisch gleichgesetzt wurde – ein Gedanke, der bereits auf den Apostel Paulus zurückgeht (vgl. *Römerbriefe* und beachte hierzu auch Struwe: *Die Entwicklung der organologischen Staatsauffassung im Mittelalter;* S. 87ff.).[14] Zur Illustration mag hier ein Zitat von Nicolaus von Cues dienen:

»Diese Vereinigung nun ist die Kirche oder die Gemeinschaft Vieler in Einem, gleichwie viele Glieder an Einem Körper sind, jedes mit einem besonderen Range (gradus), wo Ein Glied nicht ein anderes und jedes Glied durch den Körper mit dem andern vereinigt ist, und keines ohne den Körper Leben und Bestand hat [...]« *(Von der Wissenschaft des Nichtwissens;* S. 105)

Dabei zeigt sich nochmals klar, was Körpermetaphern ganz allgemein zumeist implizieren: nämlich die Vorstellung sozialer (bzw. religiöser) Einheit sowie einer gegebenen, naturwüchsigen Hierarchie. Ähnliche Vorstellungen finden sich folglich auch bezüglich der säkularen Ordnung, die gemäß den mittelalterlichen politischen Denkern unter der Oberherrschaft eines Fürsten steht, der einzig Gott verpflichtet ist und die »Seele« des Gemeinwesens darstellt.[15] So bemerkt Thomas von Aquin *»Über die Herrschaft der Fürsten«* (1267):

»Dessen muß sich also ein König bewußt sein: daß er das Amt auf sich genommen hat, seinem Königreiche das zu sein, was die Seele für den Leib und Gott für die Welt bedeutet.« (S. 74f. [Kap. 12])

Obwohl die neuzeitlichen (politischen) Theoretiker sich vom antiken und mittelalterlichen Denken bewußt absetzen wollten, hatte die Körpermetaphorik eine so große Verbreitung und allgemeine Akzeptanz erreicht, war die vor-gestellte Analogie zwischen Staat/Gesellschaft und (menschlichem) Körper derart zur unhinterfragten, sich zu eigen gemachten Selbstverständlichkeit geworden, daß sie nicht einfach ad acta gelegt werden konnte, sondern schlicht umgedeutet wurde, um auf ihr erklärendes wie legitimierendes Potential zu bauen. Man stellte nunmehr beispielsweise heraus, daß es sich bei den Staats- bzw. Sozialkörpern um *künstliche* Körper handelt. So bemerkt Hobbes:[16]

»Der große Leviathan (so nennen wir den Staat) ist ein Kunstwerk oder ein künstlicher Mensch [...] Bei dem Leviathan ist derjenige, welcher *die höchste Gewalt* besitzt, gleichsam die Seele, welche den ganzen Körper belebt und in Bewegung setzt; *die Obrigkeit und die Beamten* stellen die künstlichen Glieder vor [...]« *(Leviathan;* S. 5 [Einleitung])[17]

Mit diesem organizistischen Bild des »Leviathan« wird einerseits die unaufhebbare Einheit des künstlichen, durch »freien« Vertragsschluß geschaffenen »Staatswesens« herausgestellt, andererseits wird, wie bei Aquinus, eine strikt hierarchische Ordnung vorgegeben, die Hobbes jedoch zwingend, nach

»Art der Geometrie«, aus den Gesetzen der Natur abzuleiten bestrebt ist.[18] Was an der Leviathan-Metapher in Anbetracht dessen allerdings besonders auffällt, ist der im Bild mitschwingende »Atavismus«, denn mit der Bezeichnung »Leviathan« wird auf den Namen eines biblischen *Ungeheuers* zurückgegriffen. Die überdies eher furchteinflößende, kriegerisch anmutende Gestalt dieses staatlichen Ungeheuers (vgl. die Titelabbildung der Originalausgabe) ist jedoch selbst nur der *kompensatorische Ausdruck* von Angst: Der chaotische Naturzustand wirkt bedrohlich, der Mensch muß selbst für Ordnung und Sicherheit sorgen – und gebiert dabei mitunter ein Monster. Gerade diese emotionale Verknüpfung mit einem *existentiellen* Angst-Gefühl bewirkt die besondere Eindringlichkeit der Leviathan-Metapher. Das wird auch von Carl Schmitt herausgestellt, der sogar von einer *mythischen Kraft* spricht, die in dem von Hobbes verwendeten Bild des »Leviathan« steckt (vgl. *Der Leviathan in der Staatslehre des Thomas Hobbes;* 131f.).
Schmitts Affinität zu Hobbes verweist auf die untergründige Nähe dieses – *methodologisch*, im Rekurs auf die Naturwissenschaften, durchaus »revolutionären« – Denkers zum konservativen Lager.[19] Dessen Angehörige rekurrieren traditionell allzu gerne auf »organische« Körper-Bilder, um ihren sozialen Vorstellungen einer natürlich gewachsenen, hierarchisch gegliederten und doch (ethnisch) homogenen Gesellschaft be-greifbaren Ausdruck zu verleihen (vgl. im Überblick Huntington: *Konservatismus als Ideologie;* S. 91).[20] Die konservativen deutschen Historiker Treitschke, Ranke und Meinecke eint beispielsweise die Vorstellung vom lebendigen »Staatsindividuum«, das »sein eigentümliches, unnachahmliches Leben in sich hat« (Meinecke: *Vom geschichtlichen Sinn;* S. 31). Bei Oskar Spengler findet sich schließlich im Rahmen seiner »Morphologie der Weltgeschichte« analog die Vorstellung, daß die abendländischen Kulturnationen[21] »Lebewesen höchsten Ranges« seien *(Der Untergang des Abendlandes;* S. 16) – deren Entfaltung freilich von ihrer eigenen, »naturgemäßen« zivilisatorischen Erstarrungstendenz behindert wird (vgl. ebd.; S. 23ff.).[22]
Die radikalsten Formulierungen finden sich allerdings bei dem Soziobiologen Jakob von Uexküll. Dieser entwarf in den 1920er Jahren eine »Staatsbiologie«, die sich in die Disziplinen Anatomie, Physiologie und Pathologie gliedert – wobei er von der Vorstellung ausging, daß es neben äußeren Feinden der Staaten auch innere Feinde wie die Presse oder »fremdrassige« Personen gäbe, die er als »Parasiten« begriff (vgl. *Staatsbiologie;* insb. S. 59ff. und 71ff.). Solche und ähnliche stark konservativ geprägte bzw. protofaschistische Vorstellungen fanden – wie auch die Rassenlehren von Gobineau und Chamberlain

– direkten Eingang in die Ideologie des Nationalsozialismus (vgl. im Überblick z.B. Noak: *Die NS-Ideologie)*, der auf die »Reinerhaltung« des »Volkskörpers« bedacht war und – analog zu Uexküll – insbesondere die Juden als »Parasiten« im Körper anderer Völker begriff, die es wie Krankheiten rücksichtslos zu bekämpfen gelte (vgl. Hitler: *Mein Kampf;* S. 246ff. sowie S. 334f.).[23] Soweit zum Rekurs auf die Körpermetaphorik durch das konservative und faschistische Denken.[24] Soziologisch ist das organizistische Denkmodell – ebenfalls mit stark konservativem Akzent – am augenfälligsten durch Herbert Spencer vertreten worden, der Gesellschaft, mit vielen Parallelen zu und Anklängen an Darwins Evolutionstheorie,[25] als einen »superorganischen Organismus« konzeptionalisierte und den »survival of the fittest« predigte (vgl. *Principles of Sociology;* insb. Band 1, Teil 1, Kap. 1 sowie Teil 2, Kap. 1 und 2).[26] Um jedoch abschließend nochmals auf Hobbes, den prominentesten Vertreter der neuzeitlichen politischen Körpermetaphorik, zurückzukommen: Dieser steht mit seinem Bild vom Leviathan bereits am Übergang zu einem anderen metaphorischen Feld – den Maschinenmetaphern. Denn der Leviathan, diese monströse, ungeheuerliche »Mensch-Maschine« (La Mettrie), ist nach Hobbes nicht nur künstlich geschaffen, sondern wurde, wie erläutert, vom ihm in Anlehnung an naturwissenschaflich-technische Methoden gedanklich *konstruiert*.

B) DIE GESELLSCHAFT ALS KÜNSTLICHE (SIMULATIONS-)MASCHINE

Maschinenmetaphern waren für die Verbildlichung von politischen und sozialen Zusammenhängen nicht in gleicher Weise populär wie Körpermetaphern. Die (mechanische) Maschine wird schließlich oft mit »kalter« Funktion und einer durchaus auch zerstörerischen, »zermalmenden« Kraft identifiziert, der (biologische) Körper dagegen, wie oben erläutert, eher mit Wärme/Nähe und Natürlichkeit. Dies zeigt sich exemplarisch an folgendem Zitat, in dem Kant zur Symbolisierung des monarchischen Staates erläutert:

> »So wird ein monarchischer Staat durch einen beseelten Körper, wenn er nach inneren Volksgesetzen, durch eine bloße Maschine aber [...], wenn er durch einen einzelnen absoluten Willen beherrscht wird [...] vorgestellt.« *(Kritik der Urteilskraft;* § 59)[27]

Die Ablehnung alles Maschinenhaften ist ganz allgemein ein Kennzeichen des (deutschen) Idealismus:[28] Fichte beispielsweise betrachtete die nach rein rationalistischen Regeln verfahrenden modernen Staatsapparate als »seelenlose Räderwerke«;[29] auch für Herder waren sie leblose, unverbundene, maschinenhafte Körper;[30] und Hegel bemerkte in einer seiner frühen Schriften – im Kontrast zu späteren Vorstellungen –[31] gegen den (Verstandes-)Staat gewendet:

> »Von der Natur komme ich aufs Menschenwerk. Die Idee der Menschheit voran, will ich zeigen, daß es keine Idee vom Staat gibt, weil der Staat etwas Mechanisches ist, so wenig als es eine Idee von einer Maschine gibt. Nur was Gegenstand der Freiheit ist, heißt Idee. Wir müssen also auch über den Staat hinaus! – Denn jeder Staat muß freie Menschen als mechanisches Räderwerk behandeln; und das soll er nicht; also soll er aufhören.« *(Das älteste Systemprogramm des deutschen Idealismus;* S. 234f.)[32]

Auch Schiller und Goethe sowie viele konservative Denker äußerten sich in ähnlicher Weise ablehnend gegenüber der »seelenlosen«, rein rational gelenkten »Staatsmaschine«. Historisch betrachtet leiten sich die politisch-gesellschaftlichen Maschinenmetaphern überwiegend von der Uhrwerksmetapher ab. So wurde seit dem späten Mittelalter immer wieder eine Parallele zwischen dem »nach göttlichem Plan« funktionierenden Kosmos und dem – vom Menschen geschaffenen – mechanischen Uhrwerk aufgemacht.[33] (Vgl. im Überblick auch Demandt: *Metaphern für Geschichte;* Abschnitt V, Kap. 1 sowie Peil: *Untersuchungen zur Staats- und Herrschaftsmetaphorik;* Abschnitt D)

Diese Tendenz eines Denkens in Analogie zur Maschine verstärkte sich in der Neuzeit. Die Verzahnung der Räder, wie eines zum anderen paßt, die Perfektion des Zusammenspiels, ohne Abweichung, die Genauigkeit und Planhaftigkeit des maschinellen Ablauf: Man war fasziniert und beflügelt von der sich auftuenden neuen Möglichkeit, die Welt nach den eigenen Vorstellungen zu gestalten. Denn bei der Konstruktion der Maschine ist der Konstrukteur nur an die Gesetze der Physik und Mechanik gebunden, ansonsten kann er seinen Vorstellungen freien Lauf lassen. Diese Freiheit wollte man zunehmend auch bei der Gestaltung des sozialen und politischen Raumes nutzen. Speziell im sog. »aufgeklärten Absolutismus« Preußens (unter »Friedrich dem Großen«) war man deshalb – anders als in der Gedankenwelt des deutschen Idealismus – begeistert von der Metapher der »Staatsmaschine«.[34] Militär und Verwaltung waren in Preußen schließlich auf dem Prinzip der »Accuratesse« aufgebaut. Es wurde – um mit Foucault zu sprechen (vgl. *Überwachen und Strafen)* – ein komplexes System der »Disziplinen« etabliert, das keine Abweichungen duldete. Alle Teile des »Staatsapparates« sollten genau aufeinander abgestimmt zusammenwirken. Das Ideal war ein vollkommenes, reibungsloses Funktionieren – unter dem (»vernünftigen«) Diktat des absoluten Fürsten.[35]

In Preußen war man allerdings ohnehin stärker am »rationalistisch-aufgeklärten« französischen Vorbild orientiert, und in Frankreich war – unter dem dominanten Einfluß von Descartes –[36] eine mechanistische Auffassung von Staat und Gesellschaft eben weit populärer und positiver konnotiert als im deutschsprachigen Raum.[37] Auch Rousseau und Sieyès – obwohl beide ausgiebig ebenso auf Körpermetaphern rekurrierten (siehe auch Anmerkung 16) – sprachen beispielswiese von der »machine politique« bzw. dem »mécanisme social«. Bei Adolphe Quételet (1796–1874), neben Auguste Compte einer der Pioniere des Positivismus (und vor allem der empirischen Sozialforschung), geht die mechanistisch-positivistische Euphorie so weit, daß er meint, mit seiner »physique sociale« die Gesellschaft und ihre Mechanismen exakt vermessen zu können. (Vgl. im Überblick Peil: *Untersuchungen zur Staats- und Herrschaftsmetaphorik;* 494ff. sowie Dohrn-van Rossum: *Politischer Körper, Organismus, Organisation;* S. 248–290)

Die Metapher der Maschine wurde also durchaus konträr interpretiert, und diese Gegensätzlichkeit ist dem Maschinen-Bild immanent. Einerseits ist der Mensch der Maschine und ihrer einmal in Gang gesetzten Bewegung ausgeliefert, ist die Konstruktion der Maschine in ihren Grundzügen unveränderlich und damit letztlich statisch. Zudem wirkt das komplexe, durchaus störanfällige Zusammenspiel ihrer Teile für den nicht in die Geheimnisse ihrer Funktionsweise eingeweihten Betrachter geheimnisvoll, ja bedrohlich. Und mit der Reibungslosigkeit ihres Funktionierens erscheint sie so kalt wie das Metall, aus dem sie geschaffen ist. Andererseits ist die Maschine ureigenes und produktives Werk des Menschen, das alleine seinen Zwecken dient, ihn von vieler Mühsal entlastet, frei macht. In ihrem Entwurf entfaltet sich der kreative, schöpferische Geist, und das Geheimnis ihres Funktionierens symbolisiert die Plan- und Sinnhaftigkeit des Daseins, das selbst gestaltet werden kann, wenn man nur die dahinterliegenden Gesetzte durchschaut. Im Maschinen-Bild steckt also ein »proteisches« Element, und doch drückt sich in ihm auch eine ohnmächtige Angst vor der verselbständigten Bewegung aus.

In dieser »Dialektik« der Maschinenmetapher liegt ihre eigentliche Faszination. Am deutlichsten ist dies in aller Widersprüchlichkeit bei Marx zu spüren. Das industriell-maschinelle Produktionssystemsystem dehnt sich nach ihm unaufhaltsam über den ganzen Globus aus, und die gesamte Gesellschaft wird damit zur industriellen »Maschinerie«, zum (militärisch organisierten) Mehrwert-Apparat der Bourgeoisie.[38] Marx bemerkt entsprechend zum kapitalistischen Staat:

> »In dem Maß, wie der Fortschritt der modernen Industrie den Klassengegensatz zwischen Kapital und Arbeit entwickelte, erweiterte, vertiefte, in demselben Maß erhielt die Staatsmacht mehr und mehr den Charakter einer öffentlichen Gewalt zur Unterdrückung der Arbeiterklasse, einer Maschine der Klassenherrschaft.« *(Der Bürgerkrieg in Frankreich;* S. 336)

Andererseits betont Marx in vielen seiner Schriften die innovative Rolle, die die Bourgeoisie, als Herren des kapitalistischen »Apparates«, in der historischen Entwicklung inne hatte, und er stellt die »revolutionären« Aspekte des alles durchdringenden maschinell-industriellen »Systems«[39] heraus:

> »Die Bourgeoisie kann nicht existieren, ohne die Produktionsinstrumente, also die Produktionsverhältnisse, also sämtliche gesellschaftlichen Verhältnisse fortwährend zu revolutionieren [...] Die fortwährende Umwälzung der Produktion, die ununterbrochene Erschütterung aller gesellschaftlichen Zustände, die ewige Unsicherheit und Bewegung zeichnet die Bourgeoisepoche vor allen anderen aus. Alle festen eingerosteten Verhältnisse mit ihrem Gefolge von altehrwürdigen Vorstellungen und Anschauungen werden aufgelöst, alle neugebildeten veralten, ehe sie verknöchern können. Alles Ständische und Stehende verdampft, alles Heilige wird entweiht, und die Menschen sind endlich gezwungen, ihre Lebensstellung, ihre gegenseitigen Beziehungen mit nüchternen Augen anzusehen.« (Marx/Engels: *Manifest der Kommunistischen Partei;* S. 465)

Was aber, wenn – im Gegensatz zu den Voraussagen von Marx, der genau in der Dialektik des kapitalistischen Apparates einen Reibungspunkt sah, der schließlich zu seiner Auflösung führen muß –[40] die gesellschaftlichen Maschinen zu glatt und widerstandslos laufen? Dann wird, zumindest für Jean Baudrillard, der eine Art »postmoderne« Variante der Maschinenmetaphorik ins Spiel des aktuellen sozialwissenschaftlichen Diskurses bringt, die Gesellschaft zur »Simulation«: Ein *Simulakrum* entsteht, in dem »das Reale und das Imaginäre zu einer gemeinsamen operationalen Totalität verschmolzen sind« *(Die Simulation;* S. 161). Umfangreichen Manipulationsmöglichkeiten durch Computertechnologie, Medien und Gentechnik haben nämlich für

Baudrillard die Unterscheidung zwischen Simulation und Wirklichkeit unmöglich gemacht, und so stellt er fest:

> »Bin ich nun Mensch, oder bin ich Maschine? Es gibt heute keine Antwort mehr auf diese Frage [...]« *(Videowelt und fraktales Subjekt;* S.125)

Diese »*Agonie des Realen*« (1978) führt jedoch nicht zu seiner Auslöschung, denn das Reale wird durch die Simulation gleichsam nur verdoppelt: »Die Realität geht im Hyperrealismus unter« *(Die Simulation;* S. 156). Das heißt aber auch:

> »Der Körper als Schauplatz, die Landschaft als Schauplatz, die Zeit als Schauplatz verschwinden mehr und mehr.« (Ebd.; S. 16)

Dieses Bild einer die Realität verdoppelnden, die reale Körperlichkeit aufhebenden, medial-(gen-)technischen Simulationsmaschine erinnert allerdings eher an negative Utopien, wie sie uns beispielsweise in den Zukunftsromanen von Orwell und Huxley entgegentreten, als daß es positive Assoziationen erzeugte. Selbst in ihrer simulativ-virtuellen Variante wird die Maschine also »intuitiv« überwiegend mit einer verselbständigten Macht und bloßem Funktionieren identifiziert – wenn auch hier sicher das Moment der Starrheit, wie bei den auf mechanische Maschinen bezogenen Metaphern, weniger gegeben ist. Eine positive Identifizierung mit der sozialen (Simulations-)Maschine der virtuell-medialen »CyberSociety«[41] ist deshalb eher selten. Selbst durchaus euphorische Hybridisierungsphantasien, wie etwa Donna Harraways Cyborg-Manifest, können darüber kaum hinwegtäuschen.[42] Wie wir im folgenden sehen werden, ist ein der Maschinenmetapher durchaus nahestehendes Gesellschafts-Bild im Rahmen der soziologischen Theorie allerdings durchaus weit verbreitet: das System.

C) DIE GESELLSCHAFT ALS »SYSTEM«

Der Ausdruck »System« gibt sich den Anschein des Abstrakten, Neutralen, »rein« Begrifflichen. Sein metaphorischer Gehalt ist verdeckt, und doch ist er nicht zu leugnen. Schon wenn wir uns an seine primäre Bedeutung annähern, erkennen wir die latente Verwandtschaft zu den Metaphern des Körpers und der Maschine. »System« bedeutet nämlich ein »Gebilde, [eine] Zusammenstellung« *(Metzler Philosophie Lexikon)* bzw. ein »aus mehreren

Teilen zusammengesetztes u. gegliedertes Ganzes« *(Duden – Deutsches Universalwörterbuch).* Innerhalb des wissenschaftlichen Sprachgebrauchs hat sich die verdeckte Metapher des Systems insbesondere im naturwissenschaftlich-technischen und hier speziell im kybernetischen Rahmen etabliert, wo es um Regelkreise bzw. Steuerungssysteme geht.
Von hier aus steht der Systembegriff deutlich in Nähe zur Maschinenmetaphorik und verweist auf einen (»mechanischen«) Funktionszusammenhang. Aber der Systembegriff ist auch in der Biologie weit verbreitet. Dafür stehen Begriffe wie Nervensystem, Immunsystem, ökologisches System etc. Der Systembegriff stellt somit einen Schnittpunkt und eine Klammer zwischen der »maschinistischen« und der »organizistischen« Denkweise dar, er ist eine Meta-Metapher, die durch ihre Allgemeinheit symbolisch-begriffliche Verbindungen zwischen ansonsten stark voneinander abgekoppelten, durchaus auch im Widerstreit zueinander stehenden Diskursen schafft.
Es verwundert so kaum, daß die Systemmetapher, gerade wegen ihrer verklammernden Breite, auch im Rahmen der Gesellschaftstheorie gerne aufgegriffen wurde. Insbesondere eignet sie sich, ordnungsorientierte Sichtweisen des Sozialen abzubilden und zu transportieren, und wiederum ist es Spencer, der diesbezüglich als »Pionier« gelten kann (vgl. *Principles of Sociology;* insb. Band 1, Teil II sowie im Überblick Kellermann: *Kritik einer Soziologie der Ordnung).* Um die Systemmetapher herum hat sich im 20. Jahrhundert gar eine eigene soziologische Schule etabliert: die Systemtheorie. Ihre wichtigsten Vertreter sind Talcot Parsons und Niklas Luhmann.
Parsons baut im Rahmen seines (strukturell-funktionalen) Konzepts auf der Handlungstheorie auf und stellt dar, daß das Agieren auf bestimmte (soziale) Strukturmomente angewiesen ist, die die (individuellen) Handlungsorientierungen erst ermöglichen (vgl. z.B. *Toward a General Theory of Action).* Die System-Strukturen der modernen Gesellschaft sind dabei jedoch von Differenzierungen geprägt. Ziel der sozialen Differenzierung ist – gemäß der von Parsons analog zu Spencer eingenommenen evolutionistischen Perspektive – die immer bessere Anpassung an die Umweltverhältnisse. Die Umweltanpassung muß jedoch gemäß Parsons, wenn sie tatsächlich Vorteile erbringen soll, von einer Wertegeneralisierung begleitet werden – um die soziale Integration trotz der tendenziell »spaltenden« Differenzierungsprozesse zu gewährleisten (vgl. z.B. ders.: *The Social System* sowie *The System of Modern Societies).*
Auch hier ist also der aus dem Kontext der Körper- und Maschinenmetaphern bereits bekannte Gedanke der sozialen Einheit, die aus Unterteilungen/Glie-

dern gebildet wird, gegenwärtig. Zugleich ist ebenso ein hierarchisches Moment gegeben – indem von der Notwendigkeit zentraler Steuerung und von einer gleichermaßen erforderlichen vertikalen Schichtung von Gesellschaft ausgegangen wird (vgl. dazu auch Davis/Moore: *Some Principles of Stratification)*.

Interessanter und »zeitgemäßer« als der systemtheoretische Ansatz Parsons' ist die funktional-strukturelle Variante Luhmanns. Letzterer bezieht sich, insbesondere in seinen späteren Schriften, stark auf das kognitionstheoretische Modell des »Radikalen Konstruktivismus«, der den »Autopoiesis«-Gedanken, d.h. die Selbsthervorbringung von (Bewußtseins-)Systemen, in den Vordergrund rückt (vgl. Maturana/Varela: *Autopoiesis and Cognition)*. Analog dazu entwickelte Luhmann die Vorstellung sich selbst hervorbringender, autonomer, rein funktional (d.h. nicht hierarchisch) differenzierter sozialer (Sub-)Systeme, denen die Aufgabe zufällt, Umweltkomplexität – paradoxerweise gerade durch interne Komplexitätssteigerungen – zu reduzieren, und deren Operationsgrundlage ein je spezifischer binärer Code darstellt (vgl. z.B. *Die Gesellschaft der Gesellschaft)*.[43]

Luhmann denkt also von vorne herein nicht vom handelnden Subjekt, sondern von der Systemebene aus. Diese »ganzheitliche« (und doch zugleich ausklammernde) Perspektive liegt in der Semantik der Systemmetapher, und sie ist einer ihrer Vorzüge wie eine ihrer »Fallen«: Das Individuum mit seiner grundlegenden Ambivalenz, wird nämlich – da es sich systemtheoretisch nicht in seiner »Eigenheit« begreifen läßt und zwangsläufig Widersprüche provoziert – zur bloßen Systemumwelt degradiert (vgl. z.B. *Die Tücke des Subjekts)*. Luhmann beschränkt sich folglich auf die Betrachtung von entpersonalisierten Kommunikationszusammenhängen. Was bleibt ist der Beobachter (dieser Kommunikationsprozesse), doch jener stellt ebenso kein individuelles »Ich« dar, sondern ist vielmehr selbst immer der Beobachtung ausgesetzt und wird vor allem erst in der Kommunikation dieser Beobachtung – als beobachtetes Objekt – zum Teil des Ganzen, des Systems (vgl. z.B. *Die Wissenschaft der Gesellschaft;* S. 77ff.).

Auf diese Weise schreibt Luhmann vor dem Hintergrund der postmodernen Relativierung umfassender (moderner) Metaerzählungen an einer auto-po(i)etischen Metaerzählung des Systems. Der Systemtheoretiker distanziert sich sozusagen vom eigenen »Ich« und dem eigenen Standpunkt und spiegelt diesen in die überhöhte, damit gleichsam metaphysischen Charakter aufweisende Logik/Semantik des Systems – die allerdings natürlich erst in dieser metaphorischen Spiegelung konstruiert bzw. autopoietisch hervorgebracht wird. Zwar bemerkt Luhmann sehr richtig (und metaphorisch überaus aufschlußreich):

> »Es gibt nur Ratten im Labyrinth [des Systems], die einander beobachten und eben deshalb wohl zu Systemstrukturen, nie aber zu Konsens kommen können. Es gibt kein labyrinthfreies, kein kontextfreies Beobachten. Und selbstverständlich ist auch eine Theorie, die dieses beschreibt [nämlich die Systemtheorie], eine Rattentheorie.« (*Soziologische Aufklärung;* Band 4, S. 6).

Trotzdem figuriert der systemtheoretische Beobachter (Luhmann) gewissermaßen als »Rattenkönig« (vgl. auch Schulte: *Der blinde Fleck in Luhmanns Systemtheorie;* S. 201ff.). Denn er beobachtet die anderen, wie sie andere beobachten – und steht damit eine Stufe über ihnen. So nähert sich der Systemtheoretiker der Ebene des Systems zugleich symbolisch, epistemologisch und ontologisch an: beobachtend identifiziert er sich, verschmilzt er mit den – im Autopoiesisgedanken von ihrer machtpolitischen Bedingtheit »gereinigten« – System-Strukturen und partizipiert so an der höheren »Wahrheit« des Systems, das durch sein bloßes Funktionieren, aus sich selbst heraus, vollständig legitimiert erscheint. Diese Sicht erfordert freilich die konsequente Ausblendung der gewaltvollen, unterdrückerischen Aspekte der rekursiv festgeschriebenen Systemstrukturen, die auch die eigenen Freiheiten und Denkräume (durch die Notwendigkeit *abgrenzender* Differenzierungen) einschränken.

Eine solche, »metaphysisch-frei-schwebende« Beobachtung zweiter Ordnung als Reflexionsmodus der systemischen Vernunft verlangt aber nicht nur analytische »Akrobatik«, sie *zwingt*, der Macht ihrer Bildlichkeit und der Logik des Autopoiesis-Gedankens folgend, zu immer neuen, feineren Differenzierungen, die immer neue Widersprüche erzeugen, die wiederum mit neuen Grenzziehungen bekämpft werden müssen, um die »systemische« Ordnung nicht zu gefährden (vgl. auch Bauman: *Moderne und Ambivalenz;* S. 15ff.). Und sie stellt zudem eine – utopielose – »Kunst« im Dienst der Aktualität dar, die die Perspektive des Zentrums einnimmt und den peripheren Blickwinkel, die Ränder der Gesellschaft, »systematisch« ausklammert.

Der systemtheoretische Funktionalismus, geleitet vom Bild des (sozialen) Systems als einem reinen Funktionszusammenhang, leitstet damit der von Habermas ausgemachten Kolonialisierung der »Lebenswelt« durch die zweckrationale Vernunft Vorschub und kann in dieser Hinsicht als ein primär »sozialtechnologischer« Ansatz gelesen werden (vgl. *Theorie der Gesellschaft oder Sozialtechnologie?* sowie *Theorie des kommunikativen Handelns;* Band 1, S. 28 sowie Band 2, S. 449ff.).

Die funktional-strukturelle Systemtheorie Luhmanns wäre – so gedeutet – also das notwendig falsche (metaphorische) Bewußtsein einer Gesellschaft, die sich selbst als System begreift/symbolisiert und das kritische Subjekt eliminiert, in seine Strukturen verdinglichend aufgelöst hat, um seine/ihre »Funktionsfähigkeit« zu sichern. Die aufklärerische Erzählung der Autonomie des Subjekts wird derart ersetzt durch die funktionalistische Erzählung der Autonomie der Subsysteme. Der in der Systemmetapher zwar hoch komplex und interdependent gedachte soziale Raum wird dadurch aber gewissermaßen (um auf ein oben behandeltes Bild zurückzukommen) als eine nicht mehr zu steuernde und nicht mehr vom handelnden Individuum beeinflußbare, sich selbst reproduzierenden »Maschine« vorgestellt, die nur ihren eigenen Funktionsgesetzen gehorcht.

Dieses Bild weist zwar einerseits auf eine »reale«, aktuell durchaus gegebene Gefahr hin, und in diesem Bewußtsein liegt der potentielle heuristische »Gewinn« durch die in kritischem Anschluß an Luhmann ausgedeutete Systemmetapher. Allerdings droht andererseits, wenn man sich unreflektiert auf sie einläßt, die Identifizierung mit der »Kälte« dieses bloßen Funktionszusammenhangs. Auch können gegebene Hierarchien im Rahmen des Denkmodells eines autopoietischen, rein funktional differenzierten Sozialsystems nur schwer theoretisch gefaßt und damit kaum für eine Veränderung der gegebenen Aufteilungen des sozialen Raumes ins (soziale) Bewußtsein gerufen werden. In mancher Hinsicht bietet deshalb die auch in der Soziologie immer populärer werdende Netzwerkmetapher den weit vielversprechenderen metaphorischen Ansatzpunkt.

D) (»FLUIDE«) NETZ-WERKE

Das semantische Netz der Netzwerkmetapher »spinnt ein«, es fasziniert und hält einen gefangen, verwebt die verschiedensten Elemente miteinander – und ist dadurch nur schwer zu entwirren. Vielleicht hat die Netzwerkmetapher, d.h. die Beschreibung des sozialen Raums als ein netzwerkartiges Beziehungsgeflecht, deshalb bisher keine in ihrer theoretischen Konsistenz und »Dichte« mit der Systemtheorie vergleichbare soziologische Formulierung gefunden – obwohl sie an Popularität aktuell immer weiter zunimmt. Inspiriert ist das Bild des sozialen Netzwerks dabei in erster Linie vom physiologischen

Modell des neuronalen Netzwerks, aber auch durch elektronische Netzwerke – die ihrerseits (strukturell) am neuronalen biologischen Modell orientiert sind.

Eine klare Abgrenzung der Netzwerkmetapher zur Metapher des »System« ist allerdings kaum möglich. Vielmehr stellt das Netzwerk wohl eher einen bestimmten Typ von System dar, bei dem *alle Teile* des Netzwerk-/Systemzusammenhangs – direkt oder über Umwege – miteinander *verbunden* sind. Typisch für netzwerkartige »Systeme« ist ferner, daß diese, so wie sie überwiegend imaginiert und dargestellt werden, ständig im Fluß, in Veränderung und Reorganisation begriffen sind sowie horizontale bzw. dezentrale, nichthierarchische Strukturen aufweisen. Ihre (internen) Grenzen sind eher unklar, verwischt und diffus. Nach außen sind sie dagegen – zumindest im Fall von Informationsnetzen wie dem Internet – stark expansiv, sie wirken umfassend, vereinnahmend, und steigern durch ihre elektronisch »kurzgeschlossenen« Leiterbahnen die Geschwindigkeit und »Bandbreite« der lokalen wie globalen Austauschprozesse. Diese (vorgestellten) Eigenschaften werden auf das soziologische Gesellschafts-Bild des sozialen Netzwerks bzw. der »Netzwerkgesellschaft« metaphorisch übertragen. Die Metapher des sozialen Netzwerks kann somit gewissermaßen auch als eine adaptive Reaktion auf die, angesichts der aktuellen technologischen wie sozialen Transformationen, veraltete, weil zu »starre«, auf Grenzziehungen und Eindeutigkeit fixierte konventionelle Systemmetapher gedeutet werden (vgl. Messner: *The Network Society;* S. 147ff.).

Die Geschichte der Netzwerkmetapher in den Sozialwissenschaften ist entsprechend eher kurz. Vereinzelte Nachweise finden sich zwar schon in den 1950er und 1960er Jahren (vgl. z.B. Bott: *Family and Social Network* oder die Beiträge in Mitchell: *Social Networks in Urban Situations).* Wie schon aus den Titeln der angeführten Texte ersichtlich ist, bezog sich das Bild des sozialen Netzwerks damals jedoch überwiegend auf die Mikro-Netzwerke von Personen bzw. die Meso-Netze von sozialen Gruppen und Organisationen – also auf jene von Berhand Waldenfels auf philosophisch-hermeneutischer Ebene ins Blickfeld gerückten »Netze der Lebenswelt«.[44] Dies gilt zum großen Teil auch noch für die 1970er Jahre, wo die Netzwerkmetapher allerdings eine immense Popularisierung und Ausweitung erfuhr (vgl. z.B. die diversen Beiträge in Leinhardt: *Social Networks – A Developing Paradigm).* Denn nun wird immer deutlicher erkannt, daß der Netzwerkansatz – der schließlich ein besonderes Augenmerk auf die Interaktionen legt (vgl. hierzu auch Wellman: *Structural Analysis)* – offenbar ein überaus geeignetes Mittel darstellt,

die soziologische Mirkoanalyse mit der Makrotheorie zu verknüpfen (vgl. wegweisend Granovetter: *The Strength of Weak Ties)*.
Speziell in der soziologischen Handlungstheorie sowie in der Organisationssoziologie kann die Netzwerkanalyse deshalb mittlerweile als ein weitgehend etablierter Ansatz gelten, der auch stark empirisch ausgerichtet ist (vgl. beispielsweise Marsden/Friedkin: *Network Studies of Social Influence)*. Akteure werden in diesem Rahmen als hochgradig interdependente und nicht als autonom handelnde Einheiten begriffen, die »relational« miteinander verbunden sind, wobei die (interaktiv entstandenen) interpersonalen Schnittstellen als »Kanäle« für die fließenden Austauschprozesse im Netzwerk dienen (vgl. Wasserman/Faust: *Social Network Analysis;* S. 4ff.).
Parallel ist die Netzwerkmetapher jedoch auch in andere Bereiche der Gesellschaftstheorie vorgedrungen. In der Policy-Forschung etwa prägte John Burton 1972 mit seinem einflußreichen Buch *»World Society«* das Interdependenz-Paradigma, indem er dem Billard-Kugel-Modell der bis dahin dominierenden »realistischen« Schule, bei dem jeder Staat eine unabhängige, selbstbestimmte Einheit darstellt, sein Spinnweb-Modell entgegenstellte, das auf die wechselseitige Verknüpfung aller, insbesondere auch der nichtstaatlichen Akteure der internationalen Politik abhob. Und seit den 1980er Jahren ist das Netzwerkmodell in Form der »Aktor-Netzwerk-Theorie« auch überaus prominent in der Wissenschafts- und Techniksoziologie vertreten. In letzter Zeit besteht hier sogar immer mehr die Tendenz, dieses Technik-zentrierte Netzwerkmodell zu einem allgemeinen soziologischen Betrachtungsrahmen auszuweiten – weshalb sie im folgenden etwas ausführlicher ins Blickfeld geraten soll:
Primärer Anspruch war allerdings auch hier ursprünglich, eine Verbindung von Mikro- und Makroebene zu leisten. Zu diesem Zweck zielt man allerdings ganz umfassend auf eine »Dekonstruktion« der als künstlich angesehen Trennung von Natur und Gesellschaft, Technik und Wissenschaft, die nach Bruno Latour – neben Michel Callon und John Law ihr sicher wichtigster Vertreter – geradezu konstitutiv für die »Verfassung« Moderne war (vgl. *Wir sind nie modern gewesen;* Kap. 2). In unserer (post)postmodernen Welt der Hybride, der Verschmelzung von Mensch und Maschine, Gesellschaft und Technik – wie sie, in eher düsterer Ausmalung, auch Jean Baudrillard[45] oder, geradezu euphorisch, Donna Harraway konstatieren (siehe zurück zu S. 77) – wird diese Trennung nämlich zunehmend problematisch und verhindert eine adäquate Untersuchung des sozio-technischen Amalgams. Technik und Wissenschaft werden deshalb in der »Aktor-Netzwerk-Theorie« auch

nicht als vom sozialen Kontext abgekoppelte, eher periphere Felder betrachtet, sondern beide haben immense Ausstrahlung auf die gesamte Gesellschaft, sie sind »Politik mit anderen Mitteln« (Callon/Law/Rip: *How to Study the Force of Science;* S. 4).
Nach der Devise »follow the actors« versucht man, die Geheimnisse des »*Labory-Life*« (Latour/Woolgar 1979) zu ergründen – denn es ist die Praxis im Labor und nicht der »Elfenbeinturm«, wo wissenschaftliche und technische Umwälzungen ihren Anfang nehmen, die dann auf die gesamte Gesellschaft ausstrahlen: Es entstehen »techno-ökonomische Netzwerke«, die komplexe Interaktionssysteme darstellen, in denen verschiedenste Akteure und »Materialien« miteinander verwoben sind. Dabei wird zwischen humanen Akteuren und dinglichen »Aktanten«, welche ebenso konstitutiv für ein Netzwerk sein können wie der erfinderische Geist, kein qualitativer Unterschied gemacht; eine Unterscheidung erscheint unmöglich. Zudem können die gegenseitigen Verflechtungen so eng und durchdringend werden, daß irreversible Strukturen entstehen (vgl. Callon: *Techno-Economic Networks and Irreversibility).*
In diesem Zusammenhang gilt: In den Dingen und weniger in sozialen Verhältnissen nimmt Macht Form an und wird Macht (auf)bewahrt. Und so kommt Latour zu dem Schluß: »Domination is an effect not a cause.« *(Technology Is Society Made Durable;* S. 130) Er verdeutlicht diese Vorstellung u.a. am Beispiel »Hotelzimmerschlüssel«: Dem Wunsch der Hotelleitung nach Rückgabe des Schlüssels beim Verlassen des Hotels wird dadurch Nachdruck verliehen, daß ein Metallgewicht am ihm befestigt ist. Wäre dies anders, so würden die meisten Gäste den Schlüssel wahrscheinlich mitnehmen und ihn unter Umständen verlieren. Eine bloße Aufforderung zur Rückgabe genügt in der Regel nicht. Jeder Forderung, jedem Interesse, jedem »Programm« muß also »Gewicht« verliehen werden. Dies wird durch eine adäquate technologische »Übersetzung« des Programms erreicht. In diesem Fall ist es ein tatsächliches Gewicht. Die Entwicklung einer erfolgreichen Übersetzung hängt jedoch, auch gemäß Latour, von der Permanenz des Willens ab, das Programm durchzusetzen, sprich: den Schlüssel zurück zu bekommen (vgl. ebd.; S. 104–110).
Erklärungen nach Art dieses Beispiels können für Callon und Latour aber nur nutzbar gemacht werden, wenn die Trennung zwischen materieller Infrastruktur und sozialer Superstruktur aufgegeben wird (vgl. ebd.; S. 129). Es gilt also, den »großen Leviathan« auseinanderzuschrauben, um zu erkennen wie die (hybriden) Aktor-Netzwerke die soziale Wirklichkeit strukturieren (vgl. Callon/Latour: *Unscrewing the Big Leviathans)* – eine Sichtweise die

durchaus an Foucaults »Mikrophysik« der Macht erinnert, ebenso wie diese jedoch tendenziell in die Gefahr gerät, die unterdrückerische Seite der Macht auszublenden und statt dessen ihre produktive Seite hervorzukehren:[46] Macht wird zur Metapher des Realen, ja des Schöpferischen/Divinen.
Deutlich kritischer (und damit auch weniger meta-physisch) ist die Position von Law, der sich bewußt die Möglichkeit offenhalten will, Macht mit Ungleichheit und Ausbeutung zu identifizieren, und Macht deshalb als »relationale Größe« begreift, die durchaus auch in den (sozialen) Strukturen des Netzwerks repräsentiert ist (vgl. *Power, Discreation and Strategy*). Wird dagegen, wie bei Callon und Latour, Macht als bloßer Effekt der Vernetzung betrachtet, der in den Dingen seinen materiellen Niederschlag und Ausdruck findet, so wird es obsolet, wenn nicht unmöglich, dieser Macht etwas kritisch entgegenzustellen. Die materialistische Perspektive der »Aktor-Netzwerk-Theorie«, die ein besonderes Augenmerk auf die Welt der Dinge legt und so ein wohltuendes Gegengewicht zu rein konstruktivistischen Ansätzen in der Wissenschafts- und Techniksoziologie darstellt (vgl. als Beispeil etwa Collins: *An Empirical Relativist Programme in the Sociology of Scientific Knowledge*), kann also leicht zu einer Auslieferung, zu einer Entäußerung an die Faktizität sozio-technischer Strukturen führen.
Ebenso wie bei einigen Varianten der Maschinen-Metapher und wie im Rahmen von Luhmanns Systemtheorie scheinen sich die »Dinge« verselbständigt zu haben. Diesen billigt man schließlich als »Aktanten« gar eigenständige Akteursqualität zu: Das Bild der Mensch-Maschine wird durch das Bild des »Quasi-Subjekts« des Aktanten abgelöst.[47] So führt die durchaus kritische Vorstellung der dinglichen Verankerung der Macht im Netzwerk (die dem marxistischen Ansatz nahe steht) letztlich zu einer »verflüssigten« Sicht der Machtstrukturen – und damit gerade eben zu einer Verdinglichung der sozialen Verhältnisse. Man bleibt im Netz der real gesetzten eigenen Metapher des Aktanten gefangen, fixiert sich auf die technologischen Aktor-Netzwerke und vergißt darüber die »Netze der Lebenswelt«. Umso merkwürdiger nur, daß die interaktive Welt der elektronischen Netze, die immer weiter ausgreifen und diese Lebenswelt »kolonisieren«, aus dem Betrachtungsrahmen der Aktor-Netzwerk-Theorie bisher weitgehend ausgeklammert blieb.
Manuel Castells stellt sie in seinem Band »*The Rise of the Network Society*« (1996)[48] dagegen ins Zentrum seiner Betrachtung. Das Buch kann derzeit als einer der seltenen Versuche gelten, eine »große soziologische Erzählung« anhand der Netzwerk-Metapher zu schreiben, der dabei eine kritische

Perspektive bewahrt. Castells geht davon aus, daß die gesamte Gesellschaft durch die vernetzenden Technologien des modernen Informationszeitalters einen tiefgreifenden Wandel erfährt. Sie ist zu einer Netzwerkgesellschaft geworden, wobei den Bedürfnissen der Subjekte nach individueller Verwirklichung immer häufiger Anforderungen des technologisch transformierten Marktes und seiner virtualisierten wie flexibilisierten Ökonomie entgegenstehen (vgl. Prolog). Das hat Auswirkungen auf den sozialen Raum:

> »[...] as a historical trend, dominant functions and processes in the information age are increasingly organized around networks. Networks constitute the new social morphology of our societies and the diffusion of networking logic substantially modifies the operation and outcomes in processes of production, experience, power, and culture. While the networking form of social organization has existed in other times and spaces, the new information technology paradigm provides the material basis for its pervasive expansion throughout the entire social structure. Furthermore I would argue that this networking logic induces a social determination of a higher level than that of the specific social interests expressed through the networks: the power of flows take precedence over the flows of power. Presence or absence in the network and the dynamics of each network vis-à-vis others are critical sources of domination and change in our society: a society that, therefore, we may properly call network society [...]« (Ebd.; S. 467)

Zu diesem kritischen Resümee gelangt Castells, nachdem er die stattgefundenen wie die sich abzeichnenden ökonomischen und sozialen Folgen des (informations)technologischen Wandels einer detaillierten Analyse unterzogen hat (vgl. ebd.; Kap. 1–4). Als vielleicht dramatischste Konsequenz kann die immer weiter voranschreitende Medialisierung der kulturellen Sinnwelten gelten. Die soziale Realität wird in der Folge nämlich zunehmend symbolisch überformt, während analog die (digitale) Welt des Virtuellen zu einer (im Sinn Baudrillards: hyperrealen) Realität wird, wofür Castells den Begriff der »real virtuality« vorschlägt (vgl. ebd.; Kap. 5).[49] Denn die realen Orte (»space of places«) werden immer mehr von den globalen Kapital-, Informations-, und Bilder-Flüssen etc. (»space of flows«) infiltriert und – in ihrer Bedeutung – abgelöst (vgl. ebd.; Kap. 6). Diese Transformation der sozialen Räume hat gemäß Castells auch große Auswirkungen auf die Zeit(lichkeit) der Gesellschaft: Es kommt zu einem Zusammenbruch von Historizität, und es dominieren von Kurzfristigkeit und Simultanität geprägte Zeitregimes (vgl. ebd. Kap. 7).

Bei Castells erfolgt also eine überaus kritische Analyse der Morphologie der für die (post)moderne Gesellschaft grundlegenden informationstechnologischen Netze, die zwar dezentral aufgebaut sind, aber – über Ausschließungen und die Herausbildung von Kontenpunkten – trotzdem hierarchische Strukturen ermöglichen/bedingen (vgl. hierzu auch Sassen: *The Global City* sowie *Digital Networks and Power)*. Die »Offenheit« der Netzwerkmetapher wird hier also zur Thematisierung wahrgenommener einseitiger Vernetzungstendenzen genutzt. Was das heuristische Potential für eine theoretische, d.h. vor-stellende Exploration des sozialen Raumes ganz allgemein anbelangt, so erscheint das Bild des Netzwerks speziell zur Erfassung »fluider«, sich rasch ändernder sozialer Zusammenhänge um vieles geeigneter als z.B. die Systemmetapher, da es weniger »Statik« und Kontinuität impliziert. Eine diese Fluidität zu stark betonende (Netzwerk-)Sicht könnte allerdings umgekehrt dazu neigen, die Latenz »harter« Strukturen zu übersehen – selbst wenn die wahrgenommene Verflüssigung auch kritisch betrachtet wird (vgl. so Bauman: *Liquid Modernity)*. Kulturelle Muster, Machtverhältnisse, Gruppenbindungen etc. sind nämlich weit stabiler als es solche Konzepte suggerieren (vgl. auch Friese/Wagner: *Not all that is Solid Melts into Air)*.[50] Das so häufig dynamisch und interdependent vor-gestellte Netzwerk ist also vielleicht doch eher ein Netz das uns gefangen hält, uns einspinnt und umschlingt. Gerade in dieser Ambivalenz ist die Netzwerkmetapher tatsächlich aufschlußreich und »vielsagend«.

E) LANDSCHAFTS-BILDER

Landschaft umgibt uns. Wo wir auch sein mögen: Wir befinden uns immer *in* einer Landschaft – und stellen diese, sehend und »schaffend«, her. Man kann dabei selbstverständlich »wilde«, d.h. vom menschlichem Einfluß weitgehend »unberührte« Landschaften von stärker kulturell geformten und überformten Landschaften unterscheiden. Allerdings dürften erstere auf diesem Planeten nur noch selten anzutreffen sein und werden vor allem erst durch den »affizierenden« menschlichen Blick eigentlich zu einer Landschaft. Daneben gibt es technische Landschaften, wie Stahlwerke oder Hochhäuser, die fast nur aus Artefakten gebildet sind. Auch sie befinden sich jedoch in einem »natürlichen«, physikalisch-geologischen Raum. Einzig virtuelle Landschaften, die symbolisch generierten Szenarien des »Cyberspace« – in denen wir uns aber auch nicht »real«, sondern eben nur imaginär bewegen können –, dürfen als »reine« Artefakte gelten (vgl. zur Typologie dieser unterschiedlichen Landschaftsformen auch Jain: *Politik in der (Post-)Moderne;* S. 137). Land*schaften* – als *das vom Menschen geschaffene, geformte, bearbeitete, vor-gestellte Land* – sind also vielfältig und vielgestaltig, sie befinden sich ständig in einem Prozeß der symbolischen wie technologischen Konstruktion und Rekonstruktion (vgl. auch Bender: *Landscape – Meaning and Action;* S. 1ff.). Doch wie gesagt: So schnell die konkreten Landschaftsbilder auch im Lauf der Zeit und mit der räumlichen Bewegung wechseln mögen, immer ist eine – wie auch immer geartete – Landschaft uns um-gebend, und selten sind klare Grenzen auszumachen, die Übergänge erfolgen fließend. In der Landschaft verschränken und verweben sich Kultur und Natur, verdichten sich Raum und Zeit (vgl. auch Massey: *Politics and Space/Time).* Landschaft ist das morphologisch-kulturelle Medium, der »Träger« sozial-räumlicher Mobilität und historischen Wandels.[51]

Angesichts dieser raum-zeitlichen »Omnipräsenz« ist es verwunderlich, daß die Landschaft, zumindest in der (europäischen) Kunst, eine relative späte Entdeckung erfuhr. So bemerkt Mario Praz: »Es erscheint zwar seltsam, aber es brauchte Jahrhunderte, bis die Maler bemerkten, daß die Landschaft nicht nur als Kulisse für ein Schauspiel taugte, sondern selber und für sich allein ein Schauspiel sein konnte.« *(Der Garten der Sinne;* S. 223)

Folgt man Denis Cosgrove, so war diese (späte) Entdeckung der Landschaft allerdings nicht zufällig: Cosgrove stellt zunächst – weitgehend analog zu den oben von mir gemachten Bemerkungen – heraus, daß Landschaft ein Konzept mit vielfältigen Bedeutungsebenen ist, das nicht nur die bloße Oberflächengestalt der Erde betrifft, sondern auch kulturell-symbolische Momente beinhaltet. Landschaft ist eine Weise, die Welt zu betrachten, sie ist ein soziales Produkt, ein Ergebnis der kollektiven menschlichen Umformung von Natur. Durch diese Verschränkung von symbolischen und materiellen Elementen ist Landschaft aber – ganz im Sinn von Althusser (vgl. *Ideologie und ideologische Staatsapparate;* S. 147) – ein potentiell hochgradig ideologisches Konzept:[52]

> »It represents a way in which certain classes of people have signified themselves and their world through their imagined relationship with nature, and through which they have underlined and communicated their own social role and that of others with respect to external nature.« (*Social Formation and Symbolic Landscape;* S. 15)

Landschaft, wie wir sie heute sehen, verstehen und empfinden, ist also immer der Ausdruck einer spezifischen historischen und vom sozio-kulturellen

Standort bestimmten Perspektive. Entsprechend hat sich das Bild und die Bedeutung, die wir Landschaft beimessen, im Einklang mit der ökonomisch-technischen Entwicklung im Kapitalismus herausgebildet. Das gilt auch für die Landschaftsmalerei, denn diese drückt eine Haltung aus, die in zweifacher Weise die kapitalistische Dynamik spiegelt:

Im Blick des Landschaftsmalers, der die Landschaft gewissermaßen von außen, aus einer »entrückten« und damit entfremdeten wie entfremdenden Perspektive betrachtet, wird Landschaft zum Objekt der visuellen Kontrolle, sie wird verdinglicht und dient der ästhetischen Konsumption (vgl. ebd.; S. 22ff.). Das beinhaltet jedoch gleichzeitig eine idealisierende Überhöhung der Landschaft, verbunden mit einem romantischen »Affekt«. Je mehr nämlich die Landschaft selbst zur Ware wird und sich ihr Wert zunehmend nach produktionstechnischen Kriterien richtet (vgl. auch ebd.; Kap. 2),[53] je mehr sie also ihr bekanntes (retrospektiv geschöntes) Gesicht verliert, sich in technischen Landschaften auflöst und mit ihnen vermischt, muß die Malerei das Bedürfnis nach Idylle befriedigen. Sie re-projiziert die idealisierten Landschaftsbilder des Publikums auf die Leinwand – weil die Maler selbst diesem Ideal nachhängen und um den Erfordernissen des (Kunst-)Marktes gerecht zu werden.

Erst mit dem wahrgenommen (und durch Industrialisierung, Verstädterung etc. selbst verursachten) Verschwinden einer Landschaftsformation, an die man sich gewöhnt hatte, wird Landschaft also als ästhetisches Sujet entdeckt – freilich unter einem totalisierenden, »panoptischen« Blickwinkel (vgl. hierzu zusammenfassend auch Thomas: *The Politics of Vision).* Landschaft, die uns umgebende Um-Welt, ist folglich von ihrem sozialen Kontext nicht zu trennen, und dieses Bewußtsein ist, wie die zitierten Texte beweisen, im Rahmen der von den »Cultural Studies« geprägten (britischen) Raumwissenschaften äußerst wach. Wie kommt es aber, daß umgekehrt – obwohl im allgemeinen Sprachgebrauch durchaus verbreitet – die Soziologie das (räumliche) Bild der Landschaft noch kaum für ihre Beschreibung der sozialen Sphäre entdeckt hat?[54]

Castells beispielsweise spricht eher beiläufig von einer »Transformation der sozialen Landschaft« (vgl. *The Rise of the Network Society;* S. 1) und konzentriert sich auf die Netzwerkmetapher (siehe oben). Ebenfalls eher beiläufig taucht die Metapher der (sozialen) Landschaft(en) bei Appadurai auf, der betont, daß die globale kulturelle Ökonomie als komplexes, überlappendes, doch weitgehend unverbundenes Gefüge verstanden werden muß, so daß wir es aktuell mit separierten Strömen kultureller Flüsse – »ethnoscapes«,

»mediascapes«, »technoscapes«, »financescapes« und »ideoscapes« – zu tun haben:

> »These landscapes [...], are the building blocks of what, extending benedict Anderson, I would like to call ›imagined worlds‹ [...]« (S. 296)

Martin Albrow schließt an Appadurai an und begreift die (interaktiv konstruierte) lokale Lebenswelt der Menschen als »socioscape«, als soziale Landschaft:

> »Like a landscape the parts fit together, are viewed differently depending on one's position and interests, even provide an aesthetic experience, but the principles holding it together depend on factors far beyond the gaze of the beholder. Just as in landscape, rules of composition govern the distance between and integrity of its elements, so in the socioscape rules of everyday living [...] govern the comings and goings of its occupants.« *(The Global Age;* S. 157f.)

Albrow nutzt hier, anders als Appadurai, das heuristische Potential der Landschaftsmetapher für seine Konzeptionalisierung des sozialen (Alltags-)Raumes – bleibt jedoch leider an der Oberfläche des Bilds haften. Einen Schritt weiter geht Bernhard Waldenfels: Mit seinen (vorgestellten) »Gängen durch die Landschaft« der Alltagswelt bezweckt er eine *kritische* Erkundung der gegebenen (Um-)Welt, unserer lebensweltlichen Netze (siehe auch oben) – und wie hier deutlich wird, schließen sich die Metaphern der Landschaft und des Netzwerks nicht gegenseitig aus, sondern könn(t)en sich ergänzen. Doch wie gelingt es konkret, die soziale Landschaft zu erschließen? Dies kann gemäß Waldenfels weder durch einen rein ästhetisch-betrachtenden (und damit zugleich immer auch auf ästhetische *Konsumption* gerichteten), noch durch einen geographischen, rein auf »Vermessung« zielenden Landschaftszugang gelingen. Seinem phänomenologisch inspirierten Ansatz entsprechend, begreift Waldenfels Landschaft vielmehr als einen gelebten (sozialen) Raum, den es leiblich, »gehend«, zu erkunden gilt *(In den Netzen der Lebenswelt;* S. 179ff.). Die sozialen Landschaften und ihre Strukturen erschließen sich also nicht aus der bloßen (theoretisch-abstrakten) Betrachtung heraus oder durch vermessende Kartierungen, sondern nur aus der konkreten Erfahrung ihrer Dimensionen, ihrer Grenzen, ihrer Höhen, ihrer Tiefen.

Wie auch Albrow betont Waldenfels dabei die Perspektivität des jeweiligen Zu-Gangs. Das be-schreitend entstandene, somit »individuell zentrierte«

Landschaftsbild könnte aus einem anderen Blickwinkel betrachtet »dezentriert«, d.h. peripher und abwegig, erscheinen. Die Lösung dieses Dilemmas wird nach Waldenfels erst durch eine perspektivische Polyzentrik möglich, »durch eine simultane Gegenwart, in der verschiedene Hiers sich überlagern« (ebd.; S. 188). Das Bild der sozialen Landschaften darf also niemals eindimensional, aus nur einer Perspektive, gezeichnet werden, denn das wäre eine Verzerrung des (sozialen) Raumes, sondern muß, so schwer es fällt, verschiedene Perspektiven integrieren können, die eventuell auch in Widerspruch zueinander stehen. Allzu leicht gerät eine solche polyzentrische Sichtweise jedoch in die Nähe der »Pathologie« bzw. der Ideologie – wenn die Verankerung im gelebten Raum, d.h. der materiellen Umwelt, (durch abstrahierende Integration) entschwindet und ein diffuses Bild entsteht, das alles und nichts darstellt (vgl. auch ebd.; S. 189).

Gerade weil solche Überlegungen so anregend für eine analytische wie empirische Erkundung des sozialen Raumes wären, gilt es allerdings nochmals zu fragen: Warum haben bisher nur so wenige sozialwissenschaftliche Ansätze und Autoren das Potential der Landschaftsmetapher für sich genutzt oder sind nur oberflächlich auf das Bild der Landschaft eingegangen? Ist die Landschaftsmetapher etwa zu »abseitig« für eine soziologische Betrachtung? Dieser Auffassung ist meines Erachtens zu widersprechen: Die Sozialwissenschaften haben, als »Gefangene« ihrer etablierten Bilder und Begrifflichkeiten, das heuristische Potential der Landschaftsmetapher bisher nur noch nicht voll erkannt und ausgelotet. Die immer größere »reale« Bedeutung der räumlichen Logik wird der Metapher der Landschaft (sowie anderen »räumlichen« Bildern von Gesellschaft) jedoch geradezu zwangsläufig Auftrieb verleihen. Denn: Raum hat im Kontext des Sozialen nicht nur eine metaphorische Relevanz, sondern er ist Medium und maßgebliches strukturelles Element gesellschaftlicher Prozesse. Soziale Handlungen finden *statt* – oder wie es im Englischen (eben)so aufschlußreich heißt: »they take place« (vgl. so auch Gregory: *Geographical Imaginations;* S. 5)

Diese »banale« Raumdimension des Handelns und des Sozialen wurde selbstverständlich von den »Klassikern« der Soziologie von Simmel (vgl. *Soziologie des Raumes)* bis Giddens (vgl. *Die Konstitution der Gesellschaft;* insb. Kap. 3) entsprechend gewürdigt. Allerdings wird bisher noch kaum wahrgenommen, daß räumliche Konzepte zu einer neuen, weiterführenden Betrachtungsweise beitragen könnten. Denn angesichts des aktuellen Zusammenbruchs der Zeitlichkeit, der Ablösung des historischen Denkens durch einen postmodernen Historismus, tritt die Raumdimension in den Vordergrund, und so gilt für Fredrik Jameson: »Ein unserer Situation angemessenes Modell der politischen Kultur muß [...] die *Frage des Raumes* zur wichtigsten Problemstellung machen.« *(Postmoderne – Zur Logik der Kultur im Spätkapitalismus;* S. 96)[55] Der aktuelle (kulturelle) Raum ist jedoch stark fragmentiert, und so ist für Jameson eine *symbolische »Kartographie«*, ein *»cognitive mapping«*, erforderlich, um die »Orientierungsfähigkeit« wieder zu erlangen (vgl. auch ebd.; S. 98ff.). Das impliziert zwar immer die Gefahr, in die latenten Fallen der räumlichen Logik zu tappen, Raum als absolute, physikalische, von sozialen Prozessen losgelöste Entität zu begreifen – was lange Zeit verhinderte, daß die räumliche Matrix des Sozialen erschlossen werden konnte (vgl. hierzu z.B. Läpple: *Gesellschaftszentriertes Raumkonzept* sowie Barnes: *Reading the Texts of Theoretical Economic Geography).*[56] Optimistisch bemerkt allerdings Greogy zu einem solchen Anliegen:

> »For my part, I believe it is possible to use images of maps, landscapes, and spaces *and also* images of location, position, and geometry in ways that challenge the Archimedian view of knowledge [...]« *(Geographical Imaginations;* S. 7)

Es gilt also nicht nur, die sozialen Landschaften und ihre Symbolwelten, ihren – politischen – (Sub-)Text, kritisch zu entschlüsseln (vgl. auch Duncan/Duncan: *Ideology and Bliss)*, sondern das Bild der Landschaft, in Kombination mit anderen Raum-Bildern, für eine (nicht bloß vermessende) »Karthographie« und »Morphologie« des sozialen Raumes kreativ zu nutzen. Das Bild der Landschaft erschließt der gesellschaftlichen Analyse die Dimension des Raumes – und zwar ohne die zeitliche Perspektive auszublenden. Die Metapher der sozialen Landschaft soll deshalb hier als initiale Metapher dienen, und zum Zweck ihrer Detaillierung und Verdichtung wird im folgenden versucht werden, anhand des Bilds der Landschaft eine metaphorische Historie des sozialen Raums skizzenhaft zu entwerfen.

2. Detaillierung und Verdichtung: Eine historische Deklination der (initialen) Landschaftsmetapher[57]

Betrachten wir also den sozialen Raum hier – versuchsweise – als Landschaft, um den räumlichen Charakter des Sozialen und die zunehmende soziale Relevanz von Raumkategorien (bildlich) darzulegen sowie um zugleich diesen sozialen (Landschafts-)Raum einzubetten in seinen historischen Kontext. Denn in der Landschaft verschränken sich, wie oben ausgeführt wurde, Kultur und Natur. In ihr manifestiert und kondensiert sich Zeit als Geschichte: eine Geschichte, die sich deshalb (ver-dichtend) wiederum durch das Bild der Landschaft und ihrer Formationen betrachten läßt, um in einem zweiten Schritt – rück-blickend, zurückgespiegelt auf den Ausgangsgedanken – eventuell zu einem deutlicheren Verständnis der vorausgesetzten (aktuellen) sozialen Bedeutung des Raumes zu gelangen.

Auch hierbei kann man freilich an vorhandene Beschreibungsversuche anknüpfen. Ernest Gellner etwa unterscheidet im Rahmen seiner Annäherung an die Epoche des modernen Nationalismus bildlich zwischen »wilden« Kulturen und Garten-Kulturen. Erstere »wachsen und reproduzieren sich spontan, […] ohne bewußten Entwurf, ohne Überwachung, Aufsicht oder besondere Nahrung. Kultivierte oder Garten-Kulturen sind anders […] Sie besitzen eine Komplexität und einen Reichtum, der in den meisten Fällen durch Schriftkunde und spezialisiertes Personal aufrecht erhalten wird […]« (*Nationalismus und Moderne;* S. 78f.) Der Garten, das Feld der Moderne, muß also (fachgerecht) bestellt werden. Und die »kultivierte« Gartenlandschaft der modernen Gesellschaft, die sich von den wilden, »natürlichen« Landschaften vergangener Zeiten klar abgrenzen läßt, benötigt ebenso Schutz. Diese Schutzfunktion hat der moderne Nationalstaat mit seinen Institutionen übernommen (vgl. ebd.; S. 80).

Von einem ähnlichen Bild geleitet und gestützt auf eine Vielzahl historischer Materialien spricht Zygmunt Bauman von den »gärtnerischen Ambitionen der Moderne«. Er weist auf, daß es den Sozialtechnologen der Moderne primär um die Herstellung und die Aufrechterhaltung von Ordnung ging. Alles, was diese Ordnung gefährdete, mußte bekämpft werden. Man unterschied dabei zwischen nützlichen und schädlichen Elementen, und das wiederum geschah radikal und rücksichtslos – wie sich anhand der stalinistischen Versuche zur Durchsetzung einer »vollkommenen« kommunistischen Gesellschaft ebenso wie am Beispiel der nationalsozialistischen Bemühungen zur Reinerhaltung der fiktiven »arischen Rasse« zeigen läßt (vgl. *Moderne und Ambivalenz;* S. 40ff. sowie S. 55ff.). Differenzen und raum-zeitliche Koordinaten für kollektive Identitäten und Lebensmuster wurden geschaffen, um die angestrebte Ordnung, die die Fiktion einer basalen Sicherheit erzeugte, zu zementieren und um die Folgen von Freisetzungs- und Individualisierungsschüben, die die Moderne begleiteten, immer wieder aufzufangen. Die sozialen Landschaften der Moderne waren also durch ein hohes Maß an Abgeschlossenheit gekennzeichnet, so daß sich von einem »Container-Modell« des Staates und der Gesellschaft sprechen läßt (vgl. auch Giddens: *The Nation State and Violence* sowie Taylor: *The State as a Container).*

Was außerhalb der eher willkürlich gezogenen Grenzen und Koordinatensysteme lag, erschien bedrohlich. Hinter den Bemühungen zur Herstellung und Aufrechterhaltung von Ordnung stand, um nochmals auf Bauman zurückzukommen, die tief sitzende Angst vor Uneindeutigkeit und Ambivalenz (vgl. *Moderne und Ambivalenz;* S. 13–32). Nicht zufällig drängt sich deshalb spontan ein ganz spezifisches Landschafts-Bild auf, das wohl auch den Gedanken von Gellner und Bauman zugrunde lag: Der Renaissance-Garten mit seiner strengen Geometrie ist die Verkörperung der Verfeinerung wie der Gewalt der modernen Kultur, denn um den gärtnerischen Vorstellungen zu entsprechen, wurden die Pflanzen zurechtgestutzt und beschnitten – genauso wie in der bürgerlichen Gesellschaft von den Individuen ein hohes Maß an Anpassung an die Standards der Zivilisation erwartet wurde und wird (vgl. auch Elias: *Über den Prozeß der Zivilisation).*

Die Gewalt ist im Garten der Renaissance – wie im Fall des höfischen Rituals, das die angestrebte Herrschaft über die widerstrebenden Affekte subtil in elegante »Umgangsformen« (ver)kleidete und der bürgerlichen Kultur zum Vorbild diente – freilich in Ästhetik »aufgehoben«: eine »kon*forme*« Schönheit. Gerade diese zurechtgestutzte Wohlgestalt des Gartens war freilich häufig die Kulisse für weniger zwanghafte, »artifizielle« Praktiken: Der Renaissance-Garten symbolisierte und inszenierte eine dionysische Kraft und Sinneslust, er diente als Kulisse romantischer Eskapaden und sexueller Hingabe – allerdings nur für eine elitäre Adels- und Patrizier-Schicht (vgl. auch Praz: *Der Garten der Sinne;* S. 231ff.).[58] Der Garten als »Freiraum« für den lustvollen Exzess, der im paradoxen Kontrast zur strengen gärtnerischen Formgebung steht, beruhte also hier immer auf einer zweifachen Gewalt: nämlich der ökonomischen Ausbeutung und feudalen Gewalt, welche die finanziellen Ressourcen für die Prachtentfaltung der Schlösser und Villen sicherte, und der kulturellen Gewalt, die sich in der Domestizierung der umgebenden Natur manifestierte.

Im Rahmen dieser Dialektik von Ästhetik und Sinneslust sowie beschneidendem Zwang entstand in der Renaissance – in Rückbesinnung auf die Antike, aber auch durch die Einflüsse islamischer Kultur – eine neue Form des Gartens (vgl. auch Clifford: *Geschichte der Gartenkunst;* S. 12ff. und S. 92ff.).[59] Der Garten »emanzipierte« sich von seinem »ursprünglichen« Zweck, er wurde von allen Aspekten unmittelbarer Nützlichkeit »gereinigt«. Dies entsprach einerseits der schon angesprochenen Tendenz der modernen Ordnung, keinerlei Mischformen zu dulden und scharfe (funktionale) Trennungen zu konstruieren. Der Nutzaspekt wurde folglich aus dem Garten verbannt und ganz in die landwirtschaftliche Sphäre verlagert (siehe auch unten); er sollte nur noch ein »exklusiver« Ort der Schönheit sein und wurde zugleich immer ausgreifender in seinen Dimensionen. Denn der Garten der Renaissance erfüllte seinen Zweck gerade, indem er (scheinbar) nutzlos war. Man kann hier eine Parallele zum »demonstrativen Konsum« (Veblen) und Müßiggang des Adels und der reichen Kaufleute sehen: Je unnützer und größer der Garten war, desto höher war nicht nur der sinnlich-ästhetische Wert, sondern auch sein Repräsentationswert. Solche »Raumverschwendung« wurde freilich erst möglich, nachdem ein gewisses ökonomisches Niveau (wieder) erreicht war (vgl. hierzu auch ebd.; S. 13).

Der Renaissance-Garten ist aber nicht nur in diesem Sinn »Herrschaftsinstrument«, sondern in der intensiven, planvollen Gestaltung der Landschaft und der Pflanzen, drückt sich der ganz allgemeine neue Herrschaftsanspruch des Menschen über die Natur aus. Denn der Garten der Renaissance soll in idealisierter Form die (göttliche) Ordnung wiederspiegeln: In ihm enthüllt sich das Unsichtbare, die Gesetze der Natur bringen sich durch die planerische Hand des Gärtners an den Tag, der weniger bloßer Handwerker, als vielmehr seinem Selbstverständnis nach Künstler ist – ein Künstler allerdings, der sich bei seiner Gestaltungsarbeit stark an geometrische Muster anlehnt, d.h. es dominieren Ensembles mit quadratischer und rechteckiger Grundform, variiert mit kreisförmigen Elementen und Segmenten. Ein typisches, diese strenge Geometrie tendenziell sprengendes Element ist aber auch das Hecken-Labyrinth. Es symbolisiert die (noch immer) versteckten Geheimnisse, das latente Chaos, die Verwirrung in der Ordnung (die allerdings ebenso geplant ist und durch Vernunft und Orientierungssinn überwunden werden kann). Derart kam es, wie Claudia Lazzaro ausführt (vgl. *The Italian Renaissance Garden),* zu einem »Dialog« zwischen Kunst und Natur – wobei allerdings, wie man wohl einschränken muß, die Natur der Kunst deutlich untergeordnet war.

Dieses »künstliche«, architektonische Modell des Gartens zog sich fort bis in die Zeit des Barock und darüber hinaus – ja, es steigerte sich noch: Die (feudalen) Gärten wurden noch großzügiger, die ursprünglich gegebene relative Vielfalt der Formen wich weiter zunehmender Strenge und einer klaren Hierarchie der Ensembles, und es erfolgte eine immer stärkere Gestaltung auch der Topographie unter der Einbeziehung von Teichen und Wasserspielen (vgl. Hennebo/Hoffmann: *Der architektonische Garten;* S. 129ff.). Es handelte sich, alles in allem, um ein neues, aktiv »gestalterisches« Verhältnis zwischen Mensch und Natur, das im Garten der Renaissance und des Barock zum Ausdruck kam (vgl. im Überblick Hansmann: *Gartenkunst der Renaissance und des Barock).* Dieses entsprach auch einer neuen sozial-politischen »Formation«: Auf der Grundlage eines sich herauskristallisierenden »individuellen« Selbstbewußtseins (vgl. auch Burkhard: *Die Kultur der Renaissance in Italien),* machte man sich langsam ebenso an die Umgestaltung der alten politischen Ordnung. Die Organisationsform des modernen, zentral gelenkten (bürgerlichen) Staates war im Entstehen (siehe oben) – noch freilich unter der Oberherrschaft eines (absoluten) Fürsten. Doch was war davor, und was kam danach? Und wie äußerte sich das Verhältnis von Mensch und Natur im Garten?

Das Modell des architektonischen Gartens der Renaissance und des Barock unterschied sich stark von vergangenen Formen. Denn im Mittelalter war der Garten (noch) nicht primär ästhetisches Kunstwerk, sondern Schönheit verband sich mit Funktion.[60] Dies zeigt sich ganz besonders an den weit verbreiteten Apotheker- und den Bauerngärten. Angebaut wurden hier nicht nur Ziergewächse und Blumen, sondern auch eine Vielzahl von Nutzpflanzen (wie Obst oder Gemüse) sowie (Heil-)Kräuter (vgl. z.B. Hohenberger: *Der Bauerngarten im Wandel der Zeiten).*

(Rück-)Bezogen auf den gesellschaftlichen Rahmen könnte dieses Bild des Gartens bedeuten, daß eine klare Trennung der Lebenssphären, wie sie für die moderne Gesellschaft typisch ist, offenbar noch nicht gegeben war. Allerdings: Wie so oft, haben wir es bei dieser historischen Entwicklung keineswegs mit einem radikalen Bruch, sondern mit einem Übergang in vielen Zwischenschritten zu tun. Zudem kann kein einheitliches Bild des mittelalterlichen Gartens gezeichnet werden, verschiedenste Formen existierten parallel: Neben Bauerngärten gab es Klostergärten (die oft als paradigmatische Beispiele herangezogen werden), aber auch ritterlich-höfische Lustgärten und bürgerliche Hausgärten. Gemeinsam ist ihnen allenfalls die meist quadratische Grundform und die Umfriedung durch Mauern (vgl. Silvia

Landsberg: *The Medieval Garden* sowie Mayer-Tasch/Mayerhofer: *Hinter Mauern ein Paradies).*

Ganz besonders gilt es auch zu beachten, daß die Quellenlage bezüglich der mittelalterlichen Gärten äußerst dürftig ist.[61] Genaue Angaben fehlen zumeist, vieles läßt sich nur anhand von idealisierten künstlerischen Abbildungen und literarischen Quellen rekonstruieren, die »naturgemäß« andere Absichten verfolgten, als eine exakte Beschreibung von Gartenformationen (vgl. Hennebo: *Gärten des Mittelalters;* S. 7f.). So lassen sich nur grobe Typen rekonstruieren, aber man kann immerhin verschiedene Perioden ausmachen: Im frühen Mittelalter, mit seiner stark agrarisch geprägten Feudalgesellschaft, existierte kaum eine Gartenkultur jenseits des bloßen Nutzgartens. Und die wenigen höfischen Gärten orientierten sich an (spät)antiken Vorbildern. Eine besondere Stellung nahm der Klostergarten ein: Hier war neben Nutzen und Ästhetik auch der kontemplative Aspekt von Bedeutung, der in anderen Kulturen, so z.B. im Iran und in Ägypten, schon immer zentral war. Der Klostergarten sollte Erinnerung an das (verlorene) Paradies sein. Allerdings herrschte in diesem Paradies weniger ursprüngliche »Wildheit«, als vielmehr durchaus bereits große Ordnung – rechteckige Strukturen mit Beeten dominierten. Und die angepflanzten Blumen besaßen jenseits ihrer Blütenpracht eine tiefere (»jenseitige«) Symbolik. Sie verkörperten die Reinheit und die Schönheit des Göttlichen (vgl. ebd. Kap. 3 sowie Mayer-Tasch/Mayerhofer: *Hinter Mauern ein Paradies;* S. 28ff).

In der ritterlichen Gesellschaft des Hochmittelalters kam dann jedoch ein stärker autonomes ästhetisches Moment zum Tragen, und auch das Bürgertum leistete sich zunehmend kleinere »Lustgärten«, zumeist in Gebäude-Innenhöfen angelegt – eine Tendenz, die sich im Übergang zur Neuzeit verstärkte und die sozialen wie kulturellen Umbrüche dieser Zeit (die zivilisatorische »Verfeinerung«, den ökonomischen Aufschwung durch Fernhandel, das Entstehen einer urbanen bürgerlichen Kultur etc.) spiegelte. Auch hier handelte es sich allerdings um keinen linearen Prozeß, sondern wir haben es mit einer wechselvollen, uneinheitlichen Bewegung zu tun, und immer existierten beide Elemente zugleich. (Vgl. ebd. 45ff. sowie Hennebo: *Gärten des Mittelalters;* Kap. 4ff.).

Wenn man also davon ausgeht, daß sich ab dem späten Mittelalter, spätestens aber mit der Renaissance, eine deutliche Tendenz zur Ästhetisierung und zur Geometrisierung abzeichnete, die sich im weiteren Verlauf noch steigerte, so ist es tatsächlich gerechtfertigt, angesichts jener Entwicklung, die sich zu Beginn des 18. Jahrhunderts anbahnte, von einer »großen Gartenrevolution«

(Clifford) zu sprechen. Es war keine Gegenrevolution, die zurückkehrte zum alten Modell des bloßen Nutzgartens, sondern tatsächliche eine radikale Umwälzung. Denn in England entwarf man damals den *Landschafts*garten als neues Modell. Der Landschaftsgarten versucht, die direkt erfahrbare Künstlichkeit und Geometrie des architektonischen Gartens durch die Illusion von »unberührter« Landschaft zu überwinden – und erzeugt damit eine Gartenformation, die man in Anlehnung an Christopher Thacker auch »totale Landschaft« nennen könnte (vgl. *The History of Garden;* S. 209ff.). Diese »Totalität« des Landschaftsgartens hat vor allem mit einer neuen, starken Sehnsucht nach »Natürlichkeit« zu tun, die im Spannungsfeld zwischen Arkadia und Utopia steht (vgl. Buttlar: *Der Landschaftsgarten;* S 18ff.). Die Kraft und Ästhetik des »Ursprünglichen« und des »Wilden« wird entdeckt – je weiter seine Eliminierung voranschreitet. Noch handelt es sich allerdings eher um eine antizipierende Suchbewegung, noch gibt es die weitgehend »unberührte« Natur. Und so bemerkt Jane Brown (welche jedoch, angesichts der auch damals schon viele Jahrhunderte währenden Eingriffe in die Formierung der Landschaft, durchaus in umgekehrter Richtung ein wenig übertreibt):

> »The eighteenth century opened on an English countryside innocent of fashion. The word ›landscape‹ had not yet entered the language. No shadow of taste had been cast over the natural greenery; there was still a great and widespread fear of the dark woods and tracts of pathless wastes, where one could become lost [...] and nature was to be feared, respected and conquered, never courted and embraced.« *(The Art and Architecture of English Gardens;* S. 40)

Trotz solcher Furcht vor der ungebändigten »Natürlichkeit« kam es damals, wie bereits erläutert (siehe S. 89), zur »Entdeckung der Landschaft« in der Malerei, die mit einer Idealisierung von Natur einher ging. Das hat sicher einiges mit der zunehmenden Verstädterung zu tun (vgl. hierzu z.B. Knittler: *Die europäische Stadt in der frühen Neuzeit;* S. 23ff.), spiegelt aber auch eine allgemeine Zeitströmung. Nicht zufällig konnte nämlich Rousseau, der im (rasanten) kulturellen Fortschritt eher Verfall erkannte (vgl. *Über Kunst und Wissenschaft),* mit seinen kulturkritischen Schriften großen Beifall ernten.[62] In der Folge dieser Zeitströmung orientierten sich die herrschaftlichen Gärten in England immer weniger am italienischen und französischen Vorbild des in hohem Maße »künstlichen« architektonischen Gartens. Vielmehr setzte man auf die Nachempfindung von »Natur« – was die neue Profession des Landschaftsarchitekten und -gärtners hervorbrachte, der den Garten nach einem »pittoresken« Naturbild gestaltete (vgl. auch ebd.; S. 41f. sowie Watkin: *The English Vision)*. Die schon damals laut werdende Forderung nach einem »Zurück zur Natur« manifestierte sich also ebenso im Bereich des Gartens. Natur wird – besonders in den ausufernden Städten immer mehr zur »Mangelware« geworden – zu einem begehrten Gut, das man mit einer neuen Sensibilität betrachtete. Deutlich kommt dieser Affekt in folgender Gedichtstrophe zum Ausdruck:

»Fontänen und Grotten durch Zwang geboren,
Die lieblichen Felder vergessen und verloren,
Wo in freigibiger Natur allen lacht
Der Glanz und Duft unberührter Pracht«
(Andrew Marvell: *The Mower – Against Gardens*
[zitiert nach Clifford: *Geschichte der Gartenkunst;* S. 280])

Die aufkommende Natursehnsucht sorgte dafür, daß der Landschaftsgarten von England aus einen Siegeszug antrat und sich als dominantes Modell vor allem auch in Deutschland verbreitete.[63] Genauer betrachtet hob er allerdings das Prinzip der »Künstlichkeit« nur auf eine neue Stufe: Die Idee des »Landschaftsgartens«, ist – wenn man so will – der erste Versuch einer *hyperrealen Simulation* von Natur. Der Landschaftsgarten als »Inszenierte Natur« (Gaier) muß seine hochgradige Künstlichkeit und professionelle Planung verschleiern, muß, obwohl Artefakt, den Anschein des Natürlichen erwecken, um sein (ästhetisches) Ziel zu erfüllen (vgl. auch Böhme/Böhme: *Das Andere der Vernunft;* S. 45ff.).

Die Gewalt, die den Pflanzen, der Natur widerfährt, wird unsichtbar gemacht, indem man ihre »ursprüngliche« Ästhetik in pittoresker Form in Szene setzt, und sie wird gleichzeitig zu kompensieren versucht, indem man ihr einen künstlichen Raum verschafft. Die »unsichtbare Hand« des gestaltenden und planenden Landschaftsgärtners stellt also letztlich sogar eine weit perfidere Gewalt dar, als etwa die des Holzfällers, denn sie ist einerseits nur noch schwer wahrzunehmen und beansprucht zudem, Natur gerecht zu werden, ihr Raum zu geben – überträgt allerdings lediglich eine idealisiertes Bild von Natur auf ihren Gestaltungsgegenstand.

Diese Unsichtbarmachung und Verschleierung der Gewaltverhältnisse ist, wenn man Foucault folgt, eine allgemeine Tendenz in der Entwicklung der modernen Gesellschaft und Kultur: Die Gewalt steigert sich, nur sie verschwindet aus dem öffentlichen Raum, findet ihren Ort in den verschlossenen

Räumen der Gefängnisse und »Irrenanstalten«, und sie wandert von außen nach innen (vgl. *Überwachen und Strafen).* Die derart verdeckte Gewalt gilt es in allen ihren Manifestation sichtbar zu machen. Genauso wie die unsichtbare Hand, die gemäß Adam Smith im Bereich der Ökonomie und des Marktes angeblich alles zum Besten regelt (vgl. *Wohlstand der Nationen),* nur eine Ideologie zur Abschirmung des gewaltvollen ökonomischen Systems vor politischen Bestrebungen zur Umverteilung ist und als solche entlarvt werden muß, so muß die unsichtbare Hand des Landschaftsgärtners sichtbar gemacht werden, um seine formende Gewalt zu erkennen – und ihr etwas entgegen zu stellen. Zurückgespiegelt auf die allgemeine Ebene bedeutet dies aber nichts anderes als: Wir müssen konkret werden, um die unsichtbaren Gewaltverhältnisse, die der modernen Ordnung zugrunde liegen, wahrzunehmen und sie bekämpfen zu können; und wir müssen dabei mit einkalkulieren, daß er scheinbare »Wildwuchs« (des Marktes, der sozialen Landschaften), bewußt (so) gestaltet ist.

Doch diese Interpretation stellt nicht nur einen Vorgriff auf den folgenden Abschnitt dar, wo es darum gehen wird, die hier vorgenommenen bildlich-historischen »Verdichtungen« kritisch zu reflektieren und auf den Ausgangsgedanken zurück zu übertragen, sondern sie greift auch der weiteren Darstellung der Entwicklung der Gartenkultur(en) vorweg. Wie also hat sich die Gartenkunst nach der Erfindung und Verbreitung des Landschaftsgartens fortentwickelt?

Im Bereich des architektonischen Gartens besteht im Rokoko die Tendenz, die Strenge des Barockgartens wieder in eine größere Formenvielfalt aufzulösen. Zudem entdeckte man die Faszination für das ferne China: Auf den Tafeln findet sich chinesisches Porzellan (oder seine Nachahmungen), in die Gärten werden »Chinoiserien« gesetzt, Imitationen asiatischen Architekturstils – eine Mode, die sich übrigens nicht nur auf den architektonischen Garten erstreckte, sondern auch die Landschaftsgärten des Rokoko ergriff (vgl. Thacker: *The History of Gardens;* S. 175ff.). Die Chinoiserie ist ein Ausdruck von Exotismus, aber auch der Tatsache, daß sich das (Raum-)Bewußtsein der Zeit nicht mehr nur auf Europa erstreckte. Es handelt sich also gewissermaßen um das erste sichtbare Anzeichen für *»Globalisierung« in der Gartenkultur.*[64]

Im folgenden ist die »deutlichste« Entwicklung, neben der weiterbestehenden Tendenz zur (vereinnahmenden) »Globalisierung«, eine *(diffuse) Pluralisierung.* Das zeigt sich nicht nur im England des victorianischen Zeitalter, wo die Entwicklung weg vom Landschaftsgarten und ebenfalls wieder hin zu einer

größeren Verspieltheit und »Künstlichkeit« ging, ohne allerdings einen einheitlichen Stil zu schaffen (vgl. z.B. Brown: *The Art and Architecture of English Gardens;* S. 40ff. oder Clifford: *Geschichte der Gartenkunst;* S. 389ff.). Auch im übrigen Europa lassen sich kaum mehr allgemeine und einheitlichen Strömungen identifizieren, es dominiert ein *(transkultureller und transhistorischer) Eklektizismus* (vgl. Thacker: *The History of Gardens;* S. 253ff.). Die Typik der Gartenkultur für die Region und Epoche schwindet zunehmend, englische wie japanische Gärten oder gar Mischformen finden sich überall, weltweit. Hilfreicher für ein Verständnis des (spät)modernen Gartens ist es deshalb, wenn man die rein ästhetische Ebene verläßt und sich anderen Momenten der Entwicklungen zuwendet:
Die dominante Form des (großen) Gartens stellte ab dem späten 18. Jahrhundert immer weniger der herrschaftliche Garten dar, sondern ein neues Modell setzte sich durch: der *»Volksgarten«*. Mit der Demokratisierung der politischen Ordnung wurde der Garten als *öffentlicher Raum* erobert. Dabei wurden nicht nur vielerorts die feudal-höfischen Gärten dem allgemeinen Publikum geöffnet, es wurden auch neue Gärten angelegt, die von vorne herein als öffentliche Räume konzipiert waren. In dieser Entwicklung spiegelten sich die gewandelten politischen Machtverhältnisse wieder: Das Bürgertum löste den Adel als gesellschaftlich bestimmende Klasse zunehmend ab. Zweck des Gartens war nun nicht mehr die ästhetische Repräsentation und »Naturalisierung« feudaler Macht, sondern in seiner ihm neu zugedachten Funktion der Erholung in der Natur drückt sich untergründig ein bestimmendes Prinzip der (bürgerlichen) Moderne aus – die allgemeine Herrschaft der Ökonomie und der instrumentellen Vernunft, der alle anderen Zwecke untergeordnet werden. Als *Ort der Rekreation* ist der öffentliche Garten nämlich in erster Linie ein Instrument zur Stützung der notwendigen *Reproduktion der Arbeitskraft.* Die Erholung in der Natur dient primär der Erhaltung der Gesundheit und der Produktivität: der Garten als »hortus oeconomicus« (Hirsch), in dem Nutzen und Schönheit (wieder?) vereint sind.
Aus diesem Grund, und weniger aus tatsächlich egalitären Motiven, finden sich auch kaum historische Quellen, in denen etwa gefordert wird, daß der »Pöbel« von den öffentlichen Gärten auszuschließen ist. Vielmehr soll das »einfache Volk« durch die »moralische Anstalt« des Volksgartens zu einem ästhetischen Empfinden und vor allem zu einer gesunden Lebensweise erzogen werden, welche darin besteht, sich durch Erholung in der (nachgebildeten) Natur einen Ausgleich zum immer stärker industriell geprägten Arbeitsalltag und dem Dasein in der beengten Großstadt zu verschaffen – wodurch dieses

»entfremdete« Leben erst erträglich wurde. Der sonntägliche Park-Ausflug, bei dem freilich auch bescheidene Vergnügungen wie Bootsfahrten oder Freiluft-Konzerte nicht fehlen durften, war fester Bestandteil der bürgerlichen Kultur, aber auch das »Proletariat« wußte dieses Sonntagsvergnügen zu schätzen (vgl. Gamper: *Die Natur ist republikanisch;* S. 288–306). Und so heißt es denn auch bereits in der »*Theorie der Gartenkunst*« (1779-85) des Christian Hirschfeld:

> »Eine ansehnliche Stadt muß in ihrem Umfang eine oder mehrere große offene Plätze haben, wo sich das Volk in gewissen Zeitpunkten der Freude oder der Noth versammeln und ausbreiten kann, wo eine freye und gesunde Luft athmet, und die Schönheit des Himmels und der Landschaft sich wieder zum Genuß öffnet [...] Diese Volksgärten sind, nach vernünftigen Grundsätzen der Polizey, als ein wichtiges Bedürfnis des Stadtbewohners zu betrachten. Denn sie erquicken ihn nicht allein nach der Mühe des Tages mit anmutigen Bildern und Empfindungen; sie ziehen ihn auch, indem sie ihn auf die Schauplätze der Natur locken, unmerklich von den unedlen und kostbaren Arten der städtischen Zeitverkürzungen ab [...]« (S. 192f.)[65]

Immer wichtiger wurde aber auch das *Bildungsmoment*. Als öffentlicher botanischer oder zoologischer Garten etwa befriedigte der Garten nicht mehr nur alleine die Sammellust und das Verlangen nach ausgefallener Exotik der Fürsten und reichen Handelsherren oder das exklusive Erkenntnisstreben der Wissenschaftler in den Universitäten, wie in der frühen Neuzeit, als die ersten botanischen und zoologischen Gärten gegründet wurden (vgl. auch Kneiding et. al.: *Botanische Gärten;* S. 10ff.). Der Garten wird in dieser Form zum öffentlichen Museum, zu einem Ort der Edukation: Selbst die Zeiten der Erholung in der (simulierten) Natur sollen zur Formung und allgemeinen »Bildung des wissenschaftlichen Geistes« genutzt werden. Diese Bildungsfunktion besteht nicht nur in der bloßen Vermittlung der Kenntnis verschiedener Tier- und Pflanzenarten, sondern erlernt werden soll die generelle Fähigkeit der Klassifizierung: die Taxonomie. Die festschreibende Bezeichnung und kategoriale Einordnung beraubt die Natur ihrer noch immer latent bedrohlichen, wilden, Angst einflößenden Seite. So werden, wie etwa durch Linné (1707–1778), ausgefeilte Klassifikationssysteme erarbeitet, die ein wesentliches Element der modernen Ordnung der absolutierenden Repräsentation darstellten (vgl. auch Foucault: *Die Ordnung der Dinge;* S. 203ff.).
Scheinbar im Widerspruch zu den ersten beiden Charakteristika – Globalisierung und »Veröffentlichung« – stehen die weiteren Momente, die für den

(spät)modernen Gartens kennzeichnend sind: *Individualisierung und Privatisierung*. Durch immer wieder neue Wellen ökonomischen Aufschwungs konnte eine fortschreitende Demokratisierung des Ziergartenmodells erfolgen. So spielt heute in der überwiegenden Zahl auch der Kleingärten der Anbau von Nutzpflanzen nur noch eine untergeordnete Rolle.[66] Der private Ziergarten, der dem Eigenheim einen »natürlichen« Rahmen verleiht, dient als *Ausdruck der individuellen Neigungen*. Er ist ein Raum zur Entfaltung des »eigenen Lebens«, dem (direkten) Zugriff und dem Blick der anderen entzogen durch Gartenzäune oder Hecken, aber zugleich eben auch *Repräsentationsobjekt*, ein Spiegel des Selbstbildes.

Man gehorcht zwar – notgedrungen – bestimmten Regeln (etwa dem nachbarschaftlichen Zwang, alles »Unkraut« im Garten zu beseitigen, damit die angrenzenden Grundstücke nicht von ausfliegenden Samen »infiziert« werden). Andererseits verleiht der eigene Garten, der das private Eigenheim umgibt, die hervorragende Möglichkeit, individuelle ästhetische Vorlieben gärtnerisch zu verwirklichen.[67] Im Kleinen wird das große (durchaus auch zwanghafte) Versprechen der Moderne nach Selbstverwirklichung und Autonomie, das im öffentlichen Garten hinter allgemeinen Zielen wie Erholung oder Bildung zurückstehen muß, ausgelebt – und sei es paradoxerweise in der hoch (sozial) normierten und parzellierten Enklave der Schrebergartenkolonie.

Die Zeiten des Schrebergartens, der ein typisch deutsches Kleingartenmodell darstellt,[68] sind freilich gezählt – auch wenn er sich noch immer einer gewissen Beliebtheit erfreuen mag. Und selbst hier bricht zuweilen die Ironie über den Garten herein, etwa in der Form kopulierender Gartenzwerge oder als distanziertes historisches Stil-Zitat. Auf der anderen Seite, der Seite des Ernstes, wird der private Kleingarten zunehmend auch als »Biotop«, als Ort ursprünglicher Natürlichkeit neu erfunden.

Dabei besteht eine gewisse Parallele zum historischen Modell des Landschaftsgartens, der schließlich ebenfalls Natur zu imitieren bezweckte – auch wenn die Pflanzen im klassischen englischen Garten nicht ganz so ungezügelt wuchern durften, wie im zeitgenössischen »biologischen« Garten. Jener ist Ausdruck des angesichts von Umweltkatastrophen ab Mitte bis Ende des 20. Jahrhunderts gesteigerten Bewußtseins dafür, daß Natur ihren Raum benötigt. Es handelt sich jedoch beim Gartenbiotop, das häufig zudem nur auf einen schmalen Teilbereich des Gartens beschränkt ist, freilich, genauso wie beim Landschaftsgarten, weitgehend um eine überaus künstliche Natur-Simulation, die eher das individuelle Kompensations- und Idyllebedürfnis spiegelt, als daß so ein tatsächlicher umweltpolitischer Beitrag geleistet werden könnte. Allerdings offenbart sich eben dadurch das ambivalente aktuelle Verhältnis zwischen Mensch und Natur (vgl. auch Bhatti/Church: *Cultivating Natures).*

Was die »großen« Gärten betrifft, so werden immer weniger tatsächlich öffentliche Gärten neu eingerichtet, sondern es entstehen eintrittspflichtige, privat betriebene »Parks« – auch im Bereich des Gartens schreitet die *Privatisierung des öffentlichen Raumes* also voran. Ansätze dazu hat es bereits in der frühen Neuzeit gegeben. So diente der berühmte Tivoli-Garten in Paris explizit dem Amüsement des »Volkes« – wofür eben auch ein entsprechender Eintrittspreis zu entrichten war. Derartige Vergnügungsparks wurden allerdings schon von Zeitgenossen dahingehend kritisiert, daß sie nur dem privaten Gewinninteresse dienen und eher einen schädlichen Einfluß ausüben. Es handelte sich damals aber nur um vereinzelte, auf die großen Metropolen beschränkte Phänomene (vgl. Gamper: *Die Natur ist republikanisch;* 290f.). Die heutigen Vergnügungsparks entstehen eher auf dem flachen Land oder an der Peripherie der Städte und erfreuen sich eines regelrechten Booms. Es handelt sich meist um hochgradig künstliche Landschaften amerikanischen Vorbilds à la Disney- oder Movie-World: In ihnen steht das »Erlebnis«, die Inszenierung und die perfekte Simulation für die Besucher im Vordergrund – um den Betreibern ihren Profit zu sichern (vgl. Adams: *The American Amusement Park Industry* sowie Zukin: *Landscapes of Power).*

Es gibt aber auch hochgradig ideologisch verbrämte solche »Kunstlandschaften«. Das beste Beispiel dafür ist aktuell wohl das »Projekt Eden« im britischen Cornwall. Geschaffen wurde hier ein »lebendiges Theater der Pflanzen und Menschen«: Unter gigantischen, wabenförmig unterteilten Kunststoffkuppeln sollen hier Vegetationswelten der ganzen Erde »naturgetreu« nachgebildet und konserviert werden, um eine »nachhaltige Zukunft« der Menschheit in Harmonie mit der Natur zu befördern. Das alles ist selbstverständlich nicht kostenlos zu haben, sondern nur um den Preis eines den Ausmaßen dieses Projekts angemessenen Eintrittsgelds zu »erleben«.[69] Hi-tech und Natürlichkeit verschmelzen unter dem »visionären« Gewächshaus-Dach zu einem hyperrealen Landschafts-Simulakrum. Das irdische, vom Menschen geschaffene Paradies dieses eingekapselten, von der Umwelt sorgsam abgeschirmten »Garten Edens« ist der vorläufige Höhepunkt in der Entwicklung der europäisch-westlichen Gartenkultur, denn er übertrifft alles bisher dagewesene an entkontexualisierter Künstlichkeit, die sich in idealisierend-instrumentalisierter »Natur« verschleiert – und spiegelt so die ökonomisierte und zugleich ästhetisierte Logik der Kultur in der Spätmoderne aufs trefflichste.

Wie man an diesen nur ausschnittweisen, lückenhaften Erläuterungen zur Kulturgeschichte des Gartens sieht, läßt sich behaupten, daß offensichtlich eine enge Beziehung zwischen gesellschaftlich-historischen Entwicklungen und der Entwicklung der Gartenkunst besteht, daß generell im (abgegrenzten) Bereich des Gartens die grundlegende Spannung zwischen Natur und Gesellschaft in der Kultur der Moderne in spezifischer Weise »verdichtet« zum Ausdruck kommt. Denn:

> »Im Vordergrund steht [bei der Gartengestaltung] der künstliche Eingriff in ein Stück Natur, das aus seinem gewachsenen Kontext herausgelöst und als Folge seiner Bearbeitung in einen völlig neuen Verweisungszusammenhang eingebunden wird. Für die Gartenkunst ist diese Spannung zwischen natürlicher Landschaft auf der einen und künstlich geschaffener Landschaft auf der anderen Seite geradezu konstitutiv.« (Mayer-Tasch/Mayerhofer: *Hinter Mauern ein Paradies;* S. 8)[70]

Aufgrund dieser eingegossenen Dialektik von Kultur und Natur, handelt es sich beim Verhältnis von Garten(-Landschaft) und Gesellschaft nicht um ein rein metaphorisches, sondern es besteht eine *direkte Beziehung zwischen dem großen Rahmen der sozialen Landschaften, ihren historischen Wandlungen und der Entwicklung der Gartenkultur*. Wir deuten also anhand der Geschichte der Gartenkunst immer zugleich eine spezifische Manifestation der Kulturgeschichte. Andererseits handelt es sich hier nur um einen vielleicht zwar vielsagenden, metaphorisch aufschlußreichen, aber insgesamt doch (zu) schmalen Ausschnitt. Anhand der Betrachtung anderer (Landschafts-)»Felder« lassen sich andere Elemente ergänzend verdeutlichen, bieten sich weitere Ansatzpunkte zur verdichteten Deutung der Landschafts-Metapher:

Neben dem Garten ist vor allem die landwirtschaftliche Fläche ein zentraler, das Gesamtbild sogar weitaus stärker prägender Teil der Landschaft. Zugleich offenbart sich hier viel deutlicher, nicht ästhetisch überformt, das instrumentelle Verhältnis des Menschen zur Natur (das andererseits selbstverständlich auch ein Abhängigkeitsverhältnis ist). In der landwirtschaftlichen (Mono-)Kultur steht der unmittelbare Nutzaspekt klar im Vordergrund. Im Feld der Landwirtschaft lassen sich deshalb klarere Linien der historischen Entwicklung ausmachen als im Bereich der Gartenkultur. Beginnen wir (auch) hier mit dem Mittelalter, wo die Landwirtschaft der bedeutendste Wirtschaftssektor war:[71]

In der frühen Periode gehörte das Land noch überwiegend den Dorfgemeinden und wurde (immer wieder neu) unter den Familien aufgeteilt. Jeder

erhielt seinen Streifen. Das Ergebnis waren stark zerstückelte Fluren und zerstreute Flächen. Die Weidewirtschaft dominierte allerdings, Getreideanbau spielte noch keine so große Rolle wie heute. Ab der Zeit der Karolinger war das Bild dann stärker durch feudale Strukturen geprägt: Die Krieger wurden für ihre Dienste durch Lehen belohnt. Ein System von (adligem) Großgrundbesitz und Leibeigenschaft entstand. Das Bevölkerungswachstum war in dieser Zeit erheblich. Man schätzt, daß sich die Zahl der zu ernährenden Personen binnen weniger Jahrhunderte verdreifachte. Da kaum Ertragssteigerungen zu verzeichnen waren, mußte die Anbaufläche erweitert werden. Dies geschah durch die Rodung der damals ausgedehnten (Ur-)Wälder.
Mit der Zeit wurde nahezu die gesamte zur Verfügung stehende Fläche in der einen oder anderen Form landwirtschaftlich genutzt. Das Gewicht verschob sich dabei immer mehr in Richtung Getreideanbau, wobei die angepflanzten Arten und Sorten vielfältig und regional sehr unterschiedlich waren. Eine häufige Anbauform war auch die Wechselwirtschaft zwischen Weidewirtschaft und Getreideanbau. Später etablierte sich dann das sogenannte Dreifeldersystem mit »rotierenden« Brachen, was die Auslaugung des Bodens verhindern sollte. Daneben ist auch die Bedeutung der Gartenwirtschaft in dieser Periode nicht zu unterschätzen: Selbst angebautes Obst und Gemüse war nicht nur für die Bauernfamilien wichtige Ernährungsgrundlage, sondern selbst in den (immer weiter ausgreifenden) Städten wuchsen die Flächen für Nutzgärten. Weiterhin spielte die Waldwirtschaft und der Anbau von Wein, Flachs und Hanf eine große Rolle.
Das Hoch- und Spätmittelalter brachte dann einen relativen Bedeutungsverlust des adligen Großgrundbesitzes und eine Ostkolonisation mit sich, da die noch immer weiter wachsende Bevölkerung nur durch (kriegerische) Expansion zu ernähren war. Allgemein verschob sich das Gewicht zugunsten freier Bauern und vor allem der Kirche, die durch Schwenkungen und Erbschaften großen Landbesitz erwarb. Was die Landschafts- und Anbauformen betrifft, so waren Blockfluren mit quadratischen Ackerstücken, längsstreifige Hügeläcker, aber auch Terrassenwirtschaft weit verbreitet. (Vgl. im Überblick Henning: *Deutsche Agrargeschichte des Mittelalters* sowie Below: *Geschichte der deutschen Landwirtschaft des Mittelalters).*
Der Epochenwechsel brachte, zwar nicht plötzlich, doch unaufhaltsam, eine Reihe von bedeutenden Veränderungen auch in der Landwirtschaft mit sich: Die frühe Neuzeit war eine Zeit wiederum dramatischen Bevölkerungswachstums (nachdem die Pest und andere Seuchen im späten Mittelalter ca. ein viertel bis ein drittel der Bevölkerung dahingerafft hatte). So läßt sich

ab der Wende zum 16. Jahrhundert ein *Agrarboom* ausmachen. Die wachsende Bevölkerung mußte ernährt werden und dies sorgte für hohe Preise. Der 30jährige Krieg brachte dann einen vorübergehenden Rückschritt mit sich. Es kam in seiner Folge zu einer großen Vernichtung von Nutzflächen, aber auch Mißernten taten ein übriges, so daß es sogar zu Hungersnöten kam. Erst im 18. Jahrhundert konnte wieder an den Boom zu Beginn der »Epochenschwelle« angeschlossen werden. Es war nun auch bereits zu ersten weitreichenderen Reformen der Grundherrschaft gekommen (z.B. mit der Einführung der Erbpacht), die den Bauern mehr Freiheiten gaben (vgl. Achilles: *Landwirtschaft in der frühen Neuzeit* sowie ders.: *Deutsche Agrargeschichte im Zeitalter der Reformation)*.
Was im folgenden Jahrhundert eintrat, kann als eine immer weiter reichende *Industrialisierung* der Landwirtschaft bezeichnet werden, die parallel und in enger Beziehung zur Industrialisierung in der Güterproduktion stattfand. Besonders in England, wo die Industrialisierung allgemein am schnellsten voranschritt, wird diese Entwicklung deutlich. Es entstanden immer größere zusammenhängende Flächen, die sich in immer weniger Händen konzentrierten, und auch die Mechanisierung griff immer weiter um sich (vgl. Beckett: *The Agricultural Revolution)*. All das hatte selbstverständlich beträchtliche Auswirkungen auf das Bild der Landschaft: Es kam zu einer fortschreitenden Geometrisierung der Flächen, die das hohe Maß an strukturierender Gewalt ästhetisch offenbart. Die Pflanzen wurden in riesigen Arealen angebaut, und ihre Anordnung in »Reih und Glied« wurde an die Bedürfnisse der maschinellen Bearbeitung angepaßt – genauso wie sich die modernen Individuen an die Erfordernisse des industriellen Kapitalismus und die Logik der instrumentellen Vernunft anzupassen hatten.
Diese formende Gewalt erfaßte aber nicht nur die äußeren Strukturen, sondern auch den Boden selbst.[72] Viele Flächen mußten in einem langwierigen, unter Umständen Jahrhunderte währenden Prozeß durch Drainagen, Pflügen und Düngung erst landwirtschaftlich nutzbar gemacht werden. Dieses vom Menschen geschaffene »improved land« (vgl. Grigg: *English Agriculture;* S. 27ff.) trug wesentlich zur Ermöglichung der immensen Produktionssteigerung in der modernen Landwirtschaft bei, die aber natürlich auch dem Maschineneinsatz, verbesserten Anbaumethoden und der Zucht ergiebigerer Sorten zu verdanken waren. Bezeichnend ist dabei allerdings, daß, trotz ständiger Steigerung der absoluten Zahlen, das relative Gewicht der landwirtschaftlichen Produktion sank (vgl. ders.: *The Dynamics of Agricultural Change;* S. 101ff. und 164ff.). John Mellor formuliert aus diesem »Paradox« sogar ein allgemeines

Gesetz: »Je schneller die Landwirtschaft wächst, desto schneller sinkt ihr relativer Anteil« *(Agriculture on the Road to Industrialization;* S. 1 [eigene Übersetzung]). Mellor ist also überzeugt, daß ein enger Zusammenhang zwischen der landwirtschaftlichen und der industriellen Produktion besteht, und daß die Industrialisierung der Landwirtschaft eine zwangsläufige Entwicklung im Zuge des modernen Fortschritts ist, die sich am Beispiel vieler Staaten, auch in der sog. »Dritten Welt, aufzeigen läßt – sofern diese sich auf dem »richtigen« Weg befinden.[73]

Der Preis für die globalisierte Industrialisierung der Landwirtschaft sind hohe ökologische Folgekosten, die die erzielten Erfolge bei der Ertragssteigerung bedrohen: Die Mechanisierung bewirkt nicht nur einen enormen Energieverbrauch, sondern Bodenverdichtung und Erosion. Monokulturen laugen den Boden zudem aus und fördern das Auftreten von Krankheiten und Schädlingsbefall, was dann wiederum mit dem Einsatz chemischer Stoffe bekämpft werden muß, die Grund und Gewässer belasten. Das Abpumpen von Wasser für Bewässerungssysteme führt zum Absinken des Grundwasserspiegels und endet unter Umständen langfristig in der Desertifikation von Nutzflächen. Hinzu kommen negative Auswirkungen auf das regionale und weltweite Klima sowie die Vernichtung von »Naturraum«. Die möglichen Folgen des Einsatzes gentechnisch manipulierter Pflanzen sind noch nicht einmal abzusehen. Erst in den letzten Jahren wird dieses »zerstörerische« industrielle Modell der Landwirtschaft zunehmend hinterfragt. Ziel ist nun eine »nachhaltige« Bewirtschaftung, die »umweltgerecht« und sozial verträglich ist (Vasey: *An Ecological History of Agriculture).* Doch von einer nachhaltigen Bewirtschaftungsweise sind wir noch weit entfernt. Vielmehr findet das Modell der Intensivbewirtschaftung immer weitere globale Verbreitung – aufgrund der wachsenden Zahl der Menschen, die zu ernähren sind, und aufgrund des (kurzfristig) weit größeren Profits, der so zu erzielen ist.

3. ZUR »GEOGRAPHIE« DER SOZIALEN LANDSCHAFTEN: DIE BEDEUTUNG UND GESTALT DES RAUMS IM SOZIALEN KONTEXT (RETRANSFER UND KRITISCHE REFLEXION)

Der Wandel der Landschaftsformationen im Agrarsektor folgt so offensichtlich einer anderen, weit geradlinigeren historischen (Entwicklungs-)Logik als im Bereich des Gartens. Doch einerseits liefert schon der Begriff: Land-*Wirtschaft* hier eine »solide« Grundlage für die mögliche Erklärung. Andererseits handelt es sich zudem nur um eine scheinbare Differenz, eher um ein (Verweisungs-)Zeichen, als um einen »essentiellen« Unterschied. Das offenbart sich im – folgenden – Versuch, die beiden Felder re-flektierend zusammen zu denken und die (initiale) Metapher der Landschaft, nach ihrer (historisch-konkreten) Verdichtung, zurück zu spiegeln auf den Ausgangsgedanken: einer räumlichen Vor-Stellung/Anschauung des Sozialen. Hierbei kommt einem jener schon oben angesprochene Umstand entgegen, daß Landschaft per se immer auch Ausdruck sozialer Verhältnisse ist, da sich in ihr Kultur und Natur vermischen. Andererseits: Gerade dort, wo die Analogie, als ein Verhältnis der Entsprechung, gesprengt wird, bietet Metaphorisierung Ansatzpunkte für *»neue« Erkenntnisse und Überschreitungen*. Betrachten wir also die Metapher der Landschaft vor diesem Hintergrund und fragen wir uns: Welches Bild von Gesellschaft legt sie uns nahe und was können wir durch sie (neues) erfahren?

A) DIE SPALTUNG DES (SOZIALEN) RAUMES UND SEINE PARALLELE ÖKONOMISIERUNG

Die augenfällige Differenz, die sich bei der vergleichenden Betrachtung der Bereiche des Gartens und der Landwirtschaft ergab, bringt uns auf die hypothetische Spur einer Spaltung, die auch den Raum der Gesellschaft durchzieht. Es wäre aber, in der Logik des Bildes, keine vertikale Spaltung zwischen oben und unten, sondern eher eine *horizontale Trennung und Abkopplung verschiedener Sphären*. Eine solche unverbundene Ordnung stellt auch Appadurai metaphorisch heraus, indem er die globalisierte Gesellschaft der Gegenwart als eine (imaginierte) Landschaft entkoppelter »flows« beschreibt (siehe zurück zu S. 90).

Damit steht Appadurai in einer gewissen Nähe zur Systemtheorie, die aber ein stärker harmonisierendes Verständnis der Abkopplung der gesellschaftlichen Sphären zugrunde legt, die »Funktionalität« der sozialen Differenzierungsprozesse betont (siehe S. 80) – und damit vielleicht sogar auf der richtigen Spur ist. Möglicherweise bilden aber nicht die unterschiedlichen Funktionslogiken die (neutrale) Grundlage der Trennung, wie von der Systemtheorie unterstellt, sondern die horizontale Spaltung des sozialen Raumes könnte umgekehrt die notwendige Basis, zumindest aber ein »funktionales«, positiv verstärkendes Element für das (weitere) Wachstum und Gedeihen ihres dominanten Bereichs sein: der Ökonomie – was wiederum auch den sozialen Gesamtzusammenhang indirekt stabilisiert.

Das zumindest gilt für die (räumliche) Trennung der Bereiche des Gartens und der landwirtschaftlichen Felder, der *Separation der Landschaft in einen Raum der Ästhetik und einen Raum der Produktion*. Es ist eine (künstlich etablierte und aufrecht erhaltene) Differenz zwischen Schönheit und Funktion, zwischen Lebens(um)welt, der Idylle des (häuslichen) Gartens, und der Systemwelt, dem Funktionsraum der Landwirtschaft. Nur durch diese Differenz, oder genauer gesagt: nur dadurch, daß die Parzellen der Gartenidylle existieren, die die Behausungen umgeben, erscheint die immer weitere Ausdehnung der landwirtschaftlichen Flächen (sowie der Straßen, Wohnsiedlungen und Industrieanlagen etc.) hinnehmbar.

Denn das Bedürfnis nach Idylle, Harmonie und Schönheit, das seinerseits durch die rücksichtslose Ökonomisierung erzeugt bzw. verstärkt wird, muß befriedigt werden, sonst droht eventuell auch Widerstand gegen die immer weitere Ausdehnung der bloßen Funktionsräume. Analog kann übrigens auch die Anlage von Parks oder die Einrichtung von Naturschutzgebieten gelesen werden. Letztendlich erfolgt allerdings genau durch diese Abspaltung eines *separaten* Bereichs der Ästhetik und »Natürlichkeit« seine *Vereinnahmung*. Der gesonderte Gartenraum, der sich der instrumentellen Logik durch die scheinbare Zwecklosigkeit seiner Ästhetisierung entzieht, wird zum funktionalen Element eines *instrumentellen Landschaftsarrangements*. Denn der Garten wird als Gegensphäre etabliert und separiert, um Landschaft *als Gesamtheit* unter die Richtschnur ökonomischer Verwertbarkeit stellen zu können.

Könnte es nicht also analog auch im Sinn der instrumentellen ökonomischen Logik sein, wenn bestimmte *Gegensphären, Residuen der Ästhetik und des Begehrens,* erhalten blieben, anstatt in allen Bereichen Anpassung zu fordern? So gesehen ergeben jedenfalls die »hegenden« Bemühungen des Staates zur Erhaltung der (fasadenhaften) »Idylle« der bürgerlichen Familie oder zur Förderung von (Sub-)Kultur einen zweideutigen Sinn, und es zeigt sich nur allzu deutlich, daß es sich nicht um ein gleichberechtigtes Nebeneinander

handelt, sondern daß die Autonomie der eng begrenzten Gegensphären nur vordergründig ist. Tatsächlich wird das von der Funktionslogik Abweichende nämlich nur in einem schmalen (Rand-)Bereich geduldet – wo es als *kompensatorischer Rest-Raum* die Funktionen des Ökonomischen unterstützt. Es erfolgt so schleichend und untergründig, verdeckt durch die scheinbare Abgrenzung und autonome Abkopplung der Bereiche voneinander, eine Infiltrierung und Unterordnung der gesamten sozialen Sphäre unter die Logik der Ökonomie und die Macht der Funktion.
Die Bedeutung der »anderen« Räume ergibt sich nur komplementär, als Kompensation der Defizite des wuchernden ökonomischen Feldes.[74] Genau in der horizontalen Trennung wird folglich eine Hierarchie im sozialen Raum etabliert. Es erfolgt eine diffuse Durchdringung und verdeckte »Kolonialisierung« der Lebenswelt (siehe auch nochmals S. 81), die aber als Gegensphäre trotzdem bedeutsam bleibt – um abzustützen. Es handelt sich also eigentlich eher um eine (einkapselnde) Umschließung. Eine totale Ökonomisierung, die die Restbestände nicht nur unter ihr Funktionsprimat stellt, sondern gänzlich absorbiert, wäre dagegen »dysfunktional«. Die Trennung muß bestehen, die imaginierte »Eigentlichkeit« muß konstruiert und erhalten bleiben. Die Grenzzäune sind sorgsam gesteckt, die Gräben sind ausgehoben. In dem Spalt, der entsteht, tut sich allerdings ein Abgrund auf: der Abgrund der Gewalt.

B) UNTERGRÜNDIGE GEWALTVERHÄLTNISSE UND ÄSTHETISIERUNG

Gewalt ist in der Landschaft stets präsent. Tatsächlich ist schließlich jede Formung auch eine Form von Gewalt. In den Feldern der Landwirtschaft tritt diese *formende Gewalt* offen zutage – im Umpflügen des Bodens, im Einsatz der Erntemaschinen, in der Anlage von Drainagen etc. Und auch die geometrische Anordnung der Felder und Pflanzungen ist Ausdruck einer gewaltvollen Ordnung. Es ist eine vergleichsweise rohe, brachiale Gewalt, die bedingt ist durch die bedingungslose Anpassung an die Erfordernisse der Ertragsmaximierung. Auch hier fungiert der Garten als eine Gegensphäre. Aber seine mit Bedacht inszenierte Natur-Idylle und scheinbar friedvolle Schönheit ist ebenfalls einem hohen Maß an formgebender (gärtnerischer) Gewalt geschuldet. Es ist jedoch eine perfektionierte, unsichtbar gemachte, in Ästhetik verkleidete Gewalt, und selbst in Bereichen, wo die Pflanzen scheinbar wild wachsen dürfen, handelt es sich zumeist um ein bloßes »Simu-

lakrum«, in dem kompensatorisch und mit hohem Aufwand versucht wird, eine Illusion von Natürlichkeit zu erzeugen (siehe auch oben).
Was aber erkennen wir hieran, in Rück-Übertragung, für unser Bild des sozialen Raums? Eine mögliche Folgerung wäre: Es könnte auch im sozialen (Landschafts-)Raum Bereiche geben, in denen die Gewalt klarer hervortritt, und tatsächlich erscheint es so, als seien etwa die Armee, aber auch die Wirtschaft solche »Areale«. In einigen Feldern wird Gewalt sogar lustvoll inszeniert, etwa im Sport oder im Kino. Gewalt gewinnt hier auch ein ästhetisches Moment. Die Elemente der – offenen – Ästhetisierung von Gewalt sind im Rahmen der Gesellschaft wahrscheinlich sogar weit ausgeprägter und ausgedehnter als im Bereich der Landschaft. Aber auch hier, im sozialen Raum, verschwinden, so scheint es, in weiten Teilen die Gewaltverhältnisse hinter einer ästhetischen Hülle; sie werden unsichtbar, nehmen *symbolisch-ästhetische Formen* an, etwa durch Regeln des (emotionalen und verbalen) Ausdrucks oder durch das Diktat des »Style«, das zwar nicht unbedingt genau festlegt, wie man sich in Szene zu setzen hat, um zu gefallen (oder zu mißfallen), aber in jedem Fall erfordert, daß man sich inszeniert – und sei es durch eine (gegebenenfalls mit einem Hauch von »Rouge« geschönte) Zurschaustellung von Natürlichkeit oder im Anti-Style des Punk.
Auch das *ästhetische »Dispositiv«* ist so letztlich ein Ausdruck der latenten, diffusen, alles durchdringenden Gewalt und Macht der Marktkräfte, die den Bereich der Lebenswelt als eigenständige Sphäre nur insoweit tolerieren, wie er ihnen dienlich ist. Versteht man die soziale Landschaft also als Ensemble materieller und sozialer Praktiken sowie deren symbolischen Repräsentationen, so wird ein Blick auf Gesellschaft ermöglicht, der genau dies erfaßt, der einfängt, wie die (globalen) Kräfte der Ökonomie die konkreten Lebensräume, aber auch die inneren Landschaften der Menschen nach ihren Gesetzen umformen (vgl. Zukin: *Landscapes of Power;* S. 16ff.) – und sich so selbst die (H)orte des Widerstands durch seine »phagische« Ummantelungsfähigkeit einverleiben (vgl. hierzu auch Jain: *Capitalism Inc.).*

C) GLOBALISIERUNG UND FRAGMENTISIERUNG, SIMULATION UND DIFFUSION

Zusammenfassen könnte man diese Tendenz mit den Begriffen Globalisierung und Fragmentisierung, Simulation und Diffusion etc. – Schlagworte, die sowohl die aktuellen sozialen Transformationen wie die Entwicklungstendenzen im Bereich der Landschaft und des Gartens treffend umreißen: Wie dargelegt, kam es zu einer immer weiteren Globalisierung von bestimmten Gartentypen und -elementen: der Landschaftsgarten etwa trat seinen Siegeszug über den gesamten Globus an, und auch japanische Zierfischteiche sind vielerorts anzutreffen. Dies bedeutet in der Konsequenz einerseits eine *Pluralisierung und Individualisierung*. Durch die »Collage« verschiedener Muster – relativ losgelöst von Raum und Zeit, dem lokalen Kontext wie dem historischen Stil – können individuelle Vorlieben verwirklicht, ausgedrückt und dargestellt werden. Es kommt derart aber gleichzeitig zu einer Diffusion der Charakteristik des Gartens, und eigentlich handelt es sich zumeist auch weniger um den Ausdruck tatsächlicher Individualität, sondern vielmehr um die Reproduktion eines Stereotyps bzw. die *(hyperreale) Simulation* eines bestimmten kulturellen Musters oder »natürlichen« Settings (wenn z.B. eine südamerikanische Regenwaldlandschaft, wie etwa im »Projekt Eden« oder im »Simulationsspiel« der »Geosphäre 2«, künstlich nachgebildet wird).

Trotz der so erfolgten *diffusen Verbreitung*, die den konkreten Ort raum-zeitlich nicht mehr unterscheidbar und zuordenbar macht, erfolgt allerdings eine *Fragmentisierung:* durch die immer weitere *Parzellierung, Zerstückelung und Privatisierung* des Raumes (vgl. auch Meurer: *Die Zukunft des Raumes)*. Selbst im Bereich des Virtuellen ist diese Tendenz ausgeprägt (etwa indem sich abgeschlossene, zugangsbeschränkte Sub-Netze bilden oder wenn um die Nutzung bestimmter Domain-Namen gestritten wird). Doch mit dieser Bemerkung wurde der enge Bildrahmen der (Garten-)Landschaft bereits wieder verlassen und es erfolgte eine Rückübertragung auf den (virtuellen) sozialen Raum: Auch hier ist Globalisierung, die in der Dialektik von Universalisierung und Partikularisierung voranschreitet, ein zentrales Moment. Der globale, transnationale (Hyper-)Raum wird zunehmend als (Meta-)Sphäre gesellschaftlicher Austauschprozesse erschlossen, in ihm fließen (real wie virtuell) die Ströme von Kapital, von Waren und von Zeichen, aber auch von Personen in vielfach querverbundenen, selbst entlegene Regionen durchziehenden (wenngleich hier oft stark verengten) Kanalsystemen.

Sozialräumliche wie personale Identität wird, so läßt sich analog zur Entwicklung im Gartenbereich schließen, aufgrund der globalen »Verflüssigung«, der (kapitalistisch kanalisierten) weltweiten Durchdringung der Ströme und Sphären, zunehmend diffus, uneindeutig, entkoppelt von örtlicher Spezifik – gerade weil die Gestaltung der Lebenswelt(en) überall ähnlichen Mustern folgt. Sie wird also freier formbar, folgt nicht mehr »zwanghaft« lokalen sozialräumlichen Mustern und Logiken, aber sie verliert zugleich ihre Spezifik und ihre »reale« Verankerung im konkreten historisch-sozialen Kontext. Trotz dieser »Liquidierung« ist Identität (im negativen Sinn von Differenz) geradezu zentral für soziale (lokale wie personale) Distinktion. Denn auch und gerade der globale Kapitalismus beruht auf der Ausbeutung von kultureller, raumzeitlicher oder sonstiger Differenz, die er zwar tendenziell einebnet, aber eben deshalb umso vehementer als Wert verteidigen und simulativ generieren muß. Dabei entstehen auch neue Formen des Ausschluß und neue Hierarchien, bei denen Fragen des Raums eine zentrale Rolle spielen (vgl. hierzu im Überblick auch Dengschat: *Raum als Dimension sozialer Ungleichheit* sowie globalisierungsspezifisch Jain: *Die »globale Klasse«*).

D) KOMPARATIVE REFLEXIONEN

Gerade in Anbetracht solcher Entwicklungen, die die Metapher der sozialen Landschaft uns in Rück-Spiegelung verdeutlicht, erscheint sie für eine Veranschaulichung der aktuellen Gestalt der gesellschaftlichen Bezüge in besonderer Weise geeignet. Sie eröffnet durch ihr reflexives Potential nicht nur Ansatzpunkte für neue oder zumindest perspektivisch verdichtete Sichtweisen, sondern erweist sich auch als eine in vieler Hinsicht »stimmige« Verbildlichung. Vergegenwärtigen wir uns nochmals einige wesentliche Vorzüge, die zwar schon oben teilsweise anklangen, aber, auf der Grundlage der erfolgten Verdichtungsarbeit und Rückspiegelungen, jetzt nochmals klarer hervortreten können:

Landschaft ist ein Bild, das den Blick auf soziale Ungleichheit und Hierarchien nicht verschließt. Denn jede Landschaft ist durch eine spezifische Topographie gekennzeichnet, d.h. Landschaft besitzt nicht nur eine horizontale, sondern auch eine vertikale Ebene/Dimension: Wir finden in der Regel vielfältige Abstufungen des höher und tiefer vor; jedenfalls kann die flache Ebene, ohne jede Erhebung und Verwerfung, als eine Ausnahmeerscheinung gelten. Auch »oberflächlich« scheint dies auf, wenn wir etwa die ganz banalen Abstufungen des sozialen Alltags- und Stadtraums betrachten: Die Wohnviertel der Begünstigten finden sich oft in erhöhter Lage, und die oberen Stockwerke der Geschäfts-Hochhäuser sind zumeist für die Chefetagen reserviert. Aber auch ganz allgemein, nicht nur Raum-bezogen, sensibilisiert das topographische Landschaftsbild potentiell für die Wahrnehmung der vielfältigen, oft nahezu unüberwindlichen Niveau-Abstufungen, sie ermöglicht und befördert die Spiegelung sozialer Ungleichheiten und unterscheidet sich dadurch positiv von der (rein horizontalen, zweidimensionalen) Netzwerkmetapher, in der

solche Hierarchien kaum dargestellt werden können und bestenfalls bildlich als zentrale »Knotenpunkte« figurieren.
Landschaft verweist auf Perspektivität, Offenheit und lebensweltliche Seinsgeworfenheit. Das Konzept der Landschaft impliziert eine *perspektivische Vielfalt*, wie sie auch für die theoretische und empirische Spiegelung des sozialen Raumes wünschenswert ist. Denn Landschaft erschließt sich niemals aus nur einem Blickwinkel, sondern erst in der *erkundenden Bewegung* im Landschaftsraum (und ist zudem ein kollektiver Wahrnehmungsraum). Landschaft ist auch deshalb ein weniger statisches Konzept, als es zunächst erscheinen mag, verändert sich – dynamisch – je nach dem aktuellen Blickwinkel und über den Lauf der Zeit hinweg. Sie kennt keine festgezogenen Grenzen – außer artifizielle Barrieren, wie Mauern und Zäune. Als großräumige Scheidelinien fungieren »Landmarken« wie Gebirgszüge oder Flußläufe, aber fast immer gibt es *Übergänge, Passagen:* natürliche wie vom Menschen geschaffene.
Der Landschaftsraum ist folglich kein abgeschlossener Raum, sondern, wie Gesellschaft, ein per se *offener Raum*, der erst künstlich »geschlossen« wird. Ein absoluter, objektiver Blick auf Landschaft ist also schon deshalb unmöglich. Selbst der exponierteste Beobachter sieht Landschaft immer nur aus einem Winkel und die Entfernung, die Überblick verleiht, versperrt zwar die Wahrnehmung von Details, kann aber trotzdem nie die Unendlichkeit des (Landschafts-)Raum überblicken. Zudem ist eine neutrale Außenbeobachtung nicht realisierbar. Man befindet sich (auch beobachtend) *immer in einer Landschaft* und ist derart auch gleichsam Teil der Landschaft – so wie wir alle Teil der Geschichte und des sozialen Geschehens sind, das wir beobachten/kommentieren/(mit)gestalten. Eine Beobachtung »zweiter Ordnung«, wie sie der systemtheoretische Beobachter für sich beansprucht (siehe nochmals S. 80),[75] ist aus der Anschauung des Landschaftsbildes heraus hinfällig. Immer sind wir, wie alle anderen, eingebunden in die Produktion und Reproduktion von Landschaft/Gesellschaft und haben eine spezifische Position inne, die unsere Sicht der Landschaft/Gesellschaft bedingt. Landschaft/Gesellschaft ist demzufolge auch ein (von uns selbst) belebter, aktiv hergestellter Raum – viel eher Lebenswelt als Systemzusammenhang. Sie ist ein wirklicher Raum, den es zu erkunden: d.h. zu »durchschreiten« gilt (siehe auch nochmals das dargestellte phänomenologische Landschafts-Konzept von Waldenfels, S. 91).
Das Bild der Landschaft spiegelt die Hybridisierung von Kultur und Natur, und in Landschaft verdichten sich Raum und Zeit. Landschaft ist weder rein

»organisch«, als (belebter) Körper vorstellbar, noch weist sie etwas Maschinenhaftes auf. Die Naturalisierung von Landschaft greift also ebenso zu kurz wie das proteische Phantasma des Konstruktivismus (in Form des Sozial-Ingenieurs). Landschaft ist weder künstlich noch natürlich, sie ist gleichermaßen künstlich und natürlich, ist das sowohl im geologischen Prozeß wie im kulturellen Spannungsfeld geformte Land.

Im (Hybrid-)Bild der Landschaft ist deshalb die allgegenwärtige Hybridisierung von Natur und Kultur (be-)greifbar ausgedrückt und auf den Punkt gebracht – allerdings ohne, wie etwa im Konzept Latours (siehe zurück zu S. 84), daß beide als eigenständige Momente aufgelöst würden, und auch ohne, daß die Dimension des Raumes von ihrer doch so eminent bedeutsamen historischen-zeitlichen Einbettung separiert würde (vgl. hierzu auch Ingold: *The Temporality of Landscape* sowie Massey: *Politics and Space/Time)*. Während das Bild der Maschine nur die (mechanische) Zeitstruktur des Rhythmus offenbart und selbst in der Bewegung starr erscheint, während im Bild des Körpers Zeit vor allem als Endlichkeit ins Blickfeld rückt und sie sich im Netzwerkbild gar in einem virtuellen »Echtzeit-Flow« auflöst, d.h. in Gegenwart kollabiert, verdichten sich im Bild der Landschaft Raum und Zeit. Historizität ist dem (sozialen) Landschaftsraum – in seinen Schichten und Sedimenten – eingeschrieben.

Dabei ist Wandel keinesfalls ausgeschlossen, er vollzieht sich in Gegenteil permanent, wenn auch nicht beliebig und selten abrupt. Landschaft/Gesellschaft ist kein verflüssigter »space of flows« – so sehr dies auch den Interessen des Kapitals und der Macht entgegenkommen würde –, der im Fluß-System der globalen Netze alle (sozialen) Limitierungen frei umströmen könnte (vgl. auch Bauman: *Liquid Modernity)*. Zwar gibt es in der Landschaft verflüssigte Bereiche, und manchmal treten die Flüsse über das Ufer, formen so das Land. Aber sie werden ebenso vom Land geformt und (vor-sorgend auch vom Menschen) begrenzt. Denn jeder Fluß benötigt ein Bett, und wenn er keines besitzt, so gräbt er es sich – mäandernd – selbst. Das bedeutet, daß radikale Brüche, totale Überflutungen, eher selten stattfinden. Sicher, es gibt sie zuweilen, und sie kommen »Naturkatastrophen« gleich, sind aber auch oft menschlich (mit-)verursacht, und wir wissen nicht wie – ob positiv oder negativ – diese *Ereignisse* am Ende zur Gestalt(ung) der Landschaft beitragen. Es ist aber vermutlich ein wesentlich geringerer Beitrag als jener durch die unzähligen kleineren, weniger offensichtlichen Eingriffe, die permanent stattfinden.

E) DIE SOZIALE DIMENSION DES RAUMS UND DIE RÄUMLICHE DIMENSION DES SOZIALEN

Zentrales Merkmal des Landschaftsbilds ist also die (im Medium der Zeit vermittelte) gegenseitige Durchdringung und Wechselwirkung von Kultur und Natur, von Raum und Gesellschaft. Und diese Durchdringung gilt nicht nur auf metaphorischer Ebene, sondern ist in der Landschaft auch materiell greifbar, erfahrbar. Landschaft ist geronnene Kultur, die andererseits durch den natürlichen Landschaftsrahmen geprägt wird. Welches Bild könnte also geeigneter sein für eine Metaphorisierung von Gesellschaft in einer historischen Konstellation, in welcher der (globale) Raum zu einem immer bestimmenderen Faktor wird?

Auf diesen Umstand der zunehmenden Dominanz der räumlichen Logik hat, wie dargelegt (siehe S. 93), insbesondere Fredric Jameson hingewiesen. Dieser betont, daß – anders als in der vom historischen Denken dominierten Epoche der Hochmoderne – nunmehr Kategorien des Raumes primär unser alltägliches Leben und unsere kulturellen Ausdruckformen bestimmen (vgl. *Postmoderne – Zur Logik der Kultur im Spätkapitalismus)*.[76] Damit wird Raum aber auch unweigerlich zu einem bestimmenden Faktor der Identitätsbildung (vgl. die Beiträge in Keith/Pile: *Place and the Politics of Identity)*. Mit der »Entdeckung« des Faktors Raum sollte man allerdings, wie bereits oben angemerkt, nicht vorschnell die (historische) Zeitebene verabschieden – und die Metapher der Landschaft sorgt dafür, das dies nicht geschieht. Denn obwohl es sich um ein räumliches Bild handelt, ist das aktuelle Bild des Landschaftraums immer nur durch den historischen Formungsprozeß begreifbar, der es erzeugt hat. So verweist Landschaft »unumgehbar« auf die historische Ebene und ihre Relevanz, die auch im (globalen) Zeitalter der Post- bzw. Spätmoderne gegeben ist.

Zwar kommt es gegenwärtig zu einer immer weiter fortschreitenden (technologisch beförderten) Entkopplung von Raum und Zeit, d.h. die Überwindung des Raumes ist kaum mehr an zeitliche Limitierungen gebunden, was der Bewegung der Moderne eine globalisierende Dynamik verleiht (vgl. Giddens: *The Consequences of Modernity*; S. 17ff. u. S. 63ff.). Entsprechend sind die sozialen Landschaften, die Lebenswelten und Beziehungsnetze der Individuen, immer weniger festgefügt und räumlich fixierbar, sondern ebenfalls zunehmend mobil und dynamisch (vgl. Urry: *Sociology Beyond Societies)*. Andererseits kann man diesen Prozeß auch als eine ambivalente »Raum-Zeit-Kompression« lesen, die sich auf der Ebene der Ökonomie als Virtualisierung und Flexi-

bilisierung manifestiert. Dabei wird die Dimension des Raumes nicht etwa zum Verschwinden gebracht, sondern sie tritt verschärft hervor – als Ressource von Macht und als (strukturierende) Dimension sozialer Ungleichheit (vgl. Harvey: *The Condition of Postmodernity;* insb. Kap. 17 sowie ergänzend die Beiträge in Gregory/Urry: *Social Relations and Spatial Structures)*. Dementsprechend ist Raum etwa in der Gesellschafts-Theorie Bourdieus nicht nur metaphorisch als »sozialer Raum« und als »Machtfeld« etc. präsent (vgl. *Sozialer Raum und Klassen)*, sondern spiegelt die sozialen Verhältnisse wider und »figuriert« so auch als »materielles« Moment der Klassenstrukturierung (vgl. ders.: *Physischer, sozialer und angeeigneter physischer Raum)*. Dies gilt verschärft unter den Bedingungen der Globalisierung – Raum wird zu einer bestimmenden Dimension der Klassenstrukturierung (siehe auch nochmals S. 115 und vgl. insb. Jain: *Die »globale Klasse«)*.
Das Bewußtsein für diese enge Wechselwirkung und Durchdringung von Raum und Gesellschaft, der sozialen Formung des (Landschafts-)Raumes und der räumlich-materiellen Dimension der Sozialsphäre (siehe auch nochmals S. 92f.), wurde insbesondere im Projekt einer kritischen Sozialgeographie geformt, das Ende der 1970er Jahre in Großbritannien Form annahm (vgl. etwa Soja: *Postmodern Geographies* oder Gregory: *Ideology, Science and Human Geography* sowie ders.: *Geographical Imaginations)*.[77]
Dabei schloß man vor allem an die Arbeiten Lefebvres an: Für diesen stellt Raum nicht einfach eine gewöhnliche »Sache« dar, sondern vielmehr eine Art Hülle, die alle Dinge und sozialen Relationen umschließt (vgl. *La production de l'espace;* S. 88ff.) – und ist dabei doch das (historische) Produkt und der Spiegel der sozio-ökonomischen Verhältnisse: »L'espace, c'est la morphologie sociale.« (Ebd.; S. 112)

F) KRITISCHE GEGEN-SPIEGELUNGEN

Als (morphologischer) Spiegel der sozialen Verhältnisse ist Raum jedoch – speziell als Metapher – keineswegs wiederspruchsfrei und unproblematisch: Raum ist offen, und Raum ist begrenzt. Raum ist die Präsenz des Unendlichen in der Gegenwart, aber auch – zum Beispiel – das Gefängnis ist ein Raum, oder, genauer gesagt, ein konkreter Raum: ein Ort. Aber nicht nur in der Örtlichkeit (des Gefängnisses), ebenso im konkreten Bild-Raum der Metapher gibt es *Grenzen, Limitierungen und »Schattenseiten«,* die uns den Blick versperren. Wie bei jedem Bild, kommt es im Bild der Landschaft – genau durch jene Ansprache erzeugenden Elemente des Sinnlichen, die den Raum des Vor-Gestellten auch aufzusprengen vermögen – zu Verfestigungen, die uns in bestimmten »Anschauungen« gefangen halten. Bevor die möglichen utopisch-überschreitenden Potentiale der Landschaftsmetapher also genauer erkundet werden können (siehe Abschnitt 5), soll und muß hier deshalb die Dialektik der Landschaftsmetapher in kritischer Gegen-Spiegelung entfaltet werden – um ihr nicht zu verfallen.

Zunächst einmal muß festgestellt werden: Das (räumliche) Landschafts-Bild der Gesellschaft verleitet potentiell dazu, sich einer *kartographischen Illusion* hinzugeben – daß der Raum der Gesellschaft (exakt) vermessen werden könnte, sich »abbilden« ließe. Und zudem bietet das räumliche Denken einen willkommenen, aber fiktiven Ankerpunkt, wenn es darum geht, für das Unbekannte, das sich am Horizont (der Postmoderne) abzeichnet eine altbekannte Beschreibungsdimension und -formel zu finden: Raum und seine Logik. Dieser *Tendenz der Verfestigung* muß mit großer Sensibilität begegnet werden, wenn eine Verstrickung in (bekannte) räumliche Muster, die in nur scheinbare Sicherheit wiegen, vermieden werden soll (vgl. auch Smith/Katz: *Grounding Metaphor*).

Neben der Illusion einer Vermeßbarkeit des sozialen Raumes gibt es aber noch eine weitere Gefahr der Verfestigung, die durch das Raum-Bild der Landschaftsmetapher erzeugt wird: Landschaft erscheint – obwohl in der Tat ständig im Fluß befindlich – eher *starr und unveränderlich*. Wenn es überhaupt zu merklichen Änderungen kommt, so erfolgen diese, wie dargelegt, über vergleichsweise lange historische Zeitläufe hinweg, und nur schwerlich kann es zu abruptem Wandel kommen. Das bedeutet, daß im Bild der Landschaft ein *latenter Konservatismus* mitschwingt, dergestalt, daß im Bildrahmen der Landschaft jegliche Veränderung nur langsam und allmählich vorgestellt wird, und jede Form von radikalem (sozialem) Wandel der metaphorischen Logik gemäß zwangsläufig als eine Art »(Natur-)Katastrophe« erscheint. Die vom Landschaftsbild beförderte »Einsicht« in die nur schwer abrupt zu verändernde (soziale) Morphologie hat so eine *entdynamisierende Nebenwirkung*.

Aber so sehr Zeit sich hier verfestigend im Bild der Landschaft manifestiert, durch die *einseitige bildliche Konzentration auf die Raumlogik* droht Zeit zugleich als Bezugspunkt des (vorstellenden) Denkens gänzlich zu entschwinden: Sie verflüchtigt sich im dauerhaften »Grund« der Landschaft (die insbesondere als idealisierter imaginär-symbolischer Vorstellungsraum besondere Persistenz besitzt), bleibt nur als (fiktive) Ewigkeit bestehen und figuriert nicht in ihrer gerade aktuell doch um so vieles deutlicher aufscheinenden – kaum weniger problematischen – vergänglichen, »brüchigen«, beschleunigten Form (vgl. auch Virilio: *Geschwindigkeit und Politik*).

Das metaphorische Bild der sozialen Landschaft impliziert unter Umständen zudem eine *romantisierende, idyllisierende Perspektive*, in der ein *idealisiertes Naturbild* zutage tritt. Nicht zufällig wurde etwa das Genre der Landschaftsmalerei in der Epoche der Romantik entdeckt (vgl. Praz: *Der Graten der Sinne;* S. 223ff.). Denn unsere erste Assoziation bei der Metapher »Landschaft« sind wohl eher sanft geschwungene, von malerischen Dörfern gesäumte Hügellandschaften, durch die sich klare Flüsse schlängeln, als marode Industrielandschaften.

Analog zu dieser dominanten Lesart des Landschaftsbilds, das den Aspekt der Natur tendenziell betont und den Faktor der Kultur eher zurückdrängt, besteht durch die Metapher der Landschaft die *Gefahr der Naturalisierung sozialer Verhältnisse.* Schließlich versteht man unter Landschaft in der Regel eine *organisch gewachsene* Umwelt. Die Landschaftsmetapher steht damit in deutlicher Nähe zu (politischen) Körper- und Pflanzenmetaphern – und kann folglich auch im Sinn einer Naturalisierung von Herrschaftsverhältnissen gelesen werden (die sich in den unterschiedlichen »Niveaus« der Plazierung spiegeln). Zudem erzeugt sie die Illusion der »Offenheit« und verdeckt so auch bestimmte Hierarchisierungen im sozialen Raum: die Existenz »exklusiver«, nicht ohne weiteres betretbarer »Trutzburgen« des Wohlstands in der Form von Shopping Malls und »Residential Towers« sowie – auf der anderen, entgegengesetzten Seite – die (Ghetto-)Raume der Ausgeschlossenen: negativ konnotierte, mit Angst besetzte Zonen, die auf das grundsätzliche Problem der Differenz verweisen (vgl. hierzu auch Sibley: *Geographies of Exclusion)*

In der Metapher der Landschaft liegen also viele Widersprüche und Gefahren, sie begrenzt und verfestigt unsere Anschauungen des sozialen Raumes in spezifischer Weise, sie verengt unseren Blick, bewirkt eine einseitige Konzentration auf Raumlogik, erzeugt die kartographische Illusion der Vermeßbarkeit, impliziert Statik und kann auch im Sinn einer Naturalisierung sozialer Verhältnisse gelesen werden. All dies muß gerade deutlicht gemacht werden, um ihre Potentiale zu entfalten – und um sich den möglichen überschreitenden Momenten in diesem Bild annähern zu können:

4. DIE LANDSCHAFT DES UTOPISCHEN RAUMES (HERMENEUTISCHE ÜBERSCHREITUNG)

Die verdichtende Betrachtung der Landschaftsmetapher führte uns zur Geschichte des Gartens und zu den Feldern der Landwirtschaft. Die Rückspiegelung der so gewonnenen »Ansichten« bewirkte ein um zahlreiche Aspekte erweitertes und zugleich deutlicher umrissenes Bild der Gesellschaft als einem sozialen (Landschafts-)Raum. Die kritische Reflexion dieses »Bildraumes« verwies zugleich auf die impliziten Fallstricke dieser »Anschauung«. Erst in diesem kritischen Bewußtseins werden allerdings die tat-sächlich überschreitenden Potentiale der Landschaftsmetapher »zugänglich«.
Auf der Ebene der Theorie wurde die zugrunde liegende Anschauung durch die erfolgte metaphorische Verdichtung und Rückspiegelung zwar bereits vielfach überschritten. Doch eine *solche* Überschreitung wäre, in der reinen »Hingabe« an die (assoziative) bildliche Macht der Metapher, noch zu »naiv«, könnte in einer Verstrickung in der Dialektik der Metapher enden und damit eher den gedanklichen Raum begrenzen, als ihn aufsprengen. Die kritische Reflexion des Deutungsraums der Metapher war also erforderlich, um neben dem verdichtenden Sich-Verlieren im metaphorischen Bildraum, ein Element der »Distanz« zu bewahren, welches das Bewußtsein wach hält, daß die Metapher eine Metapher und nicht die »Wirklichkeit« darstellt. Denn der interpretative »Mehrwert« der Metapher (als Differenz) ergibt sich immer nur im Hinblick auf diese »Wirklichkeit« (und ihre Interpretation), und nur als »offener« Raum, der sich nicht auf eine bestimmte Anschauung fixiert, bleibt der Raum der Interpretation ein Raum der (fortschreitenden) Erkenntnis.
Eine kritische Reflexion der metaphorisch eröffneten Anschauung ist also notwendig – auch um alternative Anschauungen nicht auszuschließen. Die metaphorische Erkenntnis muß sich dabei zugleich auf die (wahr-genommene) Welt richten. Deshalb wäre eine rein theoretische (d.h. bloß »anschauliche«) Überschreitung noch zu begrenzt, um sich mit ihr zufrieden zu geben. Denn muß nicht eine *wirk*-liche Überschreitung, zumal eine »bildliche«, den »Rahmen« sprengen, muß sie nicht die rein abstrakte Ebene verlassen und zumindest eine »greifbare« Alternative (als Art und Weise sich in der Welt zu positionieren) zutage fördern, die zwar im assoziativen Sog der zugrunde gelegten Metapher aufscheint, aber ihre engen Grenzen zugleich transzendiert? Muß nicht jede theoretische Anschauung die (praktisch) Sinn machen soll, auch auf die (soziale) Praxis gerichtet sein?

In diesem auch praktisch wirksamen »Sinn« – und aller »Sinn« ergibt sich eben aus dem Bezug auf die Praxis, da Sinn erst möglich wird und entsteht in der Interaktion mit der (sozialen) (Um-)Welt – könnte die Metapher ein (bewußt eingesetztes) Medium des Wandels darstellen. Solche Wandel auslösenden und verstärkenden Metaphern begreift Gresson als Metaphern des Übergangs (in einer Welt des Wandels): »Transitional metaphors [...] are to be seen as a part of both the scholarly and popular vocabulary of a society in transition: that is, one which is separating itself from old ways of seeing, being, and doing, and on its way to alternative form.« (Gresson: *Transitional Metaphors;* S. 165) Gresson zeigt diese verändernde Kraft am Beispiel der Metapher der »Regenbogen-Koalition« auf, die speziell zu Beginn der 1980er Jahre im Rahmen des Wahlkampfs verschiedener nicht-weißer politischer Kandidaten in den USA eine wichtige Rolle gespielt hatte, da sie eine bildliche Klammer für den politischen Zusammenschluß verschiedener Minoritätengruppen bereitgestellt hatte (vgl. ebd.; S. 173ff.).
Wie aber könnte die Metapher der sozialen Landschaft eine vergleichbare soziale Wirksamkeit und verändernde Kraft entfalten? Als Gesellschaftsmetapher ist die Metapher der sozialen Landschaft natürlich von vorne herein auf den sozialen Raum gerichtet. Gesellschaft aber befindet sich in einem permanenten Fluß, ist in Rekonfiguration begriffen, und insbesondere aktuell wirken starke transformative Kräfte (vgl. zusammenfassend auch Jain: *Facing »Another Modernity«*). Um in dieser Situation als eine überschreitend-transitive Metapher fungieren zu können, müßte die Metapher der sozialen Landschaft diese Kräfte der Transformation in eine Richtung lenken, die den sozialen Raum für die einzelnen hin zu einer aktiven Mitgestaltung öffnet sowie die utopisch-imaginativen Räume vergrößert.

A) RAUM UND SEIN

Als ein Raum-Bild erweist sich die Metapher der sozialen Landschaft, was ihr Verhältnisses zur (gelebten) Welt (und deren Wandlungen) betrifft, als in hohem Maße »vielversprechend«, denn Raum und (soziales) Sein sind auf eine besondere Weise schon per se miteinander verknüpft – zumindest »sagt« uns das die Philosophie (vom Raum), insbesondere die Phänomenologie und die Existenzphilosphie:[78] Raum ist nämlich nicht nur, wie Kant darlegte, (analog zur Zeit) als ein a priori des Erkennens zu verstehen (vgl. *Kritik der reinen Vernunft;* Tanszendentale Elementarlehre, Teil 1, Abschnitt 1), sondern wirkt auch als ein a priori der (menschlichen) Existenz. Denn weil das Dasein, wie Heidegger bemerkt, ein (subjektives) »In-der-Welt-sein« ist, gilt eine immanente Räumlichkeit des Daseins: Es muß sich einen Raum (in der Welt) erschließen. Das (Da-)Sein ist also nicht alleine durch Endlichkeit, sondern auch durch Räumlichkeit geprägt (vgl. *Sein und Zeit;* §§ 22ff.). Es ist nur in (Stellung beziehender) Relation zu seiner Um-Welt denkbar. Oder wie Husserl erläutert: »Ich finde mich als Ichpol, als Zentrum von Affektionen und Aktionen [...] Eidetisch sehe ich aber ein, *dass ich als Pol nicht denkbar bin ohne eine reale Umwelt.« (Die Transzendenz des Alter Ego;* § 1, S. 244) In dieser »realen« Welt bewege ich mich »leibhaft« und nehme dadurch einen (bestimmten) *Standpunkt* ein (vgl. auch ebd.; § 2, S. 253).

Auch Merleau-Ponty hebt, an Husserl anschließend, die Räumlichkeit des Seins und des eigenen Leibes hervor und spricht von den »fundamentalen Bezüge[n] zwischen Leib und Raum« *(Phänomenologie der Wahrnehmung;* Teil 1/III, § 11; S. 128). »Nicht also dürfen wir sagen, unser Leib sei *im* Raume, wie übrigens ebensowenig, er sei in der Zeit. Er *wohnt* Raum und Zeit *ein.«* (Ebd.; § 20, S. 169). Sein bedeutet demnach (im Raum) Orientiertsein (vgl. ebd.; Teil 2/II, § 17, S. 294). Und diese »Orientierung« ist keinesfalls beliebig, sondern weist, wie sich wiederum mit Heidegger behaupten läßt, eine *spezifische* Aus-Richtung auf: *»Im Dasein liegt eine wesenhafte Tendenz auf Nähe.« (Sein und Zeit;* § 23, S. 105). Diese Ausrichtung des Daseins auf Nähe kann und darf nicht nur »physikalisch« gelesen werden,[79] sondern deutet auch auf die soziale Daseins-Dimension, denn das »In-der-Welt-sein« ist immer auch ein Mitsein (mit anderen) (vgl. ebd.; § 24, S. 114). Die Räumlichkeit des Daseins findet damit ihren Ort im sozialen Raum und ist nicht als »punktuelles« vereinzeltes Sein denkbar.

Was aber bedeutet die Räumlichkeit des Daseins für den (projektiven) Raum des Denkens und der Imagination (der die vor-stellende Grundlage der »realen« Überschreitung darstellt)? Es wäre nicht treffender zu sagen, als Jean-Luc Nancy es ausdrückte: »Der Raum: Die Umkehrbarkeit. Die Zeit: Der Pfeil, der unumkehrbare Flug [...] Unsere ganze Zivilisation ist eine Barbarei der Zeit [...] Und wenn das Denken räumlich wäre? [...] Denken: Eine Geschwindigkeit, über die keine Zeit Rechenschaft ablegen kann. Ein Abweichen, eine Dislokation. Hier ist ein anderer Ort, ein anderer *topos* [...] Der Raum steht daher nur gegen die Zeit, um die Zeit zu befreien, [...] um ihr einen Ort zu geben, einen räumlichen Empfang, die Dauer zurückzuweisen, die Abfolge, die Herrschaft der Ursachen, Retentionen, Protentionen.« *(Das Gewicht eines Denkens;* S. 103ff.) Der Raum (an sich) bedeutet deshalb für das Denken, die Vorstellung, keine Fixierung. Als radikale Gleichzeitigkeit ist er die »gegenwärtige« Möglichkeit der Abweichung durch (imaginative) Bewegung, die uns »andere« Orte erschließt: die Nicht-Orte der Utopie.

B) RÄUME FÜR ANDERS-SEIN: DIE U-TOPIE DER HETEROTOPIE

Die U-*topie* ist zweifellos – nicht nur im metaphorischen Sinn, sondern untilgbar, als Verweisungszeichen, eingegossen in den Begriff – ein Raum: Ein (imaginativer) Gegen-Raum, ein (verneinender) Gegenpol, Antipode des »Realen« als Faktischem. Dieser utopische Raum steht tatsächlich gegen die Zeit: als verfestigte Wirklichkeit einer defizitären Gegenwart – und weist über sie hinaus. Die Utopie muß deshalb offen gehalten werden: Raum ist unbegrenzt. Und doch ist Utopie notwendig auch ein »wirklicher«, d.h. durch ihre (Denk-)Möglichkeit realer Ort. Wie ist dieser Widerspruch der Utopie aufzulösen? Oder Bedarf die Utopie – als verneinender Widerspruch – dieser Auflösung nicht?
Jede konkrete Utopie ist ein Verrat an das Diktat des Bestehenden gegen das sich das utopische Denken – in Anwaltschaft für das Mögliche – richtet. Die konkrete Utopie, als imaginative »Banalität«, die die (grundsätzliche) Offenheit des utopischen Raums begrenzt, eliminiert also das Utopische der Utopie. Deshalb bemerkt Adorno im Rahmen seiner *»Ästhetischen Theorie«* (gegen die »positive« Utopie gerichtet): »Was als Utopie sich fühlt, bleibt ein Negatives gegen das Bestehende, und diesem hörig.« (S. 55) Nur in radikaler Negativität (zu der für Adorno alleine die Kunst als Ausdrucksform des »Nichtidentischen« befähigt ist) kann deshalb die (Un-)Möglichkeit der Utopie, als ein negativer Nicht-Ort, offen gehalten werden: »durch [...] absolute Negativität spricht Kunst das Unaussprechliche aus, die Utopie [...] Durch unversöhnliche Absage an den Schein von Versöhnung hält sie diese fest inmitten des Unversöhnten [...]« (Ebd.)
Als die – durchaus reale – Möglichkeit einer *anderen* Wirklichkeit als Horizont des Denkens und Handelns muß Utopie darum unbestimmt bleiben, um tatsächlich wirklich werden zu können. Sie speist sich zwar aus *bestimmter* Negation: dem »erlebten« Leid an der Welt, wie sie ist, doch darf sie selbst sich nicht »bestimmen«, d.h. konkret werden, sich »verorten«, um nicht den utopischen Raum in einem *vor*-gestellten Raum zu begrenzen – und damit letztlich zu einer Ideologie zu verkommen, die in imaginativer Fixierung

(auf ein »Bestimmtes«) das Mögliche an das Wirkliche verrät (vgl. auch Jain: *Politik in der (Post-)Moderne;* S. LXXXVIff.).
Man könnte darum die Dekonstruktion als eine (im eigentlichen Sinn utopische) philosophische »Kunst« der Negativität genau in diesem Verständnis verstehen, denn in dem Band »*Gesetzeskraft*« legt Derrida dar, daß die Dekonstruktion »den Anspruch erhebt, Folgen zu haben, die Dinge zu ändern und auf eine Weise einzugreifen, die wirksam und verantwortlich ist« (S. 18). Dabei versucht sie, sich dem herrschenden Diskurs und seinen Umfassungsversuchen (negativ) zu entziehen und eröffnet damit gewissermaßen eine u-topischen Raum, stellt bewußt einen (marginalen) Nicht-Ort im Rahmen der Philosophie dar (vgl. auch ders.: *Randgänge der Philosophie;* S. 20ff.).
Kann aber die Utopie, die nicht nur (offener) Raum, sondern auch (vorgestellter) Ort ist, in »reiner« Negativität verwirklicht werden? Was ist der Anstoß für die utopische Bewegung – nicht nur als ein Vorstellen, sondern als Handeln? Als »dekonstruktive«, rein negative Bewegung ist sie ungerichtet bzw. immer nur gegen-gerichtet und damit von diesem Gegenpol (des Realen) determiniert und gefangen. Um sich zu befreien, müßte da die utopische Bewegung nicht (angestoßen von der widerständigen Kraft der Negation) eine eigene Richtung und »Orientierung« aufweisen (die auf »Nähe« zielt)? Und beinhaltet nicht (utopische) Imagination – als »orientierende« Voraussetzung für das transformative Handeln – per se ein Moment des »Materiellen«? Das utopische Drängen motiviert sich aus der »sinnlichen« Anschauung, einer »geschauten« Verheißung. Zugleich darf es sich aber natürlich nicht in dieser Anschauung einengend fixieren, denn das käme einem Stillstand gleich. Baudrillard bringt hier – als ein »Drittes« – das Symbolische ins Spiel. Er versteht das Symbolische als Aufhebung des Gegensatzes von Realem und Imaginärem, und er erkennt genau in diesem aufhebendem Moment ein tatsächlich utopisches Potential des Symbolischen: »*Es ist die Utopie, die Schluß macht mit der Topik von Seele und Körper, Mensch und Natur, Realem und Nicht-Realem, Geburt und Tod.*« (*Der symbolische Tausch und der Tod;* S. 210) Denn gerade in einer Welt, in der das Reale – durch simulative Verdoppelung – im Imaginären aufgeht, ist das Symbolische ein Moment nicht nur der Subversion, sondern als ein Zeichen der Verweisung (auf ein »Anderes«) enthält es eine utopische »Bedeutung«.
Ein »Symbol« in diesem utopischen Sinn ist mit Sicherheit auch die Metapher, denn im metaphorischen Bild ist die Differenz (zur Be-Deutung: der Konvention) gegenwärtig. Sie ist – in ihrer »Sinnlichkeit« und ihrer der Kontextlogik

widersprechenden diskursiven »Dislokation« – Ausgangspunkt einer (Sinn-)suchenden Deutungsbewegung. Man kann die Metapher also auch als ein Element des Utopischen im Diskurs begreifen. Doch selbst wo sich die Interpretation im Dickicht der metaphorischen Bildlichkeit verstrickt – und damit der Ideologie näher steht, als der Möglichkeit der Überschreitung: Ist die Ideologie – so könnte man im Anschluß an Jameson fragen (vgl. *Postmoderne und Utopie;* insb. S. 108)[80] – in einer Zeit, die sich als »Endzeit« der großen Erzählungen begreift und in welcher der Anspruch auf (überzeitliche und universelle) Wahrheit aufgegeben scheint, ist in dieser postideologischen Epoche, in der so – paradoxerweise – jede Anschauung ideologisch wird, die Ideologie überhaupt als »Schreckgespenst« wirksam? Was spräche dann aber noch dagegen, sich der Ideologie der Utopie zu verschreiben? Zudem: Warum sollte es nicht möglich sein, einen »dialektischen« Utopismus vorzustellen, der das kritische Verhältnis zum idealistischen Utopismus bewährt, sich zugleich der Gefahr der »Schließung« des utopischen Raumes durch materialisierende imaginative Festschreibungen bewußt ist, sich aber nicht selbst dem Raum der Utopie verschließt? Ein solcher dialektischer Utopismus (vgl. Harvey: *Spaces of Hope;* Kap. 9) erkennt in der utopischen Imagination die reale Möglichkeit: den Raum für ein anderes Sein. Und er verbindet den »materiellen« Aspekt einer (negativ) »bestimmten« (aber nicht fixierten) Vorstellung des utopischen Raumes mit einer zeitlichen Perspektive: als konkrete Aufgabe der Veränderung.

Dieses utopische (historische) Handeln muß gewiß mit Blick auf die realen (sozialen) Räume geschehen, denn das utopische Denken ist der Realität immer zumindest insoweit verpflichtet, als es sie (kritisch) wahrnehmen muß – um sie (positiv) zu überschreiten. Deshalb darf das utopische Imaginieren seinen Blick insbesondere nicht vor jenen marginalen und marginalisierten Räumen verschließen, die das Stigma des »Ghetto« tragen und Sphären der Exklusion darstellen (vgl. Shields: *Places on the Margin).* Gerade in diesen marginalen Räumen findet häufig eine (widerständige) Identitätspolitik statt, die neue soziale (Handlungs-)Räume eröffnet und damit als »utopische Praxis« gewertet werden kann (vgl. Hetherington: *Expressions of Identity;* Kap. 6). Hier handelt es sich zudem in einem gewissen Sinn um durchaus greifbare, reale U-topien: Nicht-Orte, da sie in unseren (individuellen und kollektiven) Raum-Karten nicht figurieren; sie sind bedeutungslos, nicht existent.

Andere reale Nicht-Orte sind (symbolische) Orte, die zwar benannt werden können, einen Namen tragen, aber keinen tatsächlich örtlichen Charakter (als strukturierter Handlungsraum) aufweisen: Sie sind (urbane) Räume des

Vorübergehens, ruhelose Plätze des Herumirrens, der endlosen Suche, der Abwesenheit (vgl. Certeau: *Die Kunst zu Handeln;* S. 197ff.). Reale Nicht-Orte sind auch die identitätslosen Orte der (hyperrealen) »Übermoderne«, die keine realen Beziehungen zu anderen Orten aufweisen und keine historische Einbettung besitzen; es sind die rein zweckgebundenen Räume der Passage, wie Wartehallen oder Autobahnen, zu denen ihre »Nutzer« keine wirkliche Beziehung finden (vgl. Augé: *Orte und Nicht-Orte;* insb. S. 92f. und S. 110ff.). Oder denken wir an die virtuellen Welten des »Cyberspace« der zwar wirklich, aber nicht real ist.

Derartige reale Nicht-Orte haben jedoch offensichtlich kaum utopischen Charakter – im Sinn einer (überschreitenden) Gegen-Welt.[81] Doch es existieren im sozialen Raum noch *»Andere Räume«*, die Foucault »Heterotopien« nennt und die Gegensphären darstellen, aber im Gegensatz zur Imagination der Utopie wirklich, d.h. hier »real«, sind: »Es gibt zum einen die Utopien. Die Utopien sind Plazierungen ohne wirklichen Ort [...] Es gibt [jedoch] gleichfalls [...] wirkliche Orte, wirksame Orte, die in die Einrichtung der Gesellschaft hineingezeichnet sind, sozusagen Gegenplazierungen und Widerlager, tatsächlich realisierte Utopien, in denen die wirklichen Plätze innerhalb der Kultur gleichzeitig repräsentiert, bestritten und gewendet sind, gewissermaßen Orte außerhalb aller Orte, wiewohl sie tatsächlich geortet werden können. Weil diese Orte ganz andere sind als alle Plätze, die sie reflektieren oder von denen sie sprechen, nenne ich sie im Gegensatz zu den Utopien die Heterotopien.« *(Andere Räume;* S. 68)

Tobin Siebers versteht unter der Heterotopie darum die postmoderne Version von Utopie, in der das Andere, die Abweichung ihren Raum hat. Nicht Homogenität, sondern Heterogenität und Differenz bestimmen den Charakter von *»Heterotopia«* (vgl. S. 20). In diesem Sinne wäre sicher auch Homi Bhabhas »Thirdspace« eine Heterotopie zu nennen, denn dieser emanzipatorische »Dritte Raum«, den sich Personen mit »hybriden« Identitäten (ästhetisch) erschließen, ist ein Raum ohne kulturelle Dominanz, in dem es keine festgefügten Bedeutungen gibt (vgl. *The Location of Culture;* S. 34).[82] Allerdings: Für Foucault besitzen die heterotopen Räume nicht ausschließlich überschreitenden Charakter, sondern erfüllen tatsächlich innerhalb des sozialen Raumes auch eine bestimmte (stabilisierende) Funktion: etwa als geschlossene Räume (Gefängnisse, psychiatrische Anstalten etc.), in denen die Internierung des Abweichenden erfolgt; oder als »Kompensationsräume«, die die Realisierung eines Ideal erlauben – jedoch nur in einem eng begrenzten Sonder-Raum (vgl. *Andere Räume;* S. 69ff.). Und die Heterotopie ist mit

Sicherheit auch kein Ort ohne Ordnung, sondern Raum einer alternativen Ordnung (vgl. Hetherington: *Badlands of Modernity;* S. 51ff.).
Die Heterotopie gleicht darum gewissermaßen der Metapher und ihrer Dialektik: Auch sie ist eine Dislokation innerhalb ihres Kontexts, ein Fremdkörper, die (reale) Gegenwart der Differenz, die aber (in der Interpretation) durchaus Sinn macht, zur Revolution des Sinns, seiner Umkehrung beitragen kann, indem sie, zumindest als möglicher Ansatzpunkt, dem Drängen eines unterdrückten Begehrens Raum der Entfaltung gibt – und darum gefürchtet wird. Zugleich bleibt sie doch ein beschränkter Raum innerhalb ihres (Kon-)Textes, und sie vermag nur allzu leicht in einer Verfestigung der Perspektiven zu enden.

c) (H)Orte der Beheimatung und des Widerstands

Wie aber kann der heterotope Raum sein utopisches Potential entfalten? Wie entgeht er der (funktionalen) Umfassung durch die ihn umschließenden Räume? Und wie können die anderen Räume der Heterotopie erschlossen, verteidigt, gestaltet und (real) zur Utopie eines anderen Seins ausgeweitet werden? Das heißt vor allem fragen: Von welchem Ort aus wird es möglich, die Utopie in den Blick zu nehmen?
Bachelard bemerkt ihn seiner »*Poetik des Raumes*«: »Wir erschließen gewissermaßen die Welt, indem wir über die bisher bekannte Welt hinausgehen« (S. 214). »Das Dasein wird getragen von einem Anderswosein. Der Raum, der große Raum, ist der Freund des Seins.« (Ebd.; S. 238) Solche »Freundschaft« mit dem Raum, die Möglichkeit und das (Selbst-)Vertrauen, sich fallenzulassen, einzutauschen, fortzutreiben in der unendlichen Weite des (utopischen) Raumes des Anderswo, welcher nicht nur – zeitlich – in weiter Ferne aufscheint, sondern – in seiner Unbegrenztheit – die Furcht vor existentieller Verlorenheit wachruft, diese Freundschaft bedarf allerdings nach Bachelard einer »fundamentalen« Beheimatung: der immer wieder »wachrufbaren« Erfahrung des Zuhauseseins. »Denn das Haus ist unser Winkel der Welt.« (Ebd.: S. 36) Es ist eine »Zuflucht«, ein ganzer Kosmos für uns. Und wie schon Heidegger bemerkte: »Das Wohnen ist die Weise, wie die Sterblichen auf der Erde sind.« *(Bauen Wohnen Denken;* S. 21)
So machen wir uns auf zum fernen Licht am Horizont, das uns eine Wohnstätte, eine Zuflucht in der Einsamkeit verspricht; oder wir kehren (träumend) zurück zu den Heimstätten unserer Kindertage, dem Dachbodenunterschlupf

und seinen vertrauten Gerüchen (vgl. *Poetik des Raumes;* S. 45ff. und S. 67ff.).[83] Allerdings: »Die echten Häuser der Erinnerung, die Häuser zu denen unsere Träume uns immer wieder zurückführen, die Häuser, die reich sind an getreuen Traumgestalten, widerstehen jeder Beschreibung. Sie beschreiben, hieße sie besuchen.« (Ebd.; S. 45) Jene Zufluchten, die »wahren« Orte der Beheimatung, sind also ebenfalls imaginative Nicht-Orte: Utopien der Erinnerung und des Vorstellens, Teil jenes unermeßlichen Reichs der Bilder, eines inneren Raums der Imagination, von dem aus erst der äußere Raum erschließbar wird (vgl. ebd.; S. 214ff.).

Allerdings: In unserer nomadischen Zeit der ubiquitären Heimatlosigkeit, des Exil, der Diaspora, der Entwurzelung, der globalen Mobilität scheint der Ort, als eine mögliche Heimstätte und Zuflucht, ein Auslaufmodell zu sein (vgl. auch Morley: *Home Territories;* S. 2f.). Wo aber die Realität – wie immer eingeschränkt – als Hintergrund der Erfahrung fehlt, ist auch die projektive Erinnerung und utopische Imagination begrenzt. Möglicherweise ist aktuell gerade deshalb – im Angesicht des drohenden Verlusts – das Verlangen nach gewissen Formen der Beheimatung groß.

Es handelt sich jedoch zumeist um ein regressives Verlangen nach »Heimat«, einem Band der Verbundenheit, einer »Verortung«, die in einer fiktiven Vergangenheit und »Gemeinschaft des Blutes« wurzelt. Dieses Verlangen der Verortung muß in einem xenophoben Reflex alles Fremde – als wahrgenommene Bedrohung der als homogener »Einheit« vorgestellten Gemeinschaft – abwehren, um den (Nicht-)Ort der Heimat ins Leben setzen zu können (vgl. ders./Robins: *Spaces of Identity;* Kap. 5). Es handelt sich bei *solchen* Nicht-Orten um »bereinigte« Räume, tatsächliche »Homotopien«, die dem anderen Raum der Utopie: seiner Offenheit nicht weiter entgegengesetzt sein könnten.

Und doch: Die Situation der »Dislokation«, erzeugt nicht nur ein regressives Verortungs-Verlangen, sondern eröffnet zugleich auch gesteigerte Möglichkeiten für widerständige Praktiken – denn sie erzeugt Öffnungen des sozialen Raumes (vgl. Laclau: *New Reflections on The Revolution of Our Time;* S. 39–45). Auch diese widerständigen Praktiken beruhen auf einem Verlangen, denn *jedes* Sein (und jedes Handeln) speist sich letztlich aus Verlangen: »Desidero ergo sum« (Strohmeyer: *Belonging – Spaces of Meandering Desire;* S. 166). Verlangen wiederum benötigt einen Ausdrucks- und Entfaltungsraum, und somit ist Raum nicht nur konstitutiv für das Dasein, sondern ebenso für ein mögliches anderes Sein: »*Space is […] constitutive of beeing and of being different at the same time […]*« (Ebd.; S. 169) Raum ist darum nicht

nur Begrenzung, Medium des Ausschlusses, sondern Basis und Zielrichtung für widerständige Praxis: »Resistence [...] not only takes place, but also seeks to appropriate space, to make new space [...]« (Pile/Keith: *Geographies of Resistence;* S. 16)
Die reale Möglichkeit zur Entwicklung einer widerständigen (utopischen) Praxis ist dabei jedoch auch von der (sozialen) Position abhängig. Das Verlangen, als Basis des utopischen Strebens, wird geformt durch den sozialen Standort. Kaum verwunderlich: Der utopische Raum wird nicht aus dem »Zentrum« heraus erschlossen. Die Vision und das Verlangen nach einem anderen Raum (im Sinn einer »Heterotopie«) wird durch eine Position der Randständigkeit erzeugt und geformt und von ihr heraus artikuliert. Deshalb gibt es eine (u-topische) »Politik des Standorts«: Es gilt Re-Visionen zu entwickeln, Räumen radikaler Offenheit zu (er)finden, wie sie nur ins Blickfeld geraten können, wenn man sich – bewußt – am (radikalen) Rand ansiedelt, der gewiß kein sicherer Ort ist (vgl. hooks: *Radikale Perspektive – Sich am Rand ansiedeln;* S. 147ff.) Dann gilt: »Die geteilte Erfahrung von ›Sehnsucht‹ eröffnet die Möglichkeit einer gemeinsamen Basis, auf der all diese Unterscheide zusammentreffen und sich verbünden.« (Dies.: *Sehnsucht, Befreiungskampf und Kulturkritik;* S. 28)
Wie aber läßt sich die Position der Marginalität ertragen, die den utopischen Raum – durch sehnsüchtiges Verlangen – erst erschließt, ins Blickfeld geraten läßt? Auch hier gilt, daß es Orte des Zuhauseseins bedarf, von denen aus man aufbrechen kann in den Nicht-Raum der Utopie – um, und sei es nur in Gedanken, zu ihnen zurückzukehren, Zuflucht zu nehmen. Diese Orte des Zuhauseseins unterscheiden sich freilich radikal von den imaginären Heimaträumen der Nation oder des Volks. Sie sind heterotope Räume der Geborgenheit, die eine Ahnung von dem vermitteln, was man so schmerzlich vermißt. Und sie sind – in der realen Welt – gleichzeitig Schutzräume, die als »Basis« für die verändernde Praxis dienen. Erst so wird es möglich von »Heimat als Ort des Widerstands und des Befreiungskampfs« zu sprechen (dies.: *Heimat – Ein Ort des Widerstands;* S. 70).

D) DAS U-TOPISCHE BILD: DIE WUCHERUNG DES RHIZOMS

Die Utopie stellt sich vorstellend gegen die Realität des Seins. Dabei richtet sie sich (widerständig und überschreitend) auf den sozialen Raum und ist zugleich in diesen »eingebettet«. Denn ohne (formende) Eingrenzung kann auch keine Überschreitung erfolgen, ohne (imaginäre) Zufluchten sind keine Auf-Brüche in den weiten utopischen Raum denkbar, und ohne die – marginalen – (Heimat-)Räume der Heterotope ist der Nicht-Ort der Utopie nichtig. Vom Rand aus, der Position des Seh(n)ens, wird der utopische Raum erschlossen: Die Utopie ist ein offener Raum, der – gleichsam als Pforte, als tatsächliche »Öffnung« – einen konkreten »Kristallisationspunkt« benötigt, um sich (real) aufzutun. Eine solche »Öffnung« im Raum des Vorstellens – der den Raum der Handlung (positiv) »begrenzt« – stellen bestimmte Bilder: (überschreitende) Imagination dar. Denn wie bemerkt Castoriadis so treffend: »Es gibt [...] kein Denken ohne Gestalten, Schemata, Bilder, Wortbilder.« *(Gesellschaft als imaginäre Institution;* S. 554)

Es gilt jedoch auch für Castoriadis, daß dieses Denken und seine Bilder im »Magma« der psychischen Vorstellung und von den sozialen Institutionen (vor)geformt sind. Deshalb gibt es selbst im imaginativen Raum der Utopie keine »tabula rasa«. Allerdings können diese Vor-Bilder reflektiert werden. Dieses reflektierende Denken ist ein geschichtliches Denken und denkendes Tun – indem es imaginierend auch alternative Entwürfe zugänglich macht (vgl. ebd.; S. 558). Dies führt letztlich zu einem Prozeß der sozialen Selbstschöpfung, der auf (radikalen) Imaginationen von »Andersheit« beruht (vgl. ebd.; S. 603ff.). Die im sozialen Raum geformten Bilder der Utopie wirken zurück auf den sozialen Raum. Die Utopie ist eine Metapher: ein Medium der Generierung von Räumen der Vorstellung und des Sinns. Sie wirkt in imaginativer Rückübertragung so auch auf das Sein, schafft ihre eigene Wirklichkeit, indem ihre (nicht-örtliche) Abweichung zwingt, sich mit diesem anderen Raum (vorstellend und deutend) zu beschäftigen – und so (möglicherweise) in einen Prozeß der Erschaffung von *anderen* Räumen mündet.

Zum Schluß, um einen (u-topischen) Anfang zu machen, also ein Bild – im fortschreibenden Rekurs. Wie aber kann der Nicht-Raum der Utopie im Medium der räumlichen Metapher der sozialen Landschaft erschlossen werden? Es müßte sich um ein Bild handeln, daß ihre spezifische räumliche Fixierung aufgreift und zugleich sprengt. Hier bietet sich in der Vorstellung des »Rhizom« von Deleuze und Guattari ein möglicher Ansatzpunkt: Das Rhizom ist als horizontales »Wurzelwerk« durch die Prinzipen der Konnexion, der Heterogenität und der Vielheit geprägt. »Im Unterschied zu den Bäumen und ihren Wurzeln verbindet das Rhizom einen beliebigen Punkt mit einem anderen [...] Es ist weder das Viele, das vom Einen abgeleitet wird, noch jenes Viele, zu dem das Eine hinzugefügt wird [...] Es besteht nicht aus Einheiten, sondern aus Dimensionen.« *(Rhizom*; S. 34) So stellt es im Gegensatz zur Wurzel eine unkontrollierbare Wucherung dar, die auch Brüche nicht scheuen muß, sondern von diesen unbeeindruckt weiter wuchert, sich eigene Wege sucht, transversale Verbindungen zwischen dem scheinbar Inkompatiblen herstellt (vgl. ebd.; S. 16ff.). Und in seinem Wildwuchs produziert es das Unbewußte, kehrt die verdrängten Wünsche und Begierden der Individuen hervor, statt sie zu verdecken und rational zu beherrschen. Es praktiziert damit eine unvereinnahmbare (»ästhetische«) Politik des Besonderen und des Differenten (vgl. ebd.; S. 29).

Wenn man dieses von Deleuze und Guattari entwickelte Bild weiterspinnt, könnte man sich – möglicherweise – die umbrechenden, von instrumenteller Logik bestimmten sozialen Landschaften der Gegenwart als ein agroindustrielles Feldersystem vorstellen, in dem sich langsam – teils unintendiert, teils bewußt angelegt – »Biotope« ausweiten, die auch untergründig wuchern. Im Augenblick sind diese noch verinselt, aber vielleicht haben sie unsichtbar schon weite Teile des sozialen Bodens mit ihrem rhizomatischen Netzwerk durchdrungen. Und vielleicht gelingt es auch vereinzelten Samen, sich inmitten der Monokulturen anzusiedeln und Vielfalt in sie zu tragen. Es wäre eine Vielfalt, die sich aus der Differenz ergibt.

Diese Vorstellung eines heterotopen rhizomatischen Netzes das den (sozialen) Landschaftsraum subkutan durchdringt und umformt ist, wie gesagt, ein fortschreibender Anfang, kein Endpunkt. Und doch ist sie – hier – das unbedingte Ende. Denn der Raum der Utopie benötigt zwar (öffnende) Anhaltspunkte der Imagination, aber keine eingrenzenden Festschreibungen. Die Überschreitung: sie bleibt zu unternehmen.

ANMERKUNGEN:

1. Der Begriff der Figuration wurde von Elias in die soziologische Debatte eingebracht. Elias' Ausgangspunkt bildet das Anliegen, ein dynamisches Verständnis sozialer »Formationen« zu entwickeln sowie die Polarisierung zwischen Individuum und Gesellschaft in den gängigen sozialwissenschaftlichen Konstrukten/Begriffen aufzubrechen: »An die Stelle dieser herkömmlichen Vorstellungen tritt [...] das Bild vieler einzelner Menschen, die kraft ihrer elementaren Ausgerichtetheit, ihrer Angewiesenheit aufeinander und ihrer Abhängigkeit voneinander auf verschiedene Weise aneinander gebunden sind und demgemäß miteinander Interdependenzgeflechte oder Figurationen mit mehr oder weniger labilen Machtbalancen verschiedenster Art bilden [...]« *(Was ist Soziologie?;* S. 12) Leider wurde der Figurationsbegriff jedoch von Elias nicht konsistent entwickelt und angewandt, und vor allem ist er, wie man leicht erkennt, kaum trennscharf zum Netzwerkbegriff (siehe auch S. 82ff.). In einem (späteren) Lexikonbeitrag von Elias, der sich dem Figurationsbegriff widmet, heißt es jedoch für ein alternatives Figurationsverständnis sehr aufschlußreich: »Das Zusammenleben von Menschen in Gesellschaften hat immer [...] eine ganz bestimmte Gestalt. Das ist es, was der Begriff Figuration zum Ausdruck bringt.« *(Figuration;* S. 90) Eine Figuration wäre demnach also als das Muster eines Beziehungsgefüges zu begreifen, und der Figurationsbegriff hätte, so verstanden, eine größere Nähe zum Struktur- als zum Netzwerkbegriff – bezeichnete aber im Gegensatz zu ersterem eher ein dynamisch-flexibles und kein festgefügtes (Struktur-)Muster. Genau dies soll hier unter einer Figuration verstanden werden.

2. Foucault bemerkt hier zur genealogischen »Methode«: »Die Genealogie der Werte, der Moral, [...] der Erkenntnis hat [...] nicht von der Suche nach ihrem ›Ursprung‹ auszugehen und die vielfältigen Episoden der Geschichte wegen ihrer Unzulänglichkeit auszuklammern. Sie muß sich vielmehr bei den Einzelheiten und Zufälligkeiten der Anfänge aufhalten; [...] sie muß darauf gefaßt sein, sie nach Ablegung der Masken mit anderen Gesichtern auftreten zu sehen; sie darf sich nicht scheuen, sie dort zu suchen, wo sie sind, und ›in den Niederungen zu wühlen‹; sie muß ihnen Zeit lassen, aus dem Labyrinth hervorzukommen, wo sie von keiner Wahrheit bevormundet waren. Der Genealoge braucht die Historie, um die Chimäre des Ursprungs zu vertreiben; so wie der gute Philosoph den Arzt braucht, um den Schatten der Seele zu vertreiben.« (S. 72f.) Es ist offensichtlich, daß im Rahmen der Genealogie bzw. der Archäologie, wie Foucault später seine Methode umschreibt, der Ebene der Metaphern größte Aufmerksamkeit geschuldet werden muß – auch wenn Foucault selbst keine explizite Metaphernanalyse betreibt (vgl. hierzu auch Harvey: *Foucault and Language – Unthought Metaphors).*

3. »In Bildern bündeln sich Beziehungen«, bemerkt Ipsen in dem Band *»Raumbilder«* (S. 7). Sie bilden ab, haben aber auch projektiven Charakter (vgl. ebd.; S. 9). Leider beschränkt er seine Untersuchung allerdings auf konkrete Bilder, d.h. bildliche Darstellungen.

4. Oder es handelt sich sogar um ein komplexes Gefüge kombinierter bildlicher Vorstellungen im Rahmen einer Definition. Eine Definition ist nämlich der Versuch der erklärenden Festlegung eines Begriffs durch andere. Die Erklärungskraft der Definition kann dabei jedoch nur daher kommen bzw. ist abhängig davon, daß durch sie eine *konkretere* Vorstellung des definierten

Gegenstands erreicht wird – also daß eine Übertragung des (latenten) metaphorischen Gehalts der erklärend verwendeten Begriffe auf den definierten Begriff stattfindet.

5. Ich werde mich, aufgrund dieser Vielfalt, in meiner Darstellung nur auf die wichtigsten, aus meiner Sicht zentralen Gesellschaftsmetaphern beschränken: Körper, Maschine, System, Netzwerk und Landschaft. Andere, durchaus gebräuchliche Metaphern, wie z.B. Gebäude oder Familie, wurden aus Gründen der »Schreibökonomie« ausgespart.

6. Der Begriff »Gesellschaft« bzw. »Gesellschafts-Bilder« wird hier also nicht eng gefaßt, sondern als in großen Teilen überlappend mit Politik und ihren Metaphern angesehen, da – zumindest in der Vergangenheit – eine weitgehende Kongruenz von Staat (Republik, Reich, Fürstentum, Stadt etc.) und Gesellschaft gegeben war.

7. Mit »Körpermetaphern« sind hier alle im weitesten Sinn am Menschen, dem menschlichen Körper und seinen Teilen, orientierte Metaphern gemeint. Auf andere organizistische Metaphern (etwa Lebewesen allgemein, Tiermetaphern wie »Schlage« oder Metaphern aus dem Pflanzenreich wie »Baum« etc.) gehe ich nicht oder nur am Rande ein.

8. Den umgekehrten Weg – also die soziale (Ver-)Formung des Körpers herauszustellen – beschreitet man erst seit kurzem (vgl. z.B. die Beiträge in: Schatzki/Natter: *The Social and Political Body)*. Primärer Ansatzpunkt sind hier die Arbeiten von Foucault, der herausstellt, wie in der Neuzeit ein System der »Disziplinen« den Körper erfaßt, durch die sich ihm die sozialen Machverhältnisse »einschreiben« (vgl. *Überwachen und Strafen;* insb. Teil III).

9. Vor allem während der Aufklärungsperiode bestand auch eine große Faszination für das Maschinenhafte (siehe auch unten). Mit der ökologischen Bewegung erhielten das »Naturdenken« und somit auch organizistische Metaphern wieder größere Bedeutung. Als ein repräsentatives Beispiel mag hier Lovelocks Gaia-Theorie dienen, in der er die Erde als sich selbst regulierenden Organismus denkt *(vgl. Gaia – A New Look at Life on Earth)*. Zudem gibt es im ökologischen Kontext stark esoterisch gefärbte, höchst kuriose Vorstellungen von einer »Mutter Erde«: »Lebendig ist der Leib der Erde und unendlich verfeinert der Ausdruck ihrer Durchseeltheit. Ein Lebewesen ist sie, gebaut nach dem gleichen kosmischen Muster wie der Mensch auf ihrem Schoß. Wie wir Menschen ist auch die Erde ein *zweipoliges* Wesen, wobei ein Kreislauf von Kräften die beiden Pole verbindet. Der Mensch empfängt seine Inspiration aus dem Äther, der den Raum erfüllt [...] Die Inspiration kommt durch das Schädeldach, wo sie in die dort befindliche kelchförmige Öffnung des Kraftfelds gesaugt wird. Genauso empfängt die Erde an ihrem magnetischen *Nordpol* ihre [...] Kraft, die aus dem Raum in ihr eigenes Kraftfeld fließt. Sie empfängt diese Kraft von ihren Geschwistern, den Planeten [...]« (Uyldert: *Mutter Erde;* S. 9)

10. Mythologische Beispiele für Körpermetaphorik finden sich etwa im Gilgamesch-Epos, aber auch im altindischen Kontext. Sehr aufschlußreich, vor allem im Hinblick auf die Rechtfertigung sozialer Hierarchien, ist folgende Stelle aus dem Rigveda: »Der Brahmana [Angehöriger des Priesterstandes] ward [aus] Purushas [der Urkörper] Mund, seine Arme wurden zum Krieger, seine Schenkel zum Vaishya [Angehöriger des Standes der Bauern und Kaufleute] und aus

seinen Füßen entstand der Shudra [Angehöriger des vom Studium der Veden ausgeschlossen dienenden Standes].« *(Rigveda;* (Zehnter Liederkreis, Hymnus 90, Strophe 12; zitiert nach Keilhauer: *Hinduismus;* S. 44)

11. Anklänge an eine soziale Köpermetaphorik finden sich im antiken Griechenland allerdings auch schon bei Xenophon und Demokrit (vgl. Demandt: *Metaphern für Geschichte;* S. 21).

12. Auch der späte Platon plädierte zwar für eine »Gesetzesherrschaft« (vgl. *Nomoi),* und Aristoteles stellt die zentrale Bedeutung der politischen Verfassung dar (vgl. *Politik;* insb. Buch II,6 [1264b–1266b]). Das Rechtsdenken hatte jedoch nicht die herausragende Bedeutung wie im antiken Rom.

13. Hierauf deutet bereits der in Rom gängige Begriff des Rechtskorpus hin.

14. Die Brücke von der Antike zum Mittelalter bildete dabei Augustinus, der in seiner Vorstellung der radikal getrennten Sphären des weltlichen und des Himmelreichs den angenommen Dualismus von Leib und Seele spiegelte (vgl. ebd.; S. 44ff. sowie Augustinus: *Vom Gottesstaat).*

15. Uneinigkeit bestand freilich darüber, ob die weltliche Macht der kirchlichen untergeordnet sein sollte oder nicht (vgl. hierzu auch Struwe: *Die Entwicklung der organologischen Staatsauffassung im Mittelalter;* S. 223ff.).

16. Weitere Beispiele für (früh-)neuzeitliche politische Denker, die im Rahmen ihrer Theorien auf organizistische Vorstellungen zurückgegriffen haben, sind (um nur die prominentesten zu nennen): Bodin, Althusius, Grotius und Pufendorf. Allerdings fehlt bei ihnen jene Hobbes auszeichnende Erkenntnis, daß es sich bei den sozialen/politischen Körpern, um künstliche Körper handelt (vgl. im Überblick Dohrn-van Rossum: *Politischer Körper, Organismus, Organisation;* S. 160–163 sowie S. 189–198). Später greift dann insbesondere Rousseau im Rahmen seiner Vertragstheorie noch einmal sehr ausgiebig auf die Körpermetaphorik zurück (vgl. *Vom Gesellschaftsvertrag),* was in der politischen Prosa des revolutionären Frankreichs – trotz der in Frankreich traditionell stärker ausgeprägten mechanistischen Denkweise (siehe S. 76) – fortgeschrieben wird (vgl. wiederum Dohrn-van Rossum: *Politischer Körper, Organismus, Organisation;* S. 248–290).

17. Siehe auch S. 31.

18. In seiner Schrift »*Vom Bürger*« bemerkt Hobbes dazu: »Die Geometer haben [...] ihr Gebiet vortrefflich verwaltet; denn alles, was dem menschlichen Leben an Nutzen zufällt [...] ist beinahe nur der Geometrie zu verdanken [...] Wenn die Moralphilosophen ihre Aufgabe mit gleichem Geschick gelöst hätten, so wüßte ich nicht, was der menschliche Fleiß darüber hinaus noch zum Glück der Menschen in diesem Leben beitragen könnte.« *(Vom Bürger;* Widmungsschreiben, S. 60f.)

19. Dies zeigt sich u.a. in seiner unbedingten Forderung nach Ruhe und Ordnung, was ihn sogar dazu treibt, zur Denunziation von »Volksverhetzern« aufzurufen: »Wenn irgendein Volksredner [...] die Lehre [verbreitet], daß [...] die Bürger Aufruhr, Verschwörungen und Bündnisse gegen den Staat mit Recht unternehmen dürften [...] so glauben Sie meine Leser ihm nicht, sondern zeigen Sie seinen Namen der Obrigkeit an. Wer mir hierin beistimmt, der wird auch meine Absicht bei Abfassung dieses Buches billigen.« *(Vom Bürger;* S. 72f.)

20. Die besondere Situation in Deutschland beleuchtet Greiffenhagen: *Das Dilemma des Konservatismus in Deutschland.* Hier konnte man auch auf die Gedankengebäude des (Neo-)Idealismus aufbauen. So spricht Hegel etwa wiederholt vom »Organismus des Staates« (vgl. z.B. *Grundlinien einer Philosophie des Rechts;* §§ 267ff.). Ganz allgemein wird im Idealismus die beseelte Lebendigkeit des Staatswesens dem leblosen Räderwerk der modernen Staatsmaschine gerne positiv gegenübergestellt (siehe auch unten).

21. Die Unterscheidung zwischen Kulturnationen und Staatsnationen geht übrigens direkt auf Meinecke zurück (vgl. *Weltbürgertum und Nationalstaat;* S. 10).

22. Was am Ende der kulturellen Entwicklung des Abendlandes unweigerlich droht, schildert Spengler so: »[...] statt eines formvollen, mit der Erde verwachsenen Volkes ein neuer Nomade, ein Parasit, der Großstadtbewohner, der reine, traditionslose, in formlos fluktuierender Masse auftretende Tatsachenmensch, irreligiös, intelligent, unfruchtbar, mit einer tiefen Abneigung gegen alles Bäuerliche [...], also ein ungeheurer Schritt zum Anorganischen [...]« *(Der Untergang des Abendlandes;* S. 24) Bei dieser (kosmopolitischen) Lebensform handelt es sich nach Spengler um »eine ganz neue, späte und zukunftslose, aber unvermeidliche Form menschlicher Existenz« (ebd.; S. 25).

23. Dieses Bild von Krankheit und Heilung hat ebenfalls, allerdings weniger krude, Vorbilder bereits in der Antike und im Mittelalter (vgl. hierzu z.B. Demandt: *Metaphern für Geschichte;* S. 25f. oder Peil: *Untersuchungen zur Staats- und Herrschaftsmetaphorik in literarischen Zeugnissen von der Antike bis zur Gegenwart;* S. 413ff.).

24. Auch im Sozialismus gibt es Anklänge an Körpermetaphern, etwa wenn Marx vom »Gesellschaftskörper« spricht (vgl. *Das Elend der Philosophie;* Dritte Bemerkung, S. 131). Im Sozialismus/Marxismus ist jedoch die Maschinenmetaphorik (siehe unten) weit ausgeprägter, und die idealistische Körpermetaphorik (siehe auch Anmerkung 20) wird explizit kritisiert (vgl. z.B. *Zur Kritik der Hegelschen Rechtsphilosophie;* S. 209ff.).

25. Es muß allerdings angemerkt werden, daß Darwin selbst seine Theorie niemals soziologisch oder historisch zu wenden versucht hatte.

26. Spencer – wie übrigens auch Hobbes (vgl. Macpherson: *Die politische Theorie des Besitzindividualismus)* – kann damit nicht nur im konservativen, sondern auch im liberalistischen Umfeld verortet werden.

27. An anderer Stelle bemerkt Kant übrigens: »Ein organisiertes Wesen ist also nicht bloß Maschine: denn die hat lediglich bewegende Kraft; sondern sie besitzt in sich bildende Kraft, und zwar eine solche, die sie den Materien mitteilt, welche sie nicht haben (sie organisiert): also eine sich fortpflanzende bildende Kraft, welche durch das Bewegungsvermögen allein [...] nicht erklärt werden kann.« *(Kritik der Urteilskraft;* § 65)

28. Entsprechend waren organische Metaphern, die häufig verwendet wurden, mit viel positiveren Assoziationen verknüpft (vgl. hierzu auch Dohrn-van Rossum: *Politischer Körper, Organismus, Organisation;* S. 291–324).

29. In seinen *»Reden an die deutsche Nation«* heißt es hierzu: »Dass die Errichtung und Regierung der Staaten als eine freie Kunst angesehen werde, die ihre festen Regeln habe, darin hat ohne Zweifel das Ausland, es selbst nach dem Muster des Alterthums, uns zum Vorgänger gedient. Worein wird nun ein solches Ausland, das schon an dem Elemente seines Denkens und Wollens, seiner Sprache, einen festen, geschlossenen und todten Träger hat, und alle, die ihm hierin folgen, diese Staatskunst setzen? Ohne Zweifel in die Kunst, eine gleichfalls feste und todte Ordnung der Dinge zu finden, aus welchem Tode das lebendige Regen der Gesellschaft hervorgehe, und also hervorgehe, wie sie es beabsichtigt: alles Leben in der Gesellschaft zu einem grossen und künstlichen Druck- und Räderwerke zusammenzufügen, in welchem jedes Einzelne durch das Ganze immerfort genöthigt werde, dem Ganzen zu dienen; ein Rechenexempel zu lösen aus endlichen und benannten Grössen zu einer nennbaren Summe, aus der Voraussetzung, jeder wolle sein Wohl, zu dem Zwecke eben dadurch jeden wider seinen Dank und Willen zu zwingen, das allgemeine Wohl zu befördern. Das Ausland hat vielfältig diesen Grundsatz ausgesprochen, und Kunstwerke jener gesellschaftlichen Maschinenkunst geliefert; das Mutterland hat die Lehre angenommen, und die Anwendung derselben zu Hervorbringung gesellschaftlicher Maschinen weiter bearbeitet, auch hier, wie immer, umfassender, tiefer, wahrer, seine Muster bei weitem übertreffend. [...] [Aber] Wie wollt ihr denn in euer, zwar richtig berechnetes und gefügtes, aber stillstehendes Räderwerk das ewig Bewegliche einsetzen?« (S. 362ff.)

30. Dazu bemerkt er: »Nichts scheint also dem Zweck der Regierungen so offenbar entgegen als die unnatürliche Vergrößerung der Staaten, die wilde Vermischung der Menschengattungen und Nationen unter einen Zepter. Der Menschenzepter ist viel zu schwach und klein, daß so widersinnige Teile in ihn eingeimpft werden könnten; zusammengeleimt werden sie also in eine brechliche Maschine, die man Staatsmaschine nennet, ohne inneres Leben und Sympathie der Teile gegeneinander. Reiche dieser Art, die dem besten Monarchen den Namen Vater des Vaterlandes so schwer machen, erscheinen in der Geschichte wie jene Symbole der Monarchien im Traumbilde des Propheten, wo sich das Löwenhaupt mit dem Drachenschweif und der Adlersflügel mit dem Bärenfuß zu einem unpatriotischen Staatsgebilde vereinigt. Wie trojanische Rosse rücken solche Maschinen zusammen, sich einander die Unsterblichkeit verbürgend, da doch ohne Nationalcharakter kein Leben in ihnen ist und für die Zusammengezwungenen nur der Fluch des Schicksals sie zur Unsterblichkeit verdammen könnte; denn eben die Staatskunst, die sie hervorbrachte, ist auch die, die mit Völkern und Menschen als mit leblosen Körpern spielet.« *(Ideen zur Philosophie der Geschichte der Menschheit;* Band 1, S. 368f.)

31. In seiner »Rechtsphilosophie« (1821) heißt es nämlich später geradezu entgegengesetzt zum untenstehenden Zitat: »Der Staat ist als die Wirklichkeit des substantiellen Willens, die er in dem zu seiner Allgemeinheit erhobenen besonderen Selbstbewußtsein hat, das an und für sich Vernünftige. Diese substantielle Einheit ist absoluter unbewegter Selbstzweck, in welchem die Freiheit zu ihrem höchsten Recht kommt, so wie dieser Endzweck das höchste Recht gegen die Einzelnen hat, deren höchste Pflicht es ist, Mitglieder des Staats zu sein.« *(Grundlinien der Philosophie des Rechts;* Abschnitt III, § 258)

32. Es handelt sich bei diesem Text um einen nur fragmentarisch überlieferten Text der Heidelberger Akademie in Hegels Handschrift, die ursprünglich Schelling zugeschrieben worden war, aber auch Höderlin wird als möglicher Autor gehandelt. Die angemerkte Differenz zu seinen späteren Aussagen (siehe oben) mag Hegels Urheberschaft zweifelhaft erscheinen lassen, doch gibt es auch in anderen frühen Schriften vergleichbare Aussagen (vgl. z.B. seine Schrift *Differenz des Fichteschen und Schellingschen Systems der Philosophie).* Wie dem auch sei: Die Passage kann als vortrefflicher Beleg für die Ablehnung des Mechanistischen durch den deutschen Idealismus gelten.

33. In der Antike gibt es – verständlicherweise – nur wenig Spuren für eine Maschinenmetaphorik (so etwa, wenn Lukrez von der »machina mundi« spricht).

34. Die ersten Nachweise dieser Metapher finden sich hier übrigens in den Schriften der Kameralisten, also der preußischen Staatsrechtler. Und Graf Mirabeau bemerkt: »D'abord la monarchie prussienne est digne par elle-même d'intéresser tout homme qui pense, c'est une grande et belle machine, à laquelle des artistes supérieures ont travaillés pendant des siècles.« (Zitiert nach Stollberg-Rillinger: *Der Staat als Maschine;* S. 62).

35. Ein Staatsverständnis, das übrigens selbst zu Bismarks Zeiten noch durchaus aktuell war (vgl. Peil: *Untersuchungen zur Staats- und Herrschaftmetaphorik;* S. 492f.).

36. Descartes denkt sogar den Menschen in Analogie zur Maschine (vgl. *Über den Menschen).*

37. Auch in England war man übrigens dem Bild der Maschine gegenüber weit aufgeschlossener als in Deutschland.

38. Im »*Manifest der kommunistischen Partei*« heißt es dazu: »Das Bedürfnis nach einem stets ausgedehnteren Absatz für ihre Produkte jagt die Bourgeoisie über die ganze Erdkugel. Überall muß sie sich einnisten, überall anbauen, überall Verbindungen herstellen [...] Die moderne Industrie hat die kleine Werkstube des patriarchalischen Meisters in die große Fabrik des industriellen Kapitalisten verwandelt. Arbeitermassen, in der Fabrik zusammengedrängt, werden soldatisch organisiert [...] Sie sind nicht nur Knechte der Bourgeoisklasse, des Bourgeoisstaates, sie sind täglich und stündlich geknechtet von der Maschine, von dem Aufseher und vor allem von den einzelnen fabrizierenden Bourgeois selbst.« (S. 465 und S. 469)

39. Zur Metaphorik des Systems (im Funktionalismus) siehe unten. Hier sei nur kurz angemerkt, daß Marx und Engels sich ausgiebig auch dieses Begriffs/dieser Metapher bedienten.

40. Die von der Bourgeoisie entfesselte (kapitalistisch-industrielle) Bewegung wird sich nach Marx (und Engels) schließlich zwangsläufig gegen diese selbst richten: »Die Waffen, womit die Bourgeoisie den Feudalismus zu Boden geschlagen hat, richten sich jetzt gegen die Bourgeoisie selbst.« *(Manifest der kommunistischen Partei;* S. 468)

41. Vgl. zur Metaphorik der virtuellen Gesellschaft und des Cyber-Space Bühl: *CyberSociety;* Kap. 1.

42. In Ihrem »*Cyborg-Manifesto*« bemerkt Harraway: »We are all chimeras, theorized and fabricated hybrids of machine and organism; in short, we are cyborgs.« (S. 150) Diese Hybridisierung wird von Harraway (im Gegensatz zu Baudrillard) begrüßt: »The cyborg is resolutely committed to partiality, irony, intimacy, and perversity. It is oppositional, utopian, and completely without innocence.« (Ebd.; S. 151) Mit Thrift läßt sich feststellten, daß derartige Maschinenbilder, die auf der Vorstellung einer hybriden und mobilen Cyborg-Kultur beruhen, durchaus im »Trend« liegen, da sie gewisse Tendenzen der aktuellen Entwicklung spiegeln (vgl. *Spatial Formations;* S. 304ff.).

43. So ist für das Rechtssystem beispielsweise die Unterscheidung Recht/Unrecht, für das Wirtschaftssystem Haben/Nichthaben oder für das Politiksystem die Unterscheidung Regierung/Opposition »grundlegend« (vgl. *Gesellschaft der Gesellschaft;* S. 748ff.).

44. Waldenfels geht es dabei um eine die »doxa« hinterfragende Phänomenologie des Alltagsraumes. Wie wir unten sehen werden, spielt dabei für ihn die Metapher der sozialen Landschaft eine wichtige Rolle.

45. In einem Interview bemerkt Baudrillard übrigens (an Latours Thesen erinnernd): »Das gute alte klassische Subjekt ist zugunsten des Netzes, das über wirkliche Autonomie verfügt, verschwunden. Man könnte auch sagen, daß das Subjekt zugunsten eines neuen Individuums verschwunden ist, das extrem technisiert und operationell geworden ist.« *(Die Zeit;* 23.5.1997, S. 40).

46. Obwohl Foucault eine überaus kritische Betrachtung der Institutionen des modernen Rechts- und Sozialstaats vornimmt, und er bemerkt, daß selbst im aufklärerischen Humanitätsgedanken »das Donnerrollen der Schlachten nicht zu überhören« ist *(Überwachen und Strafen;* S. 396), gilt es zu beachten, daß Foucaults Machtbegriff nicht per se negativ konnotiert ist. Das hat vor allem damit zu tun, daß er – anders als sein »Mentor« Althusser – Macht weniger in sozialen Makrostrukturen wie den »Klassenverhältnissen« verankert sah. Vielmehr rückte Foucault, wie angedeutet, die »Mikrophysik« der Macht, ihr wirken in den alltäglichen Beziehungen, ins Zentrum der Analyse und konnte so auch zu einer »positiveren« Bestimmung der Macht kommen. Entsprechend bemerkt er: »Man muß aufhören, die Wirkungen der Macht immer negativ zu beschreiben, als ob sie nur ›ausschließen‹, ›unterdrücken‹, ›verdrängen‹, ›zensieren‹, ›abstrahieren‹, ›maskieren‹, ›verschleiern‹ würde. In Wirklichkeit ist die Macht produktiv; und sie produziert Wirkliches.« (Ebd.; S. 250)

47. In Anlehnung an Michel Serres bezeichnet Latour die hybriden Aktanten, die Welt der Dinge, in denen sich Natur und Menschliches mischt, als Quasi-Objekte – die aber somit gleichermaßen auch den Charakter von Quasi-Subjekten haben (vgl. *Wir sind nie modern gewesen;* S. 71ff.).

48. Eine Zusammenfassung und Zuspitzung seiner Argumentation, die hier entwickelt wird, hat Castells übrigens in seinem Beitrag zu dem Millenniums-Sonderband des *»British Journal of Sociology«* vorgenommen (vgl. *Materials for an Explanatory Theory of the Network Soiciety).*

49. Scott Lash spricht in diesem Zusammenhang in Anlehnung an Castells von einen informationstechnologischen »Spinnennetz« der Zeichen- und Kulturmaschinen (vgl. *The Spider and the Maschine)* – eine Argumentation, die übrigens einmal mehr an Baudrillard erinnert.

50. In diesem Zusammenhang ist darauf hinzuweisen, daß Netzwerke natürlich, wie etwa bei Castells, als asymmetrische Kontrollstrukturen gedacht werden, die das individuelle Handeln stark einschränken. Johannes Weyer weist jedoch sehr überzeugend darauf hin, daß dieser hierarchisch-einschränkende Typ der Metapher des Netzwerks eigentlich nicht gerecht wird, denn diese impliziert in ihrem »Kern« viel eher Kooperation, Selbststeuerung und Interdependenz etc. (vgl. *Weder Ordnung noch Chaos;* 76f. und S. 83ff.).

51. Auf ersteren Zusammenhang hat insbesondere Urry hingewiesen: Denn die sozialen Landschaften sind heute »bewegt«, sie fallen immer weniger mit dem starren geographischen Raum zusammen (vgl. *Sociology Beyond Societies;* Kap. 6). Letzteres zeigt die steigende Bedeutung der Landschaftsarchäologie für die Entschlüsselung des sozial-räumlichen Kontextes vergangener Kulturen (vgl. z.B. Aston/Rowley: *Landscape Archaeology).* Den konkreten historischen Prozeß der Formung einer Landschaft zeigt, am Beispiel der britischen Insel, Hoskins auf (vgl. *The Making of the English Landscape).*

52. In diesem Zusammenhang sind die Ausführungen Simmels zur *»Philosophie der Landschaft«* übrigens sehr aufschlußreich, denn dieser Text spielgelt ein zeittypisches Ideal des (sensiblen und genialischen) Künstlers wie der Landschaft (als Ausdruck natürlicher und kultueller Ganzheitlichkeit) wieder: »Wo wir wirklich Landschaft und nicht mehr eine Summe einzelner Naturgegenstände sehen, haben wir ein Kunstwerk in statu nascendi« (S. 135), bemerkt Simmel. Dieses Kunstwerk erschließt sich freilich nur der wahrhaft empfindsamen (Künstler-)Persönlichkeit: »Als ganze Menschen stehen wir vor [!] der Landschaft, der natürlichen wie der kunstgewordenen, und der Akt, der sie für uns schafft, ist unmittelbar ein schauender *und* ein fühlender [...] Der Künstler ist nur derjenige, der diesen formenden Akt des Anschauens und Fühlens mit solcher Reinheit und Kraft vollzieht, daß er den gegebenen Naturstoff völlig in sich einsaugt und diesen wie von sich aus neu schafft; während wir anderen an diesen Stoff mehr gebunden bleiben und deshalb noch immer dies und jenes Sonderelement wahrzunehmen pflegen, wo der Künstler wirklich nur ›Landschaft‹ sieht und gestaltet.« (S. 138)

53. Der Bedeutung des Raums für den sozialen Kontext wird im folgenden Abschnitt – auch unter der Berücksichtigung von Markt- und Globalisierungsprozessen – noch näher nachgegangen werden.

54. Die folgende »Übersicht« ist sicher nicht komplett. Eines ist jedoch gewiß: Das metaphorische Konzept der sozialen Landschaft blieb, was seine Popularität betrifft, (bisher) weit hinter den anderen behandelten Metaphern des Sozialen zurück. Allerdings gibt es in der politischen Literatur und Symbolik traditionell natürlich viele Bilder, die sich auf Landschaft oder einige ihrer Elemente beziehen (vgl. zur Übersicht z.B. Warnke: *Politische Landschaft).* Und in der Psychologie ist die Metapher der »Seelenlandschaft« fest verankert.

55. Auch Foucault bemerkt übrigens: »Die große Obsession des 19. Jahrhunderts ist bekanntlich die Geschichte gewesen [...] Hingegen wäre die aktuelle Epoche eher die Epoche des Raumes. Wir sind in der Epoche des Simultanen, sind in der Epoche der Juxtaposition, in der Epoche des Nahen und des Fernen, des Nebeneinander, des Auseinander.« *(Andere Räume;* S. 66)

56. Barnes stellt heraus, daß die Tendenz eines naturwissenschaftlich-utilitaristischen Raumverständnisses, gekoppelt mit einem biologistischen Verständnis der Landschafts als natürlichem Reproduktionsraum, selbst im marxistischen Diskurs dominiert.

57. In diesem Abschnitt rekurriere ich auf meine diesbezüglichen Ausführungen in Keupp/-Höfer/Jain/Kraus/Straus: *Zum Formenwandel sozialer Landschaften in der reflexiven Moderne,* die jedoch hier von mir wesentlich ergänzt wurden.

58. Es ist interessant, daß der Adel sich gewisse Freiräume vorbehielt, die das Bürgertum sich nicht zugestehen konnte/wollte, da es seinen Mangel an »Herkunft« mit einer Überangepaßtheit an die vom Adel übernommenen Verhaltensnormen zu kompensieren versuchte (vgl. hierzu auch Elias: *Über den Prozeß der Zivilisation;* Band 2, S. 425f.).

59. Clifford gibt, wie der Titel bereits andeutet, in seinem Band einen allgemeinen historischen Überblick über die Entwicklung der Gartenkunst (allerdings in einer sehr »idealisierenden« Weise). Wer sich auch einen optischen Eindruck verschaffen will, kann beilspielsweise auf King: *The Quest for Paradise* zurückgreifen.

60. Clifford (siehe auch oben) weist darauf hin, daß der Garten, jenseits des bloßen Nutzgartens, nach dem Verfall des römischen Reiches praktisch als Form verschwunden war und erst im Mittelalter – auch unter dem wichtigen Einfluß der islamischen Kultur – wiederentdeckt wurde (vgl. *Geschichte der Gartenkunst;* S. 12). Deshalb gehe ich auf die Zeit davor (wie auch auf die Antike selbst und andere Kulturkreise) nicht ein.

61. Eine interessante Zusammenstellung jener wenigen verfügbaren Quellen findet sich in Auszügen übrigens in dem oben zitierten Band von Mayer-Tasch und Mayerhofer. Chronologisch und thematisch aufbereitete Quellenzitate – nicht nur aus dem Mittelalter, sondern von der Antike bis ins 20. Jahrhundert – enthält Wimmer: *Geschichte der Gartentheorie.*

62. Wie kaum verwundern dürfte, vertritt Rousseau (z.B. in seinem Roman *»Julie ou la Nouvelle Héloïse)* auch das Ideal des möglichst »natürlichen« Gartens (vgl. Wimmer: *Geschichte der Gartentheorie;* S. 165ff.).

63. Zum Einfluß des englischen Modells in Deutschland vgl. auch Maurer: *Aufklärung und Anglophilie in Deutschland;* S. 80ff. Die »Anglisierung« und das Ideal des Landschaftsgartens gilt freilich nur für den »großen« herrschaftlichen Garten, nicht für den »gewöhnlichen« Hausgarten, der wahrscheinlich – auch in England – über die Zeitläufte hinweg weitgehend unverändert blieb und neben Ziergewächsen Platz für Gemüse und Blumen etc. bot.

64. Und hier zeigt sich auch, was Globalisierung nur allzu oft bedeutet: Die kulturelle und ökonomische Ausbeutung von Differenz sowie einen eklektischen Imperialismus (vgl. auch Jain: *Die ›globale‹ Klasse).*

65. So steht denn auch beispielsweise auf der Tafel der Statue des »Harmlos« (vgl. Abbildung auf der Cover-Rückseite) am Eingang des Englischen Gartens in München zu lesen: »Harmlos wandelt hier, dann kehret, neu gestärkt, zu ieder Pflicht zurück.« [Interpunktion angepaßt]

66. Hier gilt es allerdings nochmals daran zu erinnern, daß in diesem Text lediglich vom Garten in der westlichen Kultur die Rede ist.

67. Die Individualität ist freilich häufig gebrochen durch spezifische Milieuzugehörigkeiten. Denn es ist kein reiner Zufall, ob man sich an die Ästhetik des italienischen Villengartens oder des englischen Rasens anlehnt (vgl. allgemein zum Zusammenhang zwischen Milieu- bzw. Klassenzugehörigkeiten und Geschmacksmustern auch Bourdieu: *Die feinen Unterschiede).*

68. Der Begriff »Schrebergarten« wird heute weitgehend synonym für alle Kleingärten verwendet (so auch hier im Text). Im Gegensatz zur Kleingartenbewegung der Arbeiterschaft waren die Schrebergartenkolonien, die ihren Ursprungsort in Leipzig haben, jedoch von Beginn an stark konservativ-nationalistisch und militaristisch orientiert und sollten vor allem auch einer naturnahen Erziehung der Jugend dienen (vgl. Bertram/Gröning: *Leipziger Schrebervereine und ihre gesellschaftspolitische Orientierung zwischen 1864 und 1919).*

69. Zitate entnommen von und nähere Informationen unter: http://www.edenproject.com.

70. In diesem Konzept von Landschaft wird freilich ihr oben von mir herausgestellter allgemeiner Herstellungscharakter nicht reflektiert.

71. Ich konzentriere mich im folgenden weitgehend auf die Situation in »Deutschland« bzw. Zentraleuropa.

72. Wiederum übertragen auf die sozialen/psychologischen Verhältnisse läßt sich feststellen: Auch das Innere, die Psyche der Menschen wurde zunehmend umgeformt und an die Erfordernisse des Kapitalismus angepaßt.

73. In dem zitierten, von Mellor herausgegebenen Sammelband finden sich eine Reihe von Beiträgen, die diese grundsätzlich fortschrittsoptimistische Sicht stützen. Insbesondere die »Grüne Revolution« in Indien, die in der Zucht ertragreicherer Sorten in Kombination mit Düngemittel-

einsatz bestand, wird hier oft als Parade-Beispiel für eine gelungene Modernisierung in der Landwirtschaft herangezogen – allerdings kann diese »Revolution« auch durchaus kritisch betrachtet werden, wenn man ihre sozialen und ökologischen Folgen betrachtet (vgl. Sen: *The Green Revolution in India* sowie Swaminathan: *Animals and Plants).*

74. Foucault spricht hier ganz ähnlich von einer Kompensationsheterotopie (vgl. *Andere Räume;* S. 71).

75. Es ist in diesem Zusammenhang übrigens bezeichnend, daß die Systemtheorie ihren Gegenstand, das System Gesellschaft, als geschlossen denken muß, um sich selbst derart zu überhöhen.

76. Es handelt sich hier um die deutsche Übersetzung des ersten Kapitels aus dem Band *»Postmodernism, or, The Cultural Logic of Late Capitalism«.*

77. In letzterem Werk bemerkt Gregory entsprechend: »[...] the nub of the argument is that spatial structures are implicated in social structures and each has to be theorized with the other. The result of this [...] is a doubly human geography: human in the sense that it recognizes that its concepts are specifically human constructs, rooted in specific social formations, and capable of – demanding of – continual examination and criticism; and human in the sense that it restores human beings to their own worlds and enables them to take part in collective transformations of their own human geographies.« *(Geographical Imaginations;* S. 172) An dieses Projekt schließt – von soziologischer Seite her – in Deutschland aktuell Martina Löw an: »Alle Räume sind *soziale Räume,* insofern keine Räume existieren, die nicht durch synthetisierende Menschen konstituiert werden. Alle Räume haben eine *symbolische* und eine *materielle Komponente.« (Raumsoziologie;* S. 228)

78. Einen guten allgemeinen Überblick über die Philosophie des Raumes, auch unter Berücksichtigung neuerer Ansätze, gibt Casey: *The Fate of Place.*

79. Heidegger stellt klar, daß man Nähe, so wie er diesen Begriff verstanden wissen will, nicht lediglich mit einem (geringen) Abstand gleichsetzen dürfe, sondern daß es sich eben um eine innerweltliche Kategorie handelt: »Ein ›objektiv‹ langer Weg kann kürzer sein als ein ›objektiv‹ sehr kurzer, der vielleicht ein ›schwerer Gang‹ ist und einem unendlich lang vorkommt.« *(Sein und Zeit;* S. 106)

80. Dieser Text entspricht Kapitel 6 des Bandes *»Postmodernism«.*

81. Eine Ausnahme bilden hier aber bestimmte virtuelle Räume, die nach Idealvorstellungen gestaltet wurden – allerdings sind sie wohl als Kompensationsheterotopien im Sinne Foucaults zu lesen (siehe unten).

82. Weitergehend versteht Edward Soja unter dem Konzept des »Thirdspace« eine offene, interdisziplinäre Perspektive auf Raum allgemein, als die Aufforderung anders, nicht in Fixierung

auf seine geographische Dimension, über Raum nachzudenken und dabei die räumliche Formung des Dasein zu bedenken (vgl. *Thirdspace;* S. 1ff.).

83. Mit dem Thema des imaginativ-dichterischen (Tag-)Träumens bei Bachelard (vgl. *Poetik des Raumes;* insb. S. 36–42) ergibt sich übrigens ein Bezugspunkt zu Blochs Utopie-Konzept (vgl. *Prinzip Hoffnung;* Band 3, S. 1616ff.).

Literaturverzeichnis

- Achilles, Walter: *Deutsche Agrargeschichte im Zeitalter der Reformen und der Industrialisierung.* Ulmer, Stuttgart 1993
- Achilles, Walter: *Landwirtschaft in der frühen Neuzeit.* Oldenbourg, München 1991
- Adams, Judith A.: *The American Amusement Park Industry – A History of Technology and Thrills.* Twayne Publishers, Boston 1991
- Adorno, Theodor W.: *Ästhetische Theorie.* Suhrkamp, Frankfurt 1973
- Adorno, Theodor W.: *Negative Dialektik.* Suhrkamp, Frankfurt 1966
- Adorno, Theodor W./Adorno, Gretel (Hg.): *Walter Benjamin: Schriften.* 2 Bände, Suhrkamp, Frankfurt 1955
- Albrow, Martin: *The Global Age – State and Society Beyond Modernity.* Polity Press, Cambridge/Oxford 1996
- Althusser, Louis: *Ideologie und ideologische Staatsapparate.* In: Ders.: *Marxismus und Ideologie.* S. 111–172
- Althusser, Louis: *Marxismus und Ideologie.* VSA-Verlag, Berlin 1973
- Anderson, Benedict: *Die Erfindung der Nation – Zur Karriere eines erfolgreichen Konzepts.* Campus, Frankfurt 1988
- Angermüller, Johannes/Bunzmann, Katharina/Nonhoff, Martin (Hg.): *Diskursanalyse – Theorien, Methoden, Anwendungen.* Argument Verlag, Hamburg 2001
- Angermüller, Johannes/Bunzmann, Katharina/Rauch, Christina (Hg.): *Reale Fiktionen, fiktive Realitäten.* Lit Verlag, Hamburg 2000
- Appadurai, Arjun: *Disjucture and Difference in the Global Cultural Economy.* In: *Theory, Culture & Society.* Vol. 7 (1990), S. 295–310
- Aristoteles: *Nikomachische Ethik.* Reclam, Stuttgart 1994
- Aristoteles: *Metaphysik.* Reclam, Stuttgart 1993
- Aristoteles: *Organon.* 2 Bände, Felix Meiner Verlag, Hamburg 1997
- Aristoteles: *Poetik.* Reclam, Stuttgart 1994
- Aristoteles: *Politik.* Reclam, Stuttgart 1993
- Aristoteles: *Rhetorik.* Reclam, Stuttgart 1999
- Aston, Michael/Rowley, Trevor: *Landscape Archaeology – An Introduction to Fieldwork Techniques in Post-Roman Landscapes.* David & Charles, Newton Abbot u.a. 1974
- Augé, Marc: *Orte und Nicht-Orte – Vorüberlegungen zu einer Ethnologie der Einsamkeit.* S. Fischer Verlag, Frankfurt 1994
- Augustinus: *Vom Gottesstaat.* 2 Bände, Artemis, Zürich/München 1978
- Austin, John L.: *How to Do Things With Words.* Clarendon Press, Oxford 1963
- Bachelard, Gaston: *Die Bildung des wissenschaftlichen Geistes – Beitrag zu einer Psychoanalyse der objektiven Erkenntnisse.* Suhrkamp, Frankfurt 1978
- Bachelard, Gaston: *Die Philosophie des Nein – Versuch einer Philosophie des neuen wissenschaftlichen Geistes.* B. Heymann Verlag, Wiesbaden 1978

- Bachelard, Gaston: *Poetik des Raumes*. Carl Hanser Verlag, München 1960
- Bacon, Francis: *Neues Organon (Novum Organum)*. Felix Meiner Verlag, Hamburg 1990
- Barnes, Trevor J.: *Reading the Texts of Theoretical Economic Geography -- The Role of Physical and Biological Metaphors*. In: Ders./Duncan, James S. (Hg.): *Writing Worlds*. S. 118–135
- Barnes, Trevor J./Duncan, James S. (Hg.): *Writing Worlds – Discourse, Text and Metaphor in the Representation of Landscape*. Routledge, London/New York 1992
- Barth, Christian u.a.: *Gedankenexperimente – Explikation und Bewertung*. In: *Widerspruch*. Heft 35 (2000), S. 65–78
- Baudrillard, Jean: *Agonie des Realen*. Merve Verlag, Berlin 1978
- Baudrillard, Jean: *Die Simulation*. In: Welsch, Wolfgang (Hg.): *Wege aus der Moderne*. S. 153–162
- Baudrillard, Jean: *Der symbolische Tausch und der Tod*. Matthes & Seitz Verlag, München 1982
- Baudrillard, Jean: *Videowelt und fraktales Subjekt*. In: Ders. u.a. (Hg.): *Philosophien der neuen Technologie*. S. 113–131
- Baudrillard, Jean u.a. (Hg.): *Philosophien der neuen Technologie*. Merve Verlag, Berlin 1989
- Bauman, Zygmunt: *Liquid Modernity*. Polity Press, Cambridge 2000
- Bauman, Zygmunt: *Moderne und Ambivalenz – Das Ende der Eindeutigkeit*. Junius, Hamburg 1992
- Beardsley, Monroe C.: *Die metaphorische Verdrehung*. In: Haverkamp, Anselm (Hg.): *Theorie der Metapher*. S. 120–141
- Beck, Ulrich/Bonß, Wolfgang (Hg.): *Die Modernisierung der Moderne*. Suhrkamp, Frankfurt 2001
- Beckett, John V.: *The Agricultural Revolution*. Blackwell, Oxford/Cambridge 1990
- Below, Georg: *Geschichte der deutschen Landwirtschaft des Mittelalters*. Gustav Fischer Verlag, Stuttgart 1966
- Bender, Barbara: *Landscape – Meaning and Action*. In: Dies. (Hg.): *Landscape*. S. 1–17
- Bender, Barbara (Hg.): *Landscape – Politics and Perspectives*. Berg Publishers, Providence/Oxford 1993
- Bendix, Reinhard/Lipset, Seymour M. (Hg.): *Class, Status and Power*. The Free Press, New York 1966
- Benjamin, Walter: *Geschichtsphilosophische Thesen*. In: Adorno, Theodor W./Adorno, Gretel (Hg.): *Walter Benjamin: Schriften*. Band 1, S. 494–506
- Benko, Georges/Strohmayer, Ulf (Hg.): *Space and Social Theory – Interpreting Modernity and Postmodernity*. Blackwell, Oxford/Malden 1997
- Bertram, Christian/Gröning, Gert: *Leipziger Schrebervereine und ihre gesellschaftspolitische Orientierung zwischen 1864 und 1919*. Verlag Waldemar Kramer, Frankfurt 1996
- Bhabha, Homi K.: *The Location of Culture*. Routledge, London/New York 1994

- Bhaskar, Roy: *Reclaiming Reality – A Critical Introduction to Contemporary Philosophy.* Verso, London/New York 1989
- Bhatti, Mark/Church, Andrew: *Cultivating Natures – Homes and Gardens in Late Modernity.* In: *Sociology.* Vol. 35 (2001), Heft 2, S. 265–383
- Biese, Alfred: *Die Philosophie des Metaphorischen.* Leopold Voss Verlag, Leipzig 1893
- Binswanger, Ludwig: *Traum und Existenz.* Verlag Gachnang & Springer, Bern/Berlin 1992
- Black, Max: *Die Metapher.* In: Haverkamp, Anselm (Hg.): *Theorie der Metapher*. S. 55–79
- Bloch, Ernst: *Das Prinzip Hoffnung.* 3 Bände, Suhrkamp, Frankfurt 1973
- Blumenberg, Hans: *Paradigmen zu einer Metaphorologie.* In: Haverkamp, Anselm (Hg.): *Theorie der Metapher*. S. 285–315
- Böhme, Hartmut/Böhme, Gernot: *Das Andere der Vernunft – Zur Entwicklung von Rationalitätskonstruktionen am Beispiel Kants.* Suhrkamp, Frankfurt 1983
- Bott, Elisabeth: *Family and Social Network.* Tavistock, London 1957
- Bourdieu, Pierre: *Die feinen Unterschiede – Kritik der gesellschaftlichen Urteilskraft.* Suhrkamp, Frankfurt 1987
- Bourdieu, Pierre: *Physischer, sozialer und angeeigneter physischer Raum.* In: Wentz, Martin (Hg.): *Stadt-Räume*. S. 25–32
- Bourdieu, Pierre: *Sozialer Raum und Klassen.* In: Ders.: *Sozialer Raum und Klassen*. S. 7–46
- Bourdieu, Pierre: *Sozialer Raum und Klassen, Leçon sur la leçon – Zwei Vorlesungen.* Suhrkamp, Frankfurt 1985
- Boyd, Richard: *Metaphor and Theory Change – What is ›Metaphor‹ a Methaphor for?* In: Ortony, Andrew (Hg.): *Metaphor and Thought*. S. 356–408
- Breda, H. L./Ijsselig, Samuel (Hg.): *Husserliana – Edmund Husserl: Gesammelte Werke.* Martinus Nijhoff Verlag/Kluwer Academic Publishers, Den Haag u.a./Dodrecht u.a. 1950–96
- Brown, Jane: *The Art and Architecture of English Gardens.* Rozolli, New York 1986
- Buchholz, Michael B. (Hg.): *Metaphernanalyse.* Vandenhoeck & Ruprecht, Göttingen 1993
- Bühl, Achim: *CyberSociety – Mythos und Realität der Informationsgesellschaft.* PapyRossa Verlag, Köln 1996
- Burckhardt, Jakob: *Die Kultur der Renaissance in Italien.* Kröner, Reutlingen 1952
- Burton, John W.: *World Society.* Cambridge University Press, London 1972
- Buttlar, Adrian: *Der Landschaftsgarten.* Wilhelm Heyne Verlag, München 1980
- Callon, Michel: *Techno-Economic Networks and Irreversibility.* In: Law, John (Hg.): *A Sociology of Monsters*. S. 132–161
- Callon, Michel/Latour, Bruno: *Unscrewing the Big Leviathans – How Actors Macro-Structure Reality and how Sociologists Help Them to Do So.* In: Knorr-Cetina, Karin/Cicourel, Aaron V. (Hg.): *Advances in Social Theory and Methodology.* S. 277–303
- Callon, Michel/Law, John/Rip, Arie: *How to Study the Force of Science.* In: Dies. (Hg.): *Mapping the Dynamics of Science and Technology*. S. 3–15

- Callon, Michel/Law, John/Rip, Arie (Hg.): *Mapping the Dynamics of Science and Technology – Sociology of Science in the Real World*. Macmillan, Basingstoke/London 1986
- Carveth, Donald L.: *Die Metaphern des Analytikers – Eine dekonstruktivistische Perspektive*. In: Buchholz, Michael B. (Hg.): *Metaphernanalyse*. S. 15–71
- Casey, Edward S.: *The Fate of Place – A Philosophical History*. University of California Press, Berkley/Los Angeles/London 1997
- Cassirer, Ernst: *Philosophie der symbolischen Formen*. Wissenschaftliche Buchgesellschaft, Darmstadt 1956
- Castells, Manuel: *Materials for an Explanatory Theory of the Network Society*. In: Urry, John (Hg.): *Sociology Facing the Next Millennium*. S. 5–24
- Castells, Manuel: *The Rise of the Network Society [The Information Age, Vol. I]*. Blackwell, Oxford/Cambridge 1996
- Castoriadis, Cornelius: *Gesellschaft als imaginäre Institution – Entwurf einer politischen Philosophie*. Suhrkamp, Frankfurt 1984
- Certeau, Michel de: *Kunst des Handelns*. Merve Verlag, Berlin 1988
- Cicero: *Staatstheoretische Schriften*. Akademie Verlag, Berlin 1974
- Cicero: *Über die Gesetze (De legibus)*. In: Ders.: *Staatstheoretische Schriften*. S. 211–341
- Clifford, Derek: *Geschichte der Gartenkunst*. Prestel-Verlag, München 1966
- Collins, Harry M.: *An Empirical Relativist Programme in the Sociology of Scientific Knowledge*. In: Knorr-Cetina, Karin/Mulkay, Michael (Hg.): *Science Observed*. S. 85–113
- Cosgrove, Denis E.: *Social Formation and Symbolic Landscape*. Croom Helm, London/Sydney 1984
- Davidson, Donald: *Was Metaphern bedeuten*. In: Haverkamp, Anselm (Hg.): *Die paradoxe Metapher*. S. 49–75
- Davis, Kingsley/Moore, Wilbert E.: *Some Principles of Stratification*. In: Bendix, Reinhard/Lipset, Seymour M. (Hg.): *Class, Status and Power*. S. 47–53
- Debatin, Bernhard: *Die Rationalität der Metapher*. De Gruyter, Berlin/New York 1995
- Deleuze, Gilles/Guattari Félix: *Rhizom*. Merve Verlag, Berlin 1977
- Demandt, Alexander: *Metaphern für Geschichte – Sprachbilder und Gleichnisse im historisch-politischen Denken*. C. H. Beck Verlag, München 1978
- Dengschat, Jens S.: *Raum als Dimension sozialer Ungleichheit und Ort als Bühne der Lebensstilisierung? – Zum Raumbezug sozialer Ungleichheit und von Lebensstil*. In: Schwenk, Otto G. (Hg.): *Lebensstil zwischen Sozialstrukturanalyse und Kulturwissenschaft*. S. 99–135
- Derrida, Jacques: *Der Entzug der Metapher*. In: Haverkamp, Anselm (Hg.): *Die paradoxe Metapher*. S. 197–234
- Derrida, Jacques: *Gesetzeskraft – Der ›mystische Grund der Autorität‹*. Suhrkamp, Frankfurt 1991
- Derrida, Jacques: *Grammatologie*. Suhrkamp, Frankfurt 1983

- Derrida, Jacques: *Randgänge der Philosophie*. Passagen Verlag, Wien 1988
- Derrida, Jacques: *Die Schrift und die Differenz*. Suhrkamp. Frankfurt 1976
- Derrida, Jacques: *Die weiße Mythologie – Die Metapher im philosophischen Text*. In: Ders.: *Randgänge der Philosophie*. S. 205–258
- Descartes, René: *Meditationen über die Grundlagen der Philosophie [Meditationes]*. Verlag Felix Meiner, Hamburg 1959
- Descartes, René: *Discours de la méthode – Von der Methode*. Verlag Felix Meiner, Hamburg 1960
- Descartes, René: *Über den Menschen*. Lambert Schneider Verlag, Heidelberg 1969
- Dohm-van Rossum, Gerhard: *Politischer Körper, Organismus, Organisation – Zur Geschichte naturaler Metaphorik und Begrifflichkeit in der politischen Sprache*. 2 Bände, Dissertation, Universität Bielefeld, Bielefeld 1977
- Dörfler, Thomas/Globisch, Claudia (Hg.): *Postmodern Practices*. Lit Verlag, Münster 2002
- Duncan, James S./Duncan, Nancy G.: *Ideology and Bliss – Roland Barthes and the Secret Histories of Landscape*. In: Barnes, Trevor J./Duncan, James S. (Hg.): *Writing Worlds*. S. 18–37
- Eagleton, Terry: *The Ideology of the Aesthetic*. Blackwell, Oxford/Cambridge 1990
- Edelman, Murray: *Politik als Ritual – Die symbolische Funktionen staatlicher Institutionen und politischen Handelns*. Campus, Frankfurt/New York 1990
- Elias, Norbert: *Figuration*. In: Schäfers, Bernd (Hg.): *Grundbegriffe der Soziologie*. S. 88–91
- Elias, Norbert: *Über der Prozeß der Zivilisation – Soziogenetische und psychogenetische Untersuchungen*. 2 Bände, Suhrkamp, Frankfurt 1976
- Elias, Norbert: *Was ist Soziologie?* Juventa Verlag, München 1970
- Featherstone, Mike/Lash, Scott (Hg.): *Spaces of Culture – City, Nation, World*. Sage Publications, London/Thousand Oaks/New Delhi 1999
- Feyerabend, Paul: *Irrwege der Vernunft*. Suhrkamp, Frankfurt 1989
- Fichte, Johann G.: *Reden an die deutsche Nation*. In: Fichte, I. H. (Hg.): *Johann Gottlieb Fichtes sämtliche Werke*. Band 1
- Fichte, I. H. (Hg.): *Johann Gottlieb Fichtes sämtliche Werke*. Verlag Veit & Comp., Berlin 1845/46
- Fischer, Hans R. (Hg.): *Autopoiesis – Eine Theorie im Brennpunkt der Kritik*. Carl Auer Verlag, Heidelberg 1991
- Foucault, Michael: *Andere Räume*. In: Wentz, Martin (Hg.): *Stadt-Räume*. S. 65–72
- Foucault, Michel: *Einleitung*. In: Binswanger, Ludwig: *Traum und Existenz*. S. 7–93
- Foucault, Michel: *Nietzsche, die Genealogie, die Historie*. In: Ders.: *Von der Subversion des Wissens*. S. 69–90
- Foucault, Michel: *Die Ordnung der Dinge – Eine Archäologie der Humanwissenschaften*. Suhrkamp, Frankfurt 1974

- Foucault, Michel: *Die Ordnung des Diskurses.* Carl Hanser Verlag, München 1974
- Foucault, Michel: *Überwachen und Strafen – Die Geburt des Gefängnisses.* Suhrkamp, Frankfurt 1974
- Foucault, Michel: *Von der Subversion des Wissens.* S. Fischer Verlag, Frankfurt 1987
- Foucault, Michel: *Vorrede zur Überschreitung.* In: Ders.: *Von der Subversion des Wissens.* S. 28–45
- Freud, Sigmund: *Abriß der Psychoanalyse.* Fischer, Frankfurt 1993
- Freud, Sigmund: *Die Traumdeutung.* Franz Deuticke Verlag, Wien 1950
- Friese, Heidrun/Wagner, Peter: *Not All that Is Solid Melts Into Air – Modernity and Contingency.* In: Featherstone, Mike/Lash, Scott (Hg.): *Spaces of Culture.* S. 101–115
- Gadamer, Hans-Georg: *Wahrheit und Methode – Grundzüge einer philosophischen Hermeneutik.* J. C. B. Mohr, Tübingen 1960
- Gaier, Ulrich: *Garten als inszenierte Natur.* In: Weber, Heinz-Dieter (Hg.): *Vom Wandel des neuzeitlichen Naturbegriffs.* S. 133–158
- Gamm, Gerhard: *Die Macht der Metapher – Im Labyrinth der modernen Welt.* J. B. Metzler Verlag, Stuttgart 1992
- Gamper, Michael: *Die Natur ist republikanisch – Zu den ästhetischen, anthropologischen und politischen Konzepten der deutschen Gartenliteratur im 18. Jahrhundert.* Verlag Königshausen & Neumann, Würzburg 1998
- Geertz, Clifford: *The Interpretation of Cultures – Selected Essays.* Basic Books, New York 1973
- Geertz, Clifford: *Thick Description – Toward an Interpretative Theory of Culture.* In: Ders.: *The Interpretation of Cultures.* S. 3–30
- Gellner, Ernest: *Nationalismus und Moderne.* Rotbuch Verlag, Hamburg 1995
- Giddens, Anthony: *The Consequences of Modernity.* Stanford University Press, Stanford 1990
- Giddens, Anthony: *Die Konstitution der Gesellschaft – Grundzüge einer Theorie der Strukturierung.* Campus, Frankfurt/New York 1995
- Giddens, Anthony: *The Nation State and Violence.* Polity Press, Cambridge 1989
- Gilbert, Scott F.: *The Metaphorical Structuring of Social Perceptions.* In: *Soundings.* Vol. 62 (1979), S. 166–186
- Gramsci, Antonio: *Gedanken zur Kultur.* Pahl-Rugenstein-Verlag, Köln 1987
- Gramsci, Antonio: *Sozialismus und Kultur.* In: Ders.: *Gedanken zur Kultur.* S. 7–11 [ursprünglich in: *Il Grido del Popolo.* Ausgabe vom 29. Januar 1916, S. 22–26]
- Granovetter, Mark S.: *The Strength of Weak Ties.* In: Leinhardt, Samuel (Hg.): *Social Networks.* S. 347-367
- Grassi, Ernesto: *Die unerhörte Metapher.* Anton Hain Verlag, Frankfurt 1992
- Gregory, Derek: *Geographical Imaginations.* Blackwell, Cambridge/Oxford 1994

- Gregory, Derek: *Ideology, Science and Human Geography*. Hutchison, London 1978
- Gregory, Derek/Urry, John (Hg.): *Social Relations and Spatial Structures*. Macmillan, London 1985
- Greiffenhagen, Martin: *Das Dilemma des Konservatismus in Deutschland*. Suhrkamp, Frankfurt 1986
- Gresson, Aaron D.: *Transitional Metaphors and the Political Psychology of Identity Maintenance*. In: Haskell, Robert E. (Hg.): *Cognition and Symbolic Structures*. S. 163–186
- Grigg, David: *The Dynamics of Agricultural Change – The Historical Experience*. St. Martin's Press, New York 1982
- Grigg, David: *English Agriculture – An Historical Perspective*. Blackwell, Oxford/New York 1989
- Habermas, Jürgen: *Theorie der Gesellschaft oder Sozialtechnologie? – Eine Auseinandersetzung mit Niklas Luhmann*. In: Ders./Luhmann, Niklas: *Theorie der Gesellschaft oder Sozialtechnologie*. S. 142–290
- Habermas, Jürgen: *Theorie des kommunikativen Handelns*. Suhrkamp, Frankfurt 1981
- Habermas, Jürgen/Luhmann, Niklas: *Theorie der Gesellschaft oder Sozialtechnologie*. Suhrkamp, Frankfurt 1971
- Hansmann, Wilfried: *Gartenkunst der Renaissance und des Barock*. Du Mont, Köln 1983
- Haré, Rom/Langenhove, Luk van (Hg.): *Positioning Theory – Moral Contexts of Intentional Action*. Blackwell, Oxford/Malden 1999
- Harraway, Donna J.: *A Cyborg Manifesto – Science, Technology, and Socialist-Feminism in the Late Twentieth Century*. In: Dies.: *Simians, Cyborgs, and Women*. S. 149–181
- Harraway, Donna J.: *Simians, Cyborgs, and Women – The Reinvention of Nature*. Free Association Books, London 1991
- Harvey, David: *The Condition of Postmodernity – An Iquiry into the Origins of Cultural Change*. Blackwell, Cambridge/Oxford 1990
- Harvey, David: *Spaces of Hope*. University of California Press, Berkeley/Los Angeles 2000
- Harvey, Irene E.: *Foucault and Language – Unthought Metaphors*. In: Haskell, Robert D. (Hg.): *Cognition and Symbolic Structures*. S. 187–202
- Haskell, Robert E. (Hg.): *Cognition and Symbolic Structures – The Psychology of Metaphoric Transformation*. Ablex Publishing Corporation, Norwood 1987
- Haverkamp, Anselm (Hg.): *Die paradoxe Metapher*. Suhrkamp, Frankfurt 1998
- Haverkamp, Anselm (Hg.): *Theorie der Metapher*. Wissenschaftliche Buchgesellschaft, Darmstadt 1983
- Hegel, Georg W. F.: *Das älteste Systemprogramm des deutschen Idealismus*. In: Ders.: *Werke*. Band 1
- Hegel, Georg W. F.: *Differenz des Fichteschen und Schellingschen Systems der Philosophie*. Ders.: *Werke*. Band 2

- Hegel, Georg W. F.: *Grundlinien einer Philosophie des Rechts*. In: Ders.: *Werke*. Band 6
- Hegel, Georg W. F.: *Vorlesung über die Ästhetik*. 2 Bände, Europäische Verlagsanstalt, Frankfurt 1965
- Hegel, Georg W. F.: *Werke*. Suhrkamp, Frankfurt 1979
- Heidegger, Martin: *Bauen Wohnen Denken*. In: Wielens, Hans (Hg.): *Bauen Wohnen Denken*. S. 18–33
- Heidegger, Martin: *Der Satz vom Grund*. Günter Neske Verlag, Pfullingen 1957
- Heidegger, Martin: *Sein und Zeit*. Max Niemeyer Verlag, Tübingen 1963
- Heidegger, Martin: *Die Technik und die Kehre*. Günther Neske Verlag, Pfullingen 1962
- Heidegger, Martin: *Unterwegs zur Sprache*. Günter Neske Verlag, Pfullingen 1957
- Henle, Paul: *Die Metapher*. In: Haverkamp, Anselm (Hg.): *Theorie der Metapher*. S. 80–105
- Hennebo, Dieter: *Gärten des Mittelalters*. Artemis, München/Zürich 1987
- Hennebo, Dieter/Hoffmann, Alfred: *Der architektonische Garten – Renaissance und Barock*. Broschek Verlag, Hamburg 1965
- Henning, Friedrich-Wilhelm: *Deutsche Agrargeschichte des Mittelalters*. Ulmer, Stuttgart 1994
- Herder, Johann G.: *Ideen zur Philosophie der Geschichte der Menschheit*. 2 Bände, Aufbau Verlag, Berlin 1965
- Herzfeld, Hans (Hg.): *Friedrich Meinecke – Werke*. Oldenbourg Verlag, München 1962
- Hetherington, Kevin: *The Badlands of Modernity – Heterotopia and Social Ordering*. Routledge, London/New York 1997
- Hetherington, Kevin: *Expressions of Identity – Space, Performance, Politics*. Sage Publications, London/Thousand Oaks/New Delhi 1998
- Hirsch, Erhard: *Hortus Oeconomicus: Nutzen, Schönheit, Bildung – Das Dessau-Wörlitzer Gartenreich als Landschaftsgestaltung der europäischen Aufklärung*. In: Wunderlich, Heinke (Hg.): *›Landschaft‹ und Landschaften im achtzehnten Jahrhundert*. S. 179–207
- Hirschfeld, Christian C. L.: *Theorie der Gartenkunst*. Union Verlag, Berlin 1990
- Hitler, Adolf: *Mein Kampf*. Zentralverlag der NSDAP, München 1943
- Hobbes, Thomas: *Leviathan*. Reclam, Stuttgart 1992
- Hobbes, Thomas: *Vom Bürger [De Cive]*. Verlag Felix Meiner, Hamburg 1977
- Hohenberger, Eleonore: *Der Bauerngarten im Wandel der Zeiten*. Bayerischer Landesverband für Gartenbau und Landespflege, München 1989
- hooks, bell: *Heimat – Ein Ort des Widerstands*. In: Dies.: *Sehnsucht und Widerstand*. S. 67–78
- hooks, bell: *Radikale Perspektive – Sich am Rand ansiedeln*. In: Dies.: *Sehnsucht und Widerstand*. S. 145–156
- hooks, bell: *Sehnsucht, Befreiungskampf und Kulturkritik*. In: Dies.: *Sehnsucht und Widerstand*. S. 11–28

- hooks, bell: *Sehnsucht und Widerstand – Kultur, Ethnie, Geschlecht.* Orlanda Frauenverlag, Berlin 1996
- Horkheimer, Max/Adorno, Theodor W.: *Dialektik der Aufklärung.* Fischer, Frankfurt 1994
- Hoskins, William G.: *The Making of the English Landscape.* Hodder and Stoughton, London u.a. 1988
- Hülser, Karlheinz (Hg.): *Platon – Sämtliche Werke [Griechisch und Deutsch, nach der Übersetzung Friedrich Schleiermachers].* 10 Bände, Insel Verlag, Frankfurt/Leipzig 1991
- Huntington, Samuel P.: *Konservatismus als Ideologie.* In: Schumann, Hans-Gerd (Hg.): *Konservatismus.* S. 89–111
- Husserl, Edmund: *Die Idee der Phänomenologie – Fünf Vorlesungen.* Felix Meiner Verlag, Hamburg 1986
- Husserl, Edmund: *Die Krisis der europäischen Wissenschaften und die transzendentale Phänomenologie – Eine Einleitung in die phänomenologische Philosophie.* Felix Meiner Verlag, Hamburg 1982
- Husserl, Edmund: *Die Transzendenz des Alter Ego gegenüber der Transzendenz des Dinges – Absolute Monadologie als Erweiterung der transzendentalen Egologie: Absolute Weltinterpretation.* In: Breda, H. L./Ijsselig, Samuel (Hg.): *Husserliana.* Band XIV, S. 244–255
- Huyssen, Andreas/Scherpe, Klaus (Hg.): *Postmoderne – Zeichen eines kulturellen Wandels.* Rowohlt Verlag, Reinbek 1986
- Ingersoll, Daniel W./Bronitsky, Gordon (Hg.): *Mirror and Metaphor – Material and Social Constructions of Reality.* University Press of America, Lanham/London 1987
- Ingold, Tim: *The Temporality of Landscape.* In: *World Archaeology.* Vol. 25, Nr. 2/1993, S. 152–174
- Ipsen, Detlev: *Raumbilder – Kultur und Ökonomie räumlicher Entwicklung.* Centaurus, Pfaffenweiler 1997
- Jain, Anil K.: *Capitalism Inc. – The »Phagic« Character of Capitalism.* In: Dörfler, Thomas/-Globisch, Claudia (Hg.): *Postmodern Practices.* S. 41–49
- Jain, Anil K.: *Facing »Another Modernity« – Individualization and Post-Traditional Ligatures.* In: *European Review.* Vol. 10 (2002), Heft 1, S. 131–157
- Jain, Anil K.: *Die ›globale‹ Klasse – Die Verfügungsgewalt über den globalen Raum als neue Dimension der Klassenstrukturierung.* In: Angermüller, Johannes/Bunzmann, Katharina/Rauch, Christina (Hg.): *Reale Fiktionen, fiktive Realitäten.* S. 51–68
- Jain, Anil K.: *Politik in der (Post-)Moderne – Reflexiv-deflexive Modernisierung und die Diffusion des Politischen.* »edition fatal«, München 2000
- Jakobson, Roman: *Der Doppelcharakter der Sprache und die Polarität zwischen Metaphorik und Metonymik.* In: Haverkamp, Anselm (Hg.): *Theorie der Metapher.* S. 163–174
- Jameson, Fredric: *Postmoderne und Utopie.* In: Weimann, Robert/Gumbrecht, Ulrich (Hg.): *Postmoderne.* S. 73–109

- Jameson, Fredric: *Postmoderne – Zur Logik der Kultur im Spätkapitalismus*. In: Huyssen, Andreas/Scherpe, Klaus (Hg.): *Postmoderne*. S. 45–102
- Jameson, Fredric: *Postmodernism, or, The Cultural Logic of Late Capitalism*. Verso, London 1991
- Jellicoe, Geoffrey/Jellicoe, Susan: *The Landscape of Man – Shaping the Environment from Prehistory to the Present*. Thames and Hudson, London 1975
- Jung, Carl G.: *Bewußtes und Unbewußtes*. Fischer, Frankfurt 1960
- Jung, Carl G.: *Über die Archetypen des kollektiven Unbewußten*. In: Ders.: *Bewußtes und Unbewußtes*. S. 11–53
- Kant, Immanuel: *Kritik der reinen Vernunft*. In: Weischedel, Wilhelm (Hg.): *Immanuel Kant*. Band 3
- Kant, Immanuel: *Kritik der Urteilskraft*. In: Weischedel, Wilhelm (Hg.): *Immanuel Kant*. Band 10
- Keilhauer, Anneliese: *Hinduismus*. Indoculture Verlag, Stuttgart 1986
- Keith, Michael/Pile, Steve (Hg.): *Place and the Politics of Identity*. Routledge, London/New York 1993
- Keller-Bauer, Friedrich: *Metaphorisches Verstehen – Eine linguistische Rekonstruktion metaphorischer Kommunikation*. Max Niemeyer Verlag, Tübingen 1984
- Kellermann, Paul: *Kritik einer Soziologie der Ordnung – Organismus und System bei Compte, Spencer und Parsons*. Rombach Verlag, Freiburg 1967
- Keupp, Heiner/Höfer, Renate/Jain, Anil K./Kraus, Wolfgang/Straus, Florian: *Formenwandel der sozialen Landschaften in der reflexiven Moderne – Individualisierung und posttraditionale Ligaturen*. In: Beck, Ulrich/Bonß, Wolfgang (Hg.): *Die Modernisierung der Moderne*. S. 160–176
- King, Ronald: *The Quest for Paradise – A History of the World's Gardens*. Whitted Books, Weybridge 1979
- Kneiding, Anja u.a. (Hg.): *Botanische Gärten [Landschaftsentwicklung und Umweltforschung – Sonderheft S 5]*. Schriftenreihe des Fachbereichs 14 (Landschaftsentwicklung) der Technischen Universität Berlin, Berlin 1991
- Knittler, Heribert: *Die europäische Stadt in der frühen Neuzeit – Institutionen, Strukturen, Entwicklungen*. Verlag für Geschichte und Politik/Oldenburg Verlag, Wien/München 2000
- Knorr-Cetina, Karin/Cicourel, Aaron V. (Hg.): *Advances in Social Theory and Methodology – Toward an Integration of Micro- and Macro-Sociology*. Routledge & Kegan Paul Ltd., London u.a. 1981
- Knorr-Cetina, Karin/Mulkay, Michael (Hg.): *Science Observed – Perspectives on the Social Study of Science*. Sage Publications, London/Beverly Hills/New Delhi 1983
- Konersmann, Ralf: *Lebendige Spiegel – Die Metapher des Subjekts*. S. Fischer Verlag, Frankfurt 1991

- Lacan, Jacques: *Das Drängen des Buchstabens im Unbewußten oder die Vernunft seit Freud.* In: Ders.: *Schriften.* Band II, S. 15–55
- Lacan, Jacques: *Funktion und Feld des Sprechens und der Sprache in der Psychoanalyse.* In: Ders.: *Schriften.* Band I, S. 71–169
- Lacan, Jacques: *Die Metapher des Subjekts.* In: Ders.: *Schriften.* Band II, S. 56–59
- Lacan, Jacques: *Schriften.* 3 Bände, Quadriga Verlag, Weinheim/Berlin 1986
- Lacan, Jacques: *Das Spiegelstadium als Bildner der Ichfunktion.* In: Ders.: *Schriften.* Band I, S. 61–70
- Laclau, Ernesto: *New Reflections on The Revolution of Our Time.* Verso, London/New York 1990
- Lakatos, Imre: *Falsifikation und die Methodologie wissenschaftlicher Forschungsprogramme.* In: Ders./Musgrave, Alan (Hg.): *Kritik und Erkenntnisfortschritt.* S. 89–189
- Lakatos, Imre/Musgrave, Alan (Hg.): *Kritik und Erkenntnisfortschritt.* Vieweg, Braunschweig 1974
- Lakoff, George/Johnson, Mark: *Leben in Metaphern – Konstruktion und Gebrauch von Sprachbildern.* Carl Auer Verlag, Heidelberg 1998
- Landsberg, Sylvia: *The Medieval Garden.* Thames and Hudson, London 1997
- Läpple, Dieter: *Gesellschaftszentriertes Raumkonzept – Zur Überwindung von physikalisch-mathematischen Raumauffassungen in der Gesellschaftsanalyse.* In: Wentz, Martin (Hg.): *Stadt-Räume.* S. 35–46
- Lash, Scott: *Ästhetische Dimension Reflexiver Modernisierung.* In: *Soziale Welt.* Heft 3/1992, S. 261–277
- Lash, Scott: *Another Modernity – A Different Rationality.* Blackwell, Oxford/Cambridge 1999
- Lash, Scott: *The Spider and the Maschine – Real and (Multi-)Mediated Space.* In: *Medien Journal.* Heft 1/1998, S. 39–46
- Lash, Scott/Urry, John: *Economies of Signs and Space.* Sage Publications, London u.a. 1994
- Latour, Bruno: *Technology Is Society Made Durable.* In: Law, John (Hg.): *A Sociology of Monsters.* S. 103–131
- Latour, Bruno: *Wir sind nie modern gewesen – Versuch einer symmetrischen Anthropologie.* Akademie Verlag, Berlin 1995
- Latour, Bruno/Woolgar, Steve: *Laboratory Life – The Social Construction of Scientific Facts.* Sage Publications, London/Beverly Hills/New Delhi 1979
- Law, John: *Power, Discreation and Strategy.* In: Ders. (Hg.): *A Sociology of Monsters.* S. 165–191
- Law, John (Hg.): *A Sociology of Monsters – Essays on Power, Technology and Domination.* Routledge, London/New York 1991
- Lazzaro, Claudia: *The Italian Renaissance Garden.* Yale University Press, New Haven/London 1990

- Lefebvre, Henri: *La production de l'espace*. Éditions Anthropos, Paris 1974
- Leibniz, Gottfried Wilhelm: *Neue Abhandlungen über den menschlichen Verstand*. Dürr Verlag, Leipzig 1904
- Leinhardt, Samuel (Hg.): *Social Networks – A Developing Paradigm*. Academic Press, New York/San Francisco/London 1977
- Lévinas, Emmanuel: *Jenseits des Seins oder anders als Sein geschieht*. Karl Alber Verlag, Freiburg/München 1992
- Locke, John: *Versuch über den menschlichen Verstand*. 2 Bände, Felix Meiner Verlag, Leipzig 1911
- Lovelock, Jim E.: *Gaia – A New Look at Life on Earth*. Oxford University Press, Oxford u.a. 1979
- Löw, Martina: *Raumsoziologie*. Suhrkamp, Frankfurt 2001
- Luhmann, Niklas: *Die Gesellschaft der Gesellschaft*. 2 Bände, Suhrkamp, Frankfurt 1997
- Luhmann, Niklas: *Soziologische Aufklärung 4 – Beiträge zur funktionalen Differenzierung der Gesellschaft*. Westdeutscher Verlag, Opladen 1987
- Luhmann, Niklas: *Soziologische Aufklärung 6 – Die Soziologie und der Mensch*. Westdeutscher Verlag, Opladen 1995
- Luhmann, Niklas: *Die Tücke des Subjekts und die Frage nach dem Menschen*. In: Ders.: *Soziologische Aufklärung 6*. S. 155–168
- Luhmann, Niklas: *Die Wissenschaft der Gesellschaft*. Suhrkamp, Frankfurt 1990
- Lyotard, Jean-François: *Der Widerstreit*. Wilhelm Fink Verlag, München 1989
- Mac Cormac, Earl R.: *A Cognitive Theory of Metaphor*. MIT Press, Cambridge/London 1985
- Macpherson, Crawford B.: *Die politische Theorie des Besitzindividualismus*. Suhrkamp, Frankfurt 1967
- Man, Paul de: *Epistemologie der Metapher*. In: Haverkamp, Anselm (Hg.): *Theorie der Metapher*. S. 414–437
- Marsden, Peter V./Friedkin, Noah E.: *Network Studies of Social Influence*. In: Wasserman, Stanley/Galaskiewicz, Joseph (Hg.): *Advances in Social Network Analysis*. S. 3–25
- Marx, Karl: *Der Bürgerkrieg in Frankreich*. In: Ders./Engels, Friedrich: *Werke*. Band 17
- Marx, Karl: *Das Elend der Philosophie*. In: Ders./Engels, Friedrich: *Werke*. Band 4
- Marx, Karl: *Zur Kritik der Hegelschen Rechtsphilosophie*. In: Ders./Engels, Friedrich: *Werke*. Band 1
- Marx, Karl: *Zur Kritik der Politischen Ökonomie*. In: Ders./Engels, Friedrich: *Werke*. Band 13
- Marx, Karl/Engels, Friedrich: *Die deutsche Ideologie*. In: Dies.: *Werke*. Band 3
- Marx, Karl/Engels, Friedrich: *Manifest der Kommunistischen Partei*. In: Dies.: *Werke*. Band 4
- Marx, Karl/Engels, Friedrich: *Werke [MEW]*. Dietz Verlag, Berlin 1956ff.

- Massey, Doreen: *Politics and Space/Time*. In: Keith, Michael/Pile, Steve (Hg.): *Place and the Politics of Identity*. S. 141–161
- Maturana, Humberto R./Varela, Francisco J.: *Autopoiesis and Cognition – The Realization of the Living*. Reidel Publishing Company, Dodrecht/London 1980
- Maurer, Michael: *Aufklärung und Anglophilie in Deutschland*. Vandenhoeck & Ruprecht, Göttingen/Zürich 1987
- Mayer-Tasch, Peter C./Mayerhofer, Bernd: *Hinter Mauern ein Paradies – Der mittelalterliche Garten*. Insel Verlag, Frankfurt 1998
- Mead, George H.: *Geist, Identität und Gesellschaft*. Suhrkamp, Frankfurt 1993
- Meinecke, Friedrich: *Vom geschichtlichen Sinn und Sinn der Geschichte*. Koehler & Amelang, Leipzig 1939
- Meinecke, Friedrich: *Weltbürgertum und Nationalstaat*. In: Herzfeld, Hans (Hg.): *Friedrich Meinecke – Werke*. Oldenbourg Verlag, München 1962
- Mellor, John W.: *Agriculture on the Road to Industrialization*. The Johns Hopkins University Press, Balimore/London 1995
- Merleau-Ponty, Maurice: *Phänomenologie der Wahrnehmung*. De Gruyter Verlag, Berlin 1966
- Messner, Dirk: *The Network Society – Economic Development and International Competetivness as Problems of Social Governance*. Frank Cass Publishers, London/Portland 1997
- Meurer, Bernd: *Die Zukunft des Raumes – The Future of Space*. In: Ders. (Hg.): *Die Zukunft des Raumes*. S. 13–36
- Meurer, Bernd (Hg.): *Die Zukunft des Raumes – The Future of Space*. Campus, Frankfurt/New York 1994
- Mio, Scott J./Katz, Albert N. (Hg.): *Metaphor – Implications and Applications*. Lawrence Erlbaum Associates Publishers, Mahwah 1996
- Mitchell, J. Clide (Hg.): *Social Networks in Urban Situations*. Manchester University Press, Manchester 1969
- Morley, David: *Home Territories – Media, Mobility and Identity*. Routledge, London/New York 2000
- Morley, David/Robins, Kevin: *Spaces of Identity – Global Media, Electronic Landscapes and Cultural Boundaries*. Routledge, London/New York 1995
- Nancy, Jean-Luc: *Das Gewicht eines Denkens*. Parerga, Düsseldorf/Bonn 1995
- Nicolaus von Cues: *Von der Wissenschaft des Nichtwissens*. In: Scharpf, F. A. (Hg.): *Des Kardinals und Bischofs Nicolaus von Cusa wichtigste Schriften in deutscher Übersetzung*.
- Nietzsche, Friedrich: *Die fröhliche Wissenschaft*. In: Schlechta, Karl (Hg.): *Friedrich Nietzsche*. Band 2
- Nietzsche, Friedrich: *Über Wahrheit und Lüge im außermoralischen Sinn*. In: Schlechta (Hg.): *Friedrich Nietzsche*. Band 3

- Noak, Friedrich: *Die NS-Ideologie*. Peter Lang Verlag, Frankfurt u.a. 1996
- Ortony, Andrew (Hg.): *Metaphor and Thought*. Cambridge University Press, Cambridge u.a. 1979
- Paivio, Allan: *Psychological Process in the Comprehension of Metaphor*. In: Ortony, Andrew (Hg.): *Metaphor and Thought*. S. 150–171
- Parsons, Talcott: *The Social System*. The Free Press, New York 1964
- Parsons, Talcott: *The System of Modern Societies*. Prentice-Hall, Englewood Cliffs 1971
- Parsons, Talcott/Shils, Edward A. (Hg.): *Toward a General Theorie of Action*. Harvard University Press, Cambridge 1951
- Peil, Dietmar: *Untersuchungen zur Staats- und Herrschaftsmetaphorik in literarischen Zeugnissen von der Antike bis zur Gegenwart*. Wilhelm Fink Verlag, München 1983
- Pile, Steve/Keith, Michael (Hg.): *Geographies of Resistance*. Routledge, London/New York 1997
- Platon: *Gorgias*. In: Hülser, Karlheinz (Hg.): *Platon – Sämtliche Werke*. Band II
- Platon: *Kratylos*. In: Hülser, Karlheinz (Hg.): *Platon – Sämtliche Werke*. Band III
- Platon: *Phaidon*. In: Hülser, Karlheinz (Hg.): *Platon – Sämtliche Werke*. Band IV
- Platon: *Politeia*. In: Hülser, Karlheinz (Hg.): *Platon – Sämtliche Werke*. Band V
- Platon: *Nomoi*. In: Hülser, Karlheinz (Hg.): *Platon – Sämtliche Werke*. Band IX
- Popper, Karl R.: *Logik der Forschung*. J. C. B. Mohr (Paul Siebeck), Tübingen 1969
- Praz, Mario: *Der Garten der Sinne – Ansichten des Manierismus und des Barock*. Fischer, Frankfurt 1988
- Richards, Ivor A.: *Die Metapher*. In: Haverkamp, Anselm (Hg.): *Theorie der Metapher*. S. 31–57
- Ricœur, Paul: *Die Interpretation – Ein Versuch über Freud*. Suhrkamp, Frankfurt 1969
- Ricœur, Paul: *Die lebendige Metapher*. Wilhelm Fink Verlag, München 1986
- Ricœur, Paul: *Die Metapher und das Hauptproblem der Hermeneutik*. In: Haverkamp, Anselm (Hg.): *Theorie der Metapher*. S. 356–375
- Rigotti, Francesca: *Die Macht und ihre Metaphern – Über die sprachlichen Bilder der Politik*. Campus, Frankfurt/New York 1994
- Rorty, Richard: *The Linguistic Turn – Recent Essays in Philisophical Method*. The University of Chicago Press, Chicago/London 1967
- Rousseau, Jean-Jacques: *Über Kunst und Wissenschaft*. In: Weigand, Kurt (Hg.): *Jean-Jacques Rousseau – Schriften zur Kulturkritik*. S. 1–59
- Rousseau, Jean-Jacques: *Vom Gesellschaftsvertrag oder Grundsätze des Staatsrechts*. Reclam, Stuttgart 1994
- Sartre, Jean-Paul: *Das Imaginäre – Phänomenologische Psychologie der Einbildungskraft*. Rowohlt Verlag, Reinbek 1971
- Sartre, Jean-Paul: *Die Imagination*. In: Ders.: *Die Transzendenz des Ego*. S. 97–254

- Sartre, Jean-Paul: *Kritik der dialektischen Vernunft – Theorie der gesellschaftlichen Praxis.* Rowohlt Verlag, Reinbek 1967
- Sartre, Jean-Paul: *Das Sein und das Nichts – Versuch einer phänomenologischen Ontologie.* Rowohlt Verlag, Reinbek 1991
- Sartre, Jean-Paul: *Die Transzendenz des Ego – Philosophische Essays 1931–1939.* Rowohlt Verlag, Reinbek 1982
- Sassen, Saskia: *Digital Networks and Power.* In: Featherstone, Mike/Lash, Scott (Hg.): *Spaces of Culture.* S. 49–63
- Sassen, Saskia: *The Global City – New York, London, Tokyo.* Princeton University Press, Princeton/New York 1991
- Saussure, Ferdinand de: *Grundfragen der allgemeinen Sprachwissenschaft.* De Gruyter Verlag, Berlin 1967
- Schafer, Roy: *Erzähltes Leben – Narration und Dialog in der Psychoanalyse.* J. Pfeiffer Verlag, München 1995
- Schäfers, Bernd (Hg.): *Grundbegriffe der Soziologie.* Leske+Budrich, Opladen 1986
- Scharpf, F. A. (Hg.): *Des Kardinals und Bischofs Nicolaus von Cusa wichtigste Schriften in deutscher Übersetzung.* Herder, Freiburg 1862
- Schatzki, Theodore R./Natter, Wolfgang (Hg.): *The Social and Political Body.* The Guilford Press, New York/London 1996
- Schlechta, Karl (Hg.): *Friedrich Nietzsche – Werke in drei Bänden.* Hanser, München 1954
- Schmitt, Carl: *Der Leviathan in der Staatsleere des Thomas Hobbes – Sinn und Fehlschlag eines politischen Symbols.* Hohenheim Verlag, Köln 1982
- Schmitt, Rudolf: *Metaphern des Helfens.* Beltz/PsychologieVerlagsUnion, Weinheim 1995
- Schöffel, Georg: *Denken in Metaphern – Zur Logik sprachlicher Bilder.* Westdeutscher Verlag, Opladen 1987
- Schönherr-Mann, Hans-Martin: *Das Mosaik des Verstehens – Skizzen zu einer negativen Hermeneutik.* »edition fatal«, München 2001
- Schulte, Günter: *Der blinde Fleck in Luhmanns Systemtheorie.* Campus, Frankfurt/New York 1993
- Schuman, Hans-Gerd (Hg.): *Konservativismus.* Athenäum, Königstein 1984
- Schütz, Alfred: *Der sinnhafte Aufbau der sozialen Welt – Eine Einleitung in die verstehende Soziologie.* Julius Springer Verlag, Wien 1932
- Schütz, Alfred/Luckmann, Thomas: *Strukturen der Lebenswelt.* Band 1, Suhrkamp, Frankfurt 1973
- Schwenk, Otto G. (Hg.): *Lebensstil zwischen Sozialstrukturanalyse und Kulturwissenschaft.* Leske+Budrich, Opladen 1996
- Searle, John R.: *Speech Acts – An Essay in the Philosophy of Language.* Cambridge University Press, Cambridge 1969

- Sen, Bandhudas: *The Green Revolution in India – A Perspective.* Wiley, New Delhi 1974
- Shields, Rob: *Places on the Margin – Alternative Geographies of Modernity.* Routledge, London/New York 1991
- Sibley, David: *Geographies of Exclusion – Society and Difference in the West.* Routledge, London/New York 1995
- Siebers, Tobin (Hg.): *Heterotopia – Postmodern Utopia and the Body Politic.* The University of Michigan Press, Ann Arbor 1994
- Simmel, Georg: *Das Individuum und die Freiheit – Essais.* Klaus Wagenbach Verlag, Berlin 1984
- Simmel, Georg: *Philosophie der Landschaft.* In: Ders.: *Das Individuum und die Freiheit.* S. 130–139
- Simmel, Georg: *Soziologie des Raumes.* In: Ders.: *Schriften zur Soziologie.* S. 221–242
- Simmel, Georg: *Schriften zur Soziologie.* Suhrkamp, Frankfurt 1983
- Smith, Adam: *Der Wohlstand der Nationen – Eine Untersuchung seiner Natur und seiner Ursachen.* Deutscher Taschenbuch Verlag, München 1988
- Smith, Neil/Katz, Cindi: *Grounding Metaphor – Towards a Spatialized Politics.* In: Keith, Michael/Pile, Steve (Hg.): *Place and the Politics of Identity.* S. 67–83
- Soja, Edward W.: *Postmodern Geographies – The Reassertion of Space in Critical Social Theory.* Verso, London/New York 1989
- Soja, Edward W.: *Thirdspace – Journeys to Los Angeles and Other Real-and-Imagined Places.* Blackwell, Oxford/Cambridge 1996
- Sorensen, Roy A.: *Thought Experiments.* Oxford University Press, Oxford u.a. 1992
- Soyland, John: *Psychology as Metaphor.* Sage Publications, London/Thousand Oaks/New Delhi 1994
- Spann, Othmar (Hg.): *Ausgewählte Schriften zur Staats- und Wirtschaftslehre des Thomas von Aquino.* Gustav Fischer Verlag, Jena 1923
- Spencer, Herbert: *The Principles of Sociology.* 3 Bände, Williams and Norgate, London/-Edinbourgh/Oxford 1876–1896
- Spengler, Oswald: *Der Untergang des Abendlandes – Umrisse einer Morphologie der Weltgeschichte.* C. H. Beck Verlag, München 1959
- Stollberg-Rilinger, Barbara: *Der Staat als Maschine – Zur politischen Metaphorik des absoluten Fürstenstaats.* Duncker & Humblot, Berlin 1986
- Strohmayer, Ulf: *Belonging: Spaces of Meandering Desire.* In: Benko, Georges/Ders. (Hg.): *Space and Social Theory.* S. 162–185
- Struwe, Tilman: *Die Entwicklung der organologischen Staatsauffassung im Mittelalter.* Anton Hiersemann Verlag, Stuttgart 1978
- Swaminathan, M. A.: *Animals and Plants [Session Introduction].* In: Weatherall, David/Shelley, Julian H. (Hg.): *Social Consequences of Genetic Engineering.* S. 109–125

- Taylor, Peter J.: *Beyond Containers – Internationality, Interstateness, Interterrioriality.* In: *Progress in Human Geography.* Heft 1/1995, S. 1–15
- Taylor, Peter J.: *The State as a Container – Territoriality in the Modern World-System.* In: *Progress in Human Geography.* Heft 2/1994, S. 151–162
- Thacker, Christopher: *The History of Gardens.* Croom Helm Publishers, London 1979
- Thomas, Julian: *The Politics of Vision and the Archaeologies of Landscape.* In: Bender, Barbara (Hg.): *Landscape.* S. 19–48
- Thomas von Aquin: *Über die Herrschaft der Fürsten.* In: Spann, Othmar (Hg.): *Ausgewählte Schriften zur Staats- und Wirtschaftslehre des Thomas von Aquino.* S. 7–114
- Thompson, Seth: *Politics Without Metaphor Is Like a Fish Without Water.* In: Mio, Scott J./Katz, Albert N. (Hg.): *Metaphor.* S. 185–201
- Thrift, Nigel: *Spatial Formations.* Sage Publications, London/Thousand Oaks/New York 1996
- Uexküll, Jakob von: *Staatsbiologie: Anatomie – Physiologie – Pathologie des Staates.* Hanseatische Verlagsanstalt, Hamburg 1933
- Urry John: *Sociology Beyond Societies – Mobilities for the Twenty-First Century.* Routledge, London/New York 2000
- Urry, John (Hg.): *Sociology Facing the Next Millennium.* British Journal of Sociology, Nr. 1/2000 (Vol. 51) [Special Issue]
- Varela, Francisco/Thompson, Evan: *Der Mittlere Weg der Erkenntnis: Die Beziehung von Ich und Welt in der Kognitionswissenschaft – Der Brückenschlag zwischen wissenschaftlicher Theorie und menschlicher Erfahrung.* Scherz, Bern/München/Wien 1992
- Vasey, Daniel E.: *An Ecological History of Agriculture.* Iowa State University Press, Ames 1992
- Veblen, Thorstein: *The Theory of the Leisure Class – An Economic Study of Institutions.* George Allen & Unwin, London 1924
- Vico, Giambatista: *Prinzipien einer neuen Wissenschaft über die gemeinsame Natur der Völker.* 2 Bände, Felix Meiner Verlag, Hamburg 1990
- Villwock, Jörg: *Metaphern und Bewegung.* Verlag Peter Lang, Frankfurt 1983
- Virilio, Paul: *Geschwindigkeit und Politik.* Merve Verlag, Berlin 1980
- Waldenfels, Bernhard: *In den Netzen der Lebenswelt.* Suhrkamp, Frankfurt 1985
- Wallner, Friedrich: *Selbstorganisation – Zirkularität als Erklärungsprinzip?* In: Fischer, Hans R. (Hg.): *Autopoiesis.* S. 41–52
- Waltzer, Michael L.: *On the Role of Symbolism in Political Thought.* In: *Political Science Quaterly.* Vol. LXXXII/2 (1967), S. 191–204
- Warnke, Martin: *Politische Landschaft – Zur Kunstgeschichte der Natur.* Carl Hanser Verlag, München/Wien 1992
- Wasserman, Stanley/Faust, Katherine: *Social Network Analysis – Methods and Applications.* Cambridge University Press, Cambridge u.a. 1994

- Wasserman, Stanley/Galaskiewicz, Joseph (Hg.): *Advances in Social Network Analysis – Research in the Social and Behavioral Sciences.* Sage Publications, Thousand Oaks/London/New Delhi 1994
- Watkin, David: *The English Vision – The Picturesque in Architecture, Landscape and Garden Design.* Harper & Row, New York u.a. 1982
- Weatherall, David/Shelley, Julian H. (Hg.): *Social Consequences of Genetic Engineering – Proceedings of the Sixth Boehringer Ingelheim Symposium.* Excerpta Medica, Amsterdam/New York/Oxford 1988
- Weber, Heinz-Dieter (Hg.): *Vom Wandel des neuzeitlichen Naturbegriffs.* Universitätsverlag Konstanz, Konstanz 1989
- Weigand, Kurt (Hg.): *Jean-Jacques Rousseau – Schriften zur Kulturkritik.* Felix Meiner Verlag, Hamburg 1995
- Weimann, Robert/Gumbrecht, Hans U. (Hg.): *Postmoderne – globale Differenz.* Suhrkamp, Frankfurt 1991
- Weischedel, Wilhelm (Hg.): *Immanuel Kant – Werke in zwölf Bänden.* Suhrkamp, Frankfurt 1977
- Wellman, Barry: *Structural Analysis – From Method and Metaphor to Theory and Substance.* In: Ders./Berkowitz, Steven D. (Hg.): *Social Structures.* S. 19–61
- Wellman, Barry/Berkowitz, Steven D. (Hg.): *Social Structures – A Network Approach.* Cambridge University Press, Cambridge 1988
- Welsch, Wolfgang (Hg.): *Wege aus der Moderne – Schlüsseltexte der Postmoderne-Diskussion.* Acta Humaniora, Weinheim 1988
- Wentz, Martin (Hg.): *Stadt-Räume.* Campus, Frankfurt/New York 1991
- Weyer, Johannes: *Weder Ordnung noch Chaos – Die Theorie sozialer Netzwerke zwischen Institutionalismus und Selbstorganisationstheorie.* In: Ders. u.a. (Hg.): *Technik, die Gesellschaft schafft.* S. 53–99
- Weyer, Johannes u.a. (Hg.): *Technik, die Gesellschaft schafft – Soziale Netzwerke als Ort der Technikgenese.* »edition sigma«, Berlin 1997
- Wielens, Hans (Hg.): *Bauen Wohnen Denken – Martin Heidegger inspiriert Künstler.* Coppenrath Verlag, Münster 1994
- Wimmer, Clemens A.: *Geschichte der Gartentheorie.* Wissenschaftliche Buchgesellschaft, Darmstadt 1989
- Wittgenstein, Ludwig: *Philosophische Untersuchungen.* Suhrkamp, Frankfurt 1971
- Wunderlich, Heinke (Hg.): *›Landschaft‹ und Landschaften im achtzehnten Jahrhundert.* Universitätsverlag C. Winter, Heidelberg 1995
- Zukin, Sharon: *Landscapes of Power – From Detroit to Disney World.* University of California Press, Berkeley/Los Angeles/Oxford 1991

Bestellung

An:
»edition fatal« Verlagsgesellschaft
Edelweiss-Str. 9
81541 München

Name: ....

Vorname: ....

Strasse/Postfach: ....

....

PLZ und Ort: ....

Hiermit bestelle ich folgenden Titel als Buch-CD im PDF-Format (erfordert Adobe Acrobat-Reader ab Version 3.0 sowie HTML-Browser) zum Vorzugspreis für Buchbesitzer:

Anil K. Jain: ***Medien der Anschauung***

Preis: 50% des empfohlenen Ladenpreises (derzeit: 15,00 Euro bzw. 7,50 Euro), zuzüglich Versandkosten.

Datum:

Unterschrift: ....